ATLAS
DES
ATHOS

DEUTSCHES ARCHÄOLOGISCHES INSTITUT BERLIN

**BILDLEXIKON
DES HEILIGEN BERGES ATHOS**

VON
PAUL M. MYLONAS

BAND EINS, TEIL EINS

ATLAS
DER ZWANZIG SOUVERÄNEN KLÖSTER
HEFT EINS
TOPOGRAPHIE UND HISTORISCHE ARCHITEKTUR

EINFÜHRENDE TEXTE

WASMUTH
2000

Alle Rechte vorbehalten
© 2000 by Deutsches Archäologisches Institut Berlin und Paul M. Mylonas, Athen

Gestaltung, Herstellung, Druck: ADAM EDITIONS / PERGAMOS SAIC

ISBN 3 8030 1047 0 (3 Bände in Kassette)
ISBN 3 8030 1051 9 (Textband)

Printed in Greece
Alleinvertrieb: Ernst Wasmuth Verlag, Tübingen

GEWIDMET DEM GEDENKEN:

an   *WASSILIJ GRIGOROWITSCH BARSKIJ (1701–1747),*
der wie kein anderer vor oder nach ihm den Heiligen Berg zu Fuß erforscht und uns ein vorbildliches Itinerar hinterlassen hat, sowohl mit präzisen Angaben als auch mit detaillierten, ausdrucksvollen und liebevoll gezeichneten Plänen – ein für seine Zeit hervorragendes Unternehmen.

an   *GERÁSIMOS SMYRNÁKIS (1862–1935),*
der den Heiligen Berg in seinem ganzen Umfang studiert und erlebt und in noch relativ jungem Alter sein bedeutendes Buch verfaßt hat (es wurde 1903 veröffentlicht, als der Autor 41 Jahre alt war) – ein für seine Zeit umfassendes historisches Werk, das unter den heutigen Bedingungen das Personal eines ganzen Institutes in Anspruch nehmen würde; ein vorbildliches Werk, was Formulierung und Druck angeht, das nicht nur heutzutage, sondern auch zukünftig als äußerst nützlich angesehen werden muß.

an   *GABRIEL MILLET (1866–1953),*
            FRANZ DÖLGER (1891–1968)
und vor allem
            PAUL LEMERLE (1903–1989),
die die wissenschaftlichen Grundlagen für die Herausgabe der schriftlichen Quellen aus den reichhaltigen Bibliotheken der Klöster auf dem Heiligen Berg nach den Prinzipien der Urkundenlehre gelegt und dadurch der heutigen Forschung den richtigen Ausgangspunkt geliefert haben.

PRÉAMBULE

Sans courir le risque d'être démenti, on peut prédire que le monumental *Atlas de l'Athos* préparé par Paul M. Mylonas fera date. A tous ceux qui, à travers le monde, s'intéressent à l'histoire plus que millénaire de la Sainte Montagne, il apporte une documentation graphique commentée avec érudition et sagacité, qui sera longtemps indispensable à la compréhension et à l'étude du monachisme athonite sous tous ses aspects.

P. Mylonas a pris le soin de réunir les témoignages visuels que les cartographes et les voyageurs du passé, ses prédécesseurs, ont laissé sur le Mont Athos. Mais la valeur de *l'Atlas* tient évidemment à l'ampleur et à la précision de la documentation originale qu'il nous offre; on devine le travail, la patience, le temps, la passion aussi, qu'il a fallu pour dresser les cartes, les plans très sûrs car maintes fois vérifiés, les dessins et relevés évocateurs, et pour choisir les belles photographies qui les accompagnent. L'ensemble forme la première description scientifique que nous ayons de l'Athos, de ses paysages et de ses monuments. C'est grace à ce travail de recherche et à ces relevés minutieux que P. Mylonas a pu élucider les problèmes de provenance et formuler une théorie sur la formation des types architecturaux, propres au Mont Athos.

Il s'agit bien sûr d'une source nouvelle pour les recherches à venir, dans le domaine de la topographie, de l'architecture, de l'histoire de l'art et de la vie monastique au Mont Athos. Mais *l'Atlas* de P. Mylonas est bien davantage: si les

VORREDE

Man kann, ohne Widerspruch zu provozieren, voraussagen, daß der monumentale *Atlas des Athos* von Paul M. Mylonas Geschichte machen wird. Bietet er doch für all diejenigen, die sich für die mehr als tausend Jahre währende Geschichte des Berges Athos interessieren, eine graphische Dokumentation mit einem Kommentar von großer Gelehrsamkeit und Scharfsinnigkeit, so daß er für lange Zeit für das Studium des Mönchstums des Berges Athos unverzichtbar sein wird.

P. Mylonas sorgte dafür, daß das Erbe der Kartographen und Reisenden früherer Epochen zusammengetragen wurde. Der große Wert des Atlas liegt vor allem in der Breite und Präzision von Mylonas' eigener Dokumentation. Man ahnt die Arbeit, die Geduld, die Zeit und auch die Leidenschaft, die notwendig waren, um die Karten zu Papier zu bringen, die zuverlässigen, weil oft nachgeprüften Pläne, und die so anschaulichen Zeichnungen, sowie die schönen Photographien auszuwählen. So bildet dieses Ensemble die erste wissenschaftliche Beschreibung des Berges Athos, seiner Landschaften und seiner Monumente. Dank dieser Forschungsarbeit und der genauen Zeichnungen war es dem Autor möglich, die Probleme der Herkunft zu beleuchten und eine Theorie über die Entstehung der dem Athos eigenen Architekturtypen zu entwerfen.

Dieses Buch ist eine Grundlage für zukünftige Forschungen auf den Gebieten der Topographie, der Architektur, der Geschichte und des monastischen Lebens auf dem Berg Athos. Es ist all

images nous parlent, alors ce livre d'images magnifiquement présenté nous raconte, avec autant de force que *Les vies de saints* et les documents d'archives, l'histoire même de l'Athos, depuis celle de l'ermitage le plus modeste ou le plus isolé jusqu à celle des grands monastères impériaux.

Il y a dix ans, à la prière de Paul Lemerle et de moi-même, P. Mylonas avait bien voulu donner, dans le premier tome des *Actes d'Iviron*, une étude analytique sur le *katholikon* du monastère, accompagnée d'un plan; j'ai alors appris, ce que l'examen attentif d'un monument, lorsqu'il s'allie à une information hors de pair, peut révéler non seulement sur l'histoire de ce monument, mais sur celle de la communauté qui l'a fait édifier (en l'occurrence, sur les plans d'un architecte), comment cette communauté l'a ensuite modifié en fonction de ses besoins et l'a entretenu à travers les siècles. Or c'est maintenant tout l'Athos qui se trouve ainsi décrit, de main de maître.

P. Mylonas, architecte de talent, jouit d'une reconnaissance internationale comme historien de l'architecture et il est aujourd'hui le meilleur spécialiste du Mont Athos. Nul mieux que lui ne pouvait mener à bien une enterprise qui exigeait à la fois une connaissance pratique de l'architecture, le savoir de l'historien et tout ce que peut apporter une longue familiarité avec la Sainte Montagne.

C'est un devoir agréable de lui exprimer, au nom de tous, notre reconnaissance.

dies und doch auch mehr: wenn Bilder zu uns sprechen, dann erzählt uns dieses Buch der Bilder, so großartig präsentiert, mit all der Gewalt der *Leben der Heiligen* und der Archivdokumente, die Geschichte des Berges Athos, von der bescheidensten Einsiedelei bis zu den großen kaiserlichen Klöstern.

Vor zehn Jahren war P. Mylonas auf Paul Lemerles und meine Bitten bereit, für den ersten Band der *Actes d'Iviron* eine analytische Studie zum *katholikón* beizusteuern. Damals wurde mir bewußt, wie sehr die sorgfältige Aufnahme eines Baudenkmals, in Verbindung mit einer genauen Untersuchung, nicht nur die Geschichte des Monuments selbst erhellt, sondern auch die der Gemeinschaft, die dieses hat errichten lassen (in diesem Fall, nach den Plänen eines Architekten), wie diese Gemeinde es nach seinen Bedürfnissen verändert und es über Jahrhunderte gepflegt hat. Nun ist es der gesamte Athos, der so von Meisterhand beschrieben wurde.

P. Mylonas, ein begabter Architekt, erfreut sich internationaler Anerkennung als Architekturhistoriker und ist heute der beste Kenner des Berges Athos. Niemand außer ihm wäre in der Lage, ein Vorhaben durchzuführen, das die Praxis des Architekten, das Wissen des Historikers sowie die lange Verbundenheit mit dem Heiligen Berg voraussetzt.

Es ist eine angenehme Pflicht, ihm im Namen aller, unsere Dankbarkeit auszudrücken.

JACQUES LEFORT
Directeur d'études,
École Pratique des Hautes Études, Sorbonne
Directeur des *Archives de l'Athos*.

INHALT

ATLAS DES ATHOS

INHALT

WIDMUNG	Seite	5
VORREDE	»	7
INHALT	»	11
VORWORT	»	19
DANKSAGUNG	»	23

HEFT EINS
ERKLÄRENDER TEXT ZUM ATLAS

ABKÜRZUNGEN – BIBLIOGRAPHIE	»	31–42
EINFÜHRUNG	»	45
A. – Historische und anthropogeographische Daten	»	45
B. – Siedlungen	»	47
1. Gliederung des Siedlungsgebietes	»	47
2. Hierarchische Klassifizierung der Siedlungseinheiten	»	48
3. Klassifizierung der Siedlungsformen	»	49
C. – Die Bauaufnahme der Denkmäler auf dem Athos	»	50
D. – Die Aufnahme der auf den Atlastafeln dargestellten Baudenkmäler und Gebiete	»	50
E. – Der Aufbau der Atlastafeln	»	51
1. Die topographischen Darstellungen	»	51
2. Die architektonischen Darstellungen	»	51
3. Ältere Abbildungen	»	52
4. Baugeschichtliche Daten	»	52
5. Listen der Klostergebäude und Kapellen	»	53
F. – Transkription der griechischen Wörter	»	53
G. – Die Begleittexte	»	53
H. – Die Karte	»	54
VERZEICHNIS DER ORTSNAMEN MIT IHREN KOORDINATEN	»	57–68
ANMERKUNGEN ZUR EINFÜHRUNG	»	71–94

VERZEICHNIS DER TEXTABBILDUNGEN

Textabb. 1.	Lageplan des Isthmus des Heiligen Berges und des Xerxes-Kanals. Vermessung aus dem Jahre 1791 .... Seite	46
Textabb. 2.	Erklärendes Diagramm zu der größtmöglichen Sichtweite von der Spitze des Athos ....»	73
Textabb. 3.	Aussicht vom höchsten Balkon des Klosters Simópetra (280 m) bis zum Berg Dírfys auf Euböa (1.743 m) ....»	74
Textabb. 4.	Vergleichende Tafel der Lagepläne der zwanzig Klöster ....»	77
Textabb. 5.	Vergleichende Tafel der Grundrisse der zwanzig Katholiká ....»	78
Textabb. 6.	Die Nordägäis. Teil der Karte des PTOLEMÄUS aus der Rom-Ausgabe von 1490 ....»	82
Textabb. 7.	Das östliche Mittelmeer. Portolan von Petrus VESCONTE, 1311 ....»	83
Textabb. 8.	Griechenland und die Ägäis. Teil einer gedruckten Karte von 1595, einer getreuen Wiedergabe einer *Portolan*-Handschrift aus dem 14. Jahrhundert ....»	84
Textabb. 9.	Karte des Heiligen Berges. Teil einer Karte *der Nordägäis*, hrsg. von der *Britischen Admiralität* im Jahre 1833 ....»	85
Textabb. 10.	Einfache Karte des Heiligen Berges, enthalten im Buch von LANGLOIS, 1867 ....»	86
Textabb. 11.	Einfache Karte des Heiligen Berges, enthalten in der Ausgabe des *Reiseberichts* von BARSKIJ, 1887 ....»	87
Textabb. 12.	Karte der *Athos-Halbinsel*. Teil eines Blattes mit der kartographischen Abbildung der *Nordägäis*, zusammengestellt vom Österreichischen Regimentsstab 1879 ....»	88
Textabb. 13.	Karte der *Athos-Halbinsel*, Teil eines Blattes mit der kartographischen Abbildung der *Nordägäis*, 1914 ....»	88
Textabb. 14–16.	Karte des *Heiligen Berges* im Maßstab 1 : 100.000, zusammengestellt von Gerasimos SMYRNÁKIS. Eine ausgezeichnete Arbeit, die viele Einzelheiten liefert und in seinem monumentalen Werk *Der Heilige Berg*, veröffentlicht 1903, enthalten ist. Auf Textabb. 14 wird ein Grundriß veröffentlicht, auf den Zeichnungen Abb. 15 und 16 werden zwei Seitenansichten, die eine aus SW und die andere aus NO, im Maßstab 1 : 150.000 abgebildet ....»	90–93
Textabb. 17.	Schematische Karte der *Athos-Halbinsel* mit Angabe des Landbesitzes der Megísti Láwra im Mittelalter ....»	100–101
Textabb. 18.	Phasen der Erweiterung des Láwra-Katholikón ....»	103
Textabb. 19.	Der Hof des Klosters Watopédi, 1835. Zeichnung des Architekten EFYMOV ....»	107
Textabb. 20.	Marmornes *opus sectile* im Mesonarthex des Watopédi-Katholikón ....»	110
Textabb. 21.	Der Hof des Klosters Iwíron, 1835. Zeichnung des Architekten EFYMOV ....»	114
Textabb. 22.	Marmornes *opus sectile* auf dem Boden des Chelandári-Katholikón ....»	116
Textabb. 23.	Westansicht des Chelandári-Katholikón ....»	118
Textabb. 24.	Kloster Dionysíu. Zeichnung von G.-A. MATHÉY, 1937 ....»	120
Textabb. 25.	Katholikón des Klosters Dionysíu, Schnitt durch die Choroi ....»	122
Textabb. 26.	Westansicht des Kutlumusíu-Katholikón ....»	124
Textabb. 27.	Perspektivische Skizze von Karyés, 1956 vom Verfasser gezeichnet ....»	126

Textabb. 28.	Planskizze des Pantokrátor-Katholikón, 1744 von BARSKIJ gezeichnet..........Seite	128
Textabb. 29.	Eingangsturm und Baldachin des Klosters Pantokrátor.........................»	129
Textabb. 30.	Trápeza (Refektorium) des Klosters Pantokrátor, Fresken in der Abtsnische...»	130
Textabb. 31.	Trápeza (Refektorium) des Klosters Xiropotámu, Fresken in der Abtsnische...»	132
Textabb. 32.	Trápeza (Refektorium) des Klosters Xiropotámu, Fresken mit Tür und Inschrift..»	134
Textabb. 33.	Arsanás (Bootshaus und Hafen) des Klosters Zográfu, Südansicht ....»	136
Textabb. 34.	Östliche Kórda (Flügel) des Klosters Zográfu, Detail ....»	137
Textabb. 35.	Östliche Kórda (Flügel) des Klosters Zográfu, Abschnitt im Zentrum................»	138
Textabb. 36.	Südansicht des Klosters Dochiaríu, 1835. Zeichnung des Architekten EFYMOV...»	140
Textabb. 37.	Schematische Karte des Landbesitzes des Klosters Dochiaríu im Mittelalter..»	141
Textabb. 38.	Marmorbrunnen außerhalb des Tores des Klosters Karakállu..................»	144
Textabb. 39.	Turm des Klosters Karakállu, Südansicht ....»	146
Textabb. 40.	Trápeza (Refektorium) des Klosters Filothéu, Fresken in der Abtsnische...»	148
Textabb. 41.	Trápeza (Refektorium) des Klosters Filothéu, Fresken auf der nördlichen Wand..»	149
Textabb. 42.	Trápeza (Refektorium) des Klosters Filothéu. Fresken auf der nördlichen Wand, mit Inschrift..»	150
Textabb. 43.	Kloster Símonos Pétras, Westansicht...»	153
Textabb. 44.	Kloster Símonos Pétras, Südansicht..»	154
Textabb. 45.	Kloster Hagíu Páwlu. Kapelle des Hágios Geórgios, Grundriß und Schnitt..»	156
Textabb. 46.	Kloster Hagíu Páwlu, Südwestansicht. Zeichnung des Architekten EFYMOV, 1835 ....»	158
Textabb. 47.	Der Hof des Klosters Hagíu Páwlu, 1835. Zeichnung des Architekten EFYMOV...»	158
Textabb. 48.	Katholikón des Klosters Stawronikíta, nördliche Wand............................»	160
Textabb. 49.	Skizze des verkleinerten Abdruckes der Wandmalerei des *Theophanis von Kreta* im Stawronikíta-Katholikón ....»	161
Textabb. 50.	Lití des Stawronikíta-Katholikón, Fresken auf der östlichen Wand..............»	162
Textabb. 51.	Trápeza (Refektorium) des Klosters Xenofóntos, Fresken auf der westlichen Wand..»	164
Textabb. 52.	Schematische Abbildung des Xenofóntos-Gebietes im Mittelalter.....................»	165
Textabb. 53.	Trápeza (Refektorium) des Klosters Xenofóntos, Wandmalerei mit Stifterinschrift...»	166
Textabb. 54.	Kloster Grigoríu. Arbeiterhaus außerhalb des Klosters, aus dem Jahre 1850...»	168
Textabb. 55.	Umzeichnung des russischen Athos-Mönchs *Gennádios* aus dem Jahre 1847, die den Landbesitz des Klosters Grigoríu wiedergibt................................»	170–171
Textabb. 56.	Glockenturm des Klosters Grigoríu ....»	172

Textabb. 57.	Trápeza (Refektorium) des Klosters Esfigménu, Fresken in der Abtsnische	Seite	175
Textabb. 58.	Weihbrunnen im Kloster Hágios Panteleímon	»	180
Textabb. 59.	Alter Turm des Klosters Xirokástru; später Arsanás (Bootshaus) des Klosters Kastamonítu	»	183

BEGLEITTEXTE ZU DEN TOPOGRAPHISCHEN TAFELN ....» 95–181
    1. – Megísti Láwra   (Verweis auf Taf. 101.1–101.7).......» 97–103
    2. – Kloster Watopédi   (Verweis auf Taf. 102.1).......» 105–110
    3. – Kloster Iwíron   (Verweis auf Taf. 103.1).......» 111–114
    4. – Kloster Chelandári   (Verweis auf Taf. 104.1).......» 115–118
    5. – Kloster Dionysíu   (Verweis auf Taf. 105.1).......» 119–122
    6. – Kloster Kutlumusíu   (Verweis auf Taf. 106.1).......» 123–126
    7. – Kloster Pantokrátor   (Verweis auf Taf. 107.1).......» 127–130
    8. – Kloster Xiropotámu   (Verweis auf Taf. 108.1).......» 131–134
    9. – Kloster Zográfu   (Verweis auf Taf. 109.1).......» 135–138
    10. – Kloster Dochiaríu   (Verweis auf Taf. 110.1).......» 139–142
    11. – Kloster Karakállu   (Verweis auf Taf. 111.1).......» 143–146
    12. – Kloster Filothéu   (Verweis auf Taf. 112.1).......» 147–150
    13. – Kloster Símonos Pétras   (Verweis auf Taf. 113.1).......» 151–154
    14. – Kloster Hagíu Páwlu   (Verweis auf Taf. 114.1).......» 155–158
    15. – Kloster Stawronikíta   (Verweis auf Taf. 115.1).......» 159–162
    16. – Kloster Xenofóntos   (Verweis auf Taf. 116.1).......» 163–166
    17. – Kloster Grigoríu   (Verweis auf Taf. 117.1).......» 167–172
    18. – Kloster Esfigménu   (Verweis auf Taf. 118.1).......» 173–176
    19. – Kloster Hagios Panteleímon   (Verweis auf Taf. 119.1).......» 177–180
    20. – Kloster Kastamonítu   (Verweis auf Taf. 120.1).......» 181–183
INDICES ....» 185–193

HEFT ZWEI
PHOTOGRAPHISCHE DOKUMENTATION DER LANDSCHAFT UND DER KLÖSTER

VORWORT ....» 13–28
GESAMTANSICHTEN   (Abb. 1–14) ....» 30-57
ANSICHTEN DER KLÖSTER
    1. – Megísti Láwra   (Abb. 15–26) ....» 60–83
    2. – Kloster Watopédi   (Abb. 27–34) ....» 84–99
    3. – Kloster Iwíron   (Abb. 35–40) ....» 100–111
    4. – Kloster Chelandári   (Abb. 41–46) ....» 112–121
    5. – Kloster Dionysíu   (Abb. 47–56) ....» 122–137
    6. – Kloster Kutlumusíu   (Abb. 57–62) ....» 138–149
    7. – Kloster Pantokrátor   (Abb. 63–70) ....» 150–165
    8. – Kloster Xiropotámu   (Abb. 71–78) ....» 166–181
    9. – Kloster Zográfu   (Abb. 79–87) ....» 182–197
    10. – Kloster Dochiaríu   (Abb. 88–94) ....» 198–207
    11. – Kloster Karakállu   (Abb. 95–99) ....» 208–217

12. – Kloster Filothéu	(Abb. 100–105)	Seite	218–229
13. – Kloster Símonos Pétras	(Abb. 106–113)	»	230–243
14. – Kloster Hagíu Páwlu	(Abb. 114–123)	»	244–259
15. – Kloster Stawronikíta	(Abb. 124–129)	»	260–271
16. – Kloster Xenofóntos	(Abb. 130–140)	»	272–285
17. – Kloster Grigoríu	(Abb. 141–144)	»	286–293
18. – Kloster Esfigménu	(Abb. 145–150)	»	294–305
19. – Kloster Hágios Panteleímon	(Abb. 151–163)	»	306–331
20. – Kloster Kastamonítu	(Abb. 164–168)	»	332–341

HEFT DREI
DER ATLAS : KARTEN UND TAFELN

INHALT

TAFELN

1. – Die Halbinsel Athos. Infrarot-Satellitenaufnahme
   Maßstab circa 1 : 100.000 .... Taf. 001

KARTEN

2. – Karte der Athos-Halbinsel mit Angaben der geographischen Lage von Klöstern,
   Skiten und den wichtigsten Kellíengruppen.
   Nordwesthälfte, Maßstab 1 : 40.000
   Maßstab der eigenen Grundrisse der Klöster: 1 : 20.000 .... Taf. 002

3. – Karte der Athos-Halbinsel mit Angaben der geographischen Lage von Klöstern,
   Skiten und den wichtigsten Kellíengruppen.
   Südosthälfte. Maßstab 1:40.000
   Maßstab der eigenen Klosterpläne: 1 : 20.000,
   außer dem des Klosters Hag. Panteleímon, der im Maßstab der Karte
   (1 : 40.000) angefertigt ist .... Taf. 003

4. – Karte und Ansichten der Halbinsel Athos mit Angabe der Klöster,
   Skiten und der wichtigsten Kellíengruppen
   a) Ansicht von Nordosten
   b) Karte
   c) Ansicht von Südwesten
   Maßstab: horizontal 1 : 100.000
   vertikal 1 : 20.000 .... Taf. 004

5. – Farbabbildungen der in Längsrichtung dargestellten Ansichten des Athos
   Oben: Ansicht von Nordosten (Originalmaße 53 x 119 cm)
   Unten: Ansicht von Südwesten (Originalmaße 60 x 153 cm)
   Gemälde des Malermönches Chrysóstomos aus dem Jahre 1941.
   Kellíon des Malers Serafím, Karyés .... Taf. 005

TOPOGRAPHISCHE TAFELN

6. – Megísti Láwra. Gesamtplan, Grundrisse und Schnitte
   der wichtigsten Gebäude .... Taf. 101.1

7. – Megísti Láwra. 1. Südliche Kórda (Flügel), Ansicht vom Hof aus; 2. Nördliche Kórda,
   Ansicht vom Hof aus; 3. Westliche Kórda, Ansicht vom Hof aus; 4. Östliche Kórda,
   Ansicht vom Hof aus .... Taf. 101.2

8. – Megísti Láwra. Das Katholikón (Hauptkirche), Westansicht..Taf. 101.3
9. – (Hauptkirche), Grundriß; 2. Das Katholikón, marmorner Fußboden aus *opus sectile*;
3. Das Katholikón, Querschnitt durch die Lití und die Kapellen;
4. Das Katholikón, südliche Fassade..» 101.4
10. – Megísti Láwra. Die Trápeza (Refektorium). 1. Längsschnitt; 2. Querschnitt;
3. Westliche Hauptfassade; 4. Ostansicht; 5. Grundriß..» 101.5
11. – Megísti Láwra. Die Trápeza (Refektorium). 1. Bauaufnahme der Fresken
der nördlichen Wand, 2. der südlichen Wand..» 101.6
12. – Das Archontaríkion...» 101.7
13. – Kloster Watopédi. Gesamtplan, Grundrisse und Schnitte
der wichtigsten Gebäude..» 102.1
14. – Kloster Iwíron. Gesamtplan, Grundrisse und Schnitte
der wichtigsten Gebäude..» 103.1
15. – Kloster Chelandári. Gesamtplan, Grundrisse und Schnitte der wichtigsten Gebäude..........» 104.1
16. – Kloster Dionysíu. Gesamtplan, Grundrisse und Schnitte der wichtigsten Gebäude.............» 105.1
17. – Kloster Kutlumusíu. Gesamtplan, Grundrisse und Schnitte der wichtigsten
Gebäude..» 106.1
18. – Kloster Pantokrátor. Gesamtplan, Grundrisse und Schnitte der wichtigsten Gebäude.........» 107.1
19. – Kloster Xiropotámu. Gesamtplan, Grundrisse und Schnitte der wichtigsten Gebäude........» 108.1
20. – Kloster Zográfu. Gesamtplan, Grundrisse und Schnitte der wichtigsten Gebäude ....» 109.1
21. – Kloster Dochiaríu. Gesamtplan, Grundrisse und Schnitte der wichtigsten Gebäude ....» 110.1
22. – Kloster Karakállu. Gesamtplan, Grundrisse und Schnitte der wichtigsten Gebäude ....» 111.1
23. – Kloster Filothéu. Gesamtplan, Grundrisse und Schnitte der wichtigsten Gebäude.............» 112.1
24. – Kloster Símonos Pétras. Gesamtplan, Grundrisse und Schnitte der
wichtigsten Gebäude...» 113.1
25. – Kloster Hagíu Páwlu. Gesamtplan, Grundrisse und Schnitte der wichtigsten
Gebäude..» 114.1
26. – Kloster Stawronikíta. Gesamtplan, Grundrisse und Schnitte der wichtigsten
Gebäude..» 115.1
27. – Kloster Xenofóntos. Gesamtplan, Grundrisse und Schnitte der wichtigsten Gebäude ....» 116.1
28. – Kloster Grigoríu. Gesamtplan, Grundrisse und Schnitte der wichtigsten Gebäude ....» 117.1
29. – Kloster Esfigménu. Gesamtplan, Grundrisse und Schnitte der wichtigsten Gebäude..........» 118.1
30. – Kloster Hágios Panteleímon. Gesamtplan, Grundrisse und Schnitte der
wichtigsten Gebäude...» 119.1
31. – Kloster Kastamonítu. Gesamtplan, Grundrisse und Schnitte der wichtigsten
Gebäude..» 120.1

VORWORT

VORWORT

Das Mönchtum auf dem Heiligen Berg Athos ist zweifellos ein geistiges und soziales Phänomen von unvergleichlicher Eigenart und Vielschichtigkeit, das in der Religions- und Kulturgeschichte sowie unter den sozialen Experimenten und Errungenschaften der Vergangenheit einen herausragenden Platz einnimmt.

Die Mönchsrepublik des Heiligen Berges hat ihren Ursprung in einem überaus starken religiösen Drang und entwickelte sich allmählich in einer für ihr Anliegen besonders günstigen Geomorphologie von eigentümlicher Schönheit. In ihrer mehr als tausendjährigen Geschichte gelang es ihr, ihre vorherrschenden geistigen Elemente um alle für sie notwendigen kulturellen und traditionellen Komponenten zu bereichern und zu einer einzigartigen und unlöslichen Einheit zu verschmelzen. Diese Einheit, symbolisiert durch den Namen Athos, stellt für alle orthodoxen Christen, insbesondere jedoch für die Griechen, ein religiöses und nationales Erbe und Vermächtnis dar, in dessen Wirkungskreis sich ihre byzantinische und von der Tradition geprägte Physiognomie am Leben erhält und erneuert.

Die Einzigartigkeit des Phänomens hat viele veranlaßt, sich dem Athos als Zuwanderer und Bewunderer aus verschiedenen Richtungen zu nähern, um ihn zu beschreiben, zu analysieren oder sein überragendes geistiges Gut weiterzutragen. Tausende von Büchern und Artikeln wurden in den letzten Jahrhunderten über den religiösen Gehalt des Klosterlebens auf dem Athos veröffentlicht, die Archive bieten unerschöpfliche Quellen zur Erforschung seiner Geschichte und Gesellschaft, Hunderte von Schriften geben die verschiedenen Eindrücke der Pilger wieder, und Dutzende behandeln sein künstlerisches Gepräge. Im Gegensatz dazu gibt es nur eine spärliche Anzahl wissenschaftlich sicher bedeutender Publikationen, die die Bauten und das Siedlungsgebiet des Athos auf ihre Struktur hin untersuchen. So ist das Wissen auf diesem Gebiet bisher noch sehr fragmentarisch.

Das *Bildlexikon des Heiligen Berges Athos* erscheint in der bedeutenden Reihe der *Bildlexika* des Deutschen Archäologischen Institutes und hat auf der Grundlage langjähriger und ausgedehnter Forschungsarbeiten das Ziel die Topographie, die Architektur und die Kunst des Heiligen Berges in klarer und systematischer Weise darzustellen. Zu diesem Zweck und aufgrund der Fülle des Materials ist das Bildlexikon in die vier folgenden Teile gegliedert:

1. Band I, Teil 1:
    Atlas der zwanzig souveränen Klöster
    Heft Eins: Topographie und historische Architektur (Text)
    Heft Zwei: Photographische Dokumentation der Landschaft und der Klöster
    Heft Drei: Der Atlas (Tafeln)
2. Band I, Teil 2:
    Bildlexikon der zwanzig souveränen Klöster

3. Band II, Teil 1:
    Atlas der zwölf Skíten und der sonstigen untergeordneten klösterlichen Institutionen. Topographie und historische Architektur
4. Band II, Teil 2:
    Bildlexikon der zwölf Skíten und der sonstigen untergeordneten klösterlichen Institutionen.

Um die Kommunikation mit dem weltweiten Leserkreis zu erleichtern und »zum allgemeinen Nutzen«, wie man früher zu sagen pflegte, haben Autor und Herausgeber die schwierige Aufgabe übernommen, dieses Werk in vier Sprachen zu veröffentlichen: griechisch, deutsch, englisch und russisch. Die russische Sprache wurde ausgewählt, weil sie hundert Millionen orthodoxer Christen anspricht und weil die russische Wissenschaft für dieses Thema besonders im vorletzten Jahrhundert großes Interesse gezeigt hat. Die englische Sprache wurde nicht allein aufgrund ihres Ranges als internationale Sprache, sondern auch wegen der Beiträge angesehener englischer Wissenschaftler zum Heiligen Berg ausgewählt. Die deutsche Sprache wurde in Anerkennung der Leistungen bedeutender deutscher Forscher, die sich im 19. und 20. Jahrhundert mit dem Heiligen Berg beschäftigt haben, berücksichtigt, und weil das Interesse deutscher Leser für dieses Thema besonders groß ist. Schließlich konnte die griechische Sprache kaum fehlen, da in erster Linie sie die Sprache der Orthodoxie und des Heiligen Berges ist und ebenso die Sprache des Autors. Dieser bedauert es, daß er aus rein praktischen Gründen keine französische Fassung anfertigen ließ. Die Übersetzung eines solchen Werkes in die elegante französische Sprache hätte nicht nur zu dessen Universalität beigetragen, sondern wäre auch ein kleines Gegengeschenk für die bedeutenden französischen Wissenschaftler gewesen, die zur Erforschung des Heiligen Berges bis heute schon viel beigetragen haben. Um diesen Mangel zumindest ein wenig auszugleichen, wurde der herausragende Byzantinist und Athos-Forscher Jacques Lefort, Professor an der Sorbonne-Universität sowie Nachfolger von Gabriel Millet und Paul Lemerle im Amt eines Direktors der *Archives de l'Athos*, gebeten, eine Vorrede zu verfassen, welche in allen Ausgaben des ATLAS zusätzlich auf französisch wiedergegeben ist.

Der vorliegende Atlas der Klöster in drei Heften ist der erste von den ursprünglich geplanten vier Bänden dieses umfassenden Werkes.

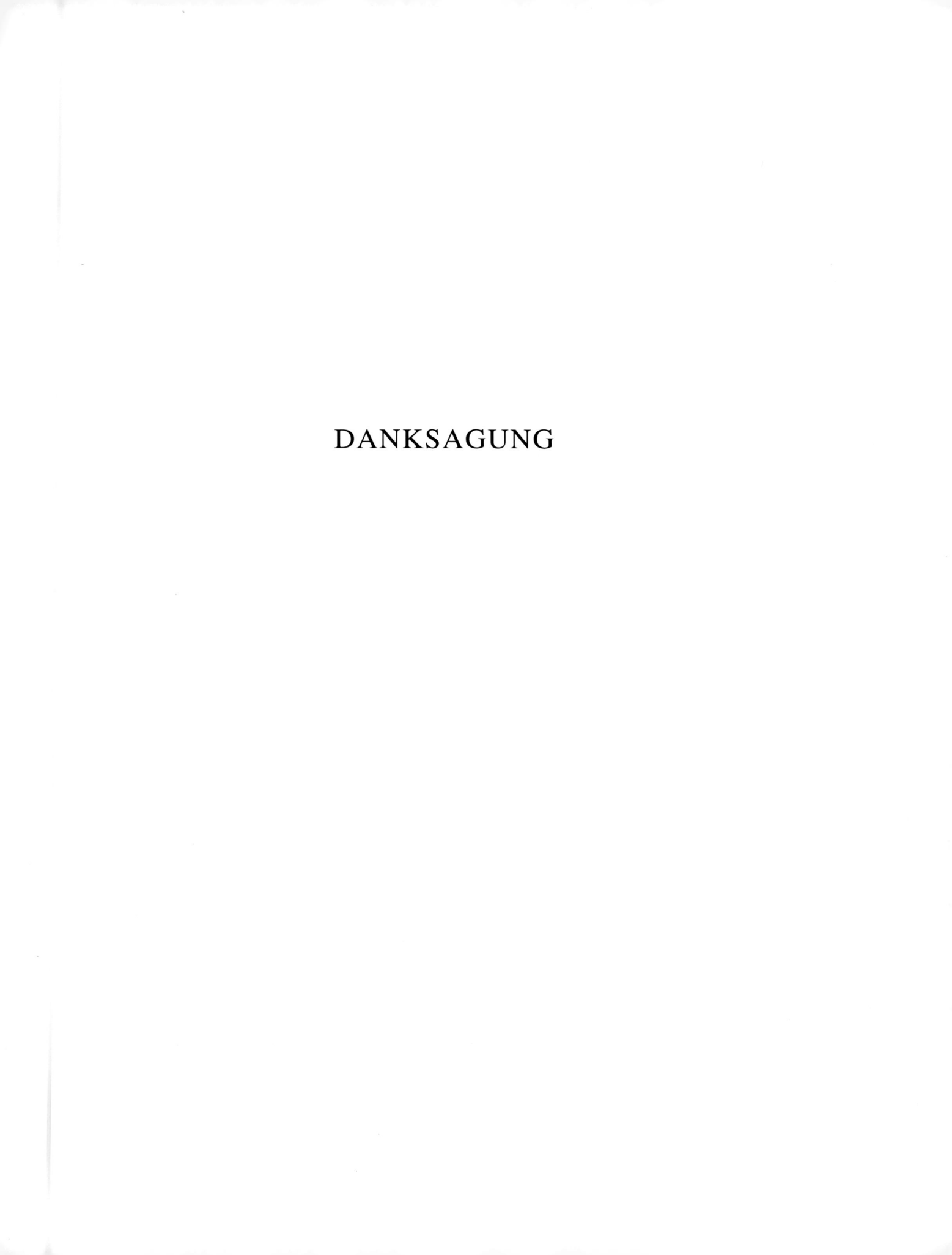

DANKSAGUNG

DANKSAGUNG

Lang ist die Liste der Freunde und Mitarbeiter*, die am Forschungswerk über den Berg Athos mitgewirkt haben, so lang wie die mühevolle Durchführung der Aufgabe – beinahe ein halbes Jahrhundert – selbst. Die Mühe wurde jedoch durch eine fortdauernde ethische Befriedigung belohnt, die die Vertrautheit mit einer Welt unvergleichlicher geistiger Größe, das tiefe Eindringen in sie sowie die Teilnahme an einem hochgesinnten Vorhaben bewirkten.

Der Autor dankt in erster Linie der Mönchsrepublik Athos – der Hierá Kinótis (Regierungsgremium), der Hierá Epistasía (Exekutivkomitee), den Äbten und Klostervorstehern ebenso wie jedem einzelnen der Mönche, die uns alle durch ihre tägliche menschliche Anwesenheit, ihre Gastfreundlichkeit, ihre Hilfe und ihre Auskunftsbereitschaft beigestanden haben. Dank schuldet der Autor auch dem Direktorium für Kirchenverwaltung im Außenministerium und dessen jeweiligen Botschafter-Direktoren für ihre ständige Unterstützung sowie für ihre mehrmaligen Empfehlungen bei der Hierá Kinótis hinsichtlich der Photographiererlaubnis; dem Archäologischen Dienst und den einzelnen Ephoren des Athos für ihre freundlichen Hilfeleistungen; der Athener Archäologischen Gesellschaft, die die Realisierung des Projekts mit Rat und Tat gefördert hat; Herrn Spýros Merkoúris, dem speziellen Ratgeber im Kultusministerium und der Luftwaffe und Herrn Generalmajor Geórgios Thanópoulos für die Bereitstellung von Hubschraubern; Herrn Botschafter Pétros Kalogerás für den Vorschlag und dem unvergeßlichen Akademie-Mitglied Zinaída Udaltsowa für die Vergabe eines Stipendiums der ehemaligen Sowjetischen Akademie für das Studium der Regesten der russischen Erforscher des Athos, Wassilij Grigorowitch Barskij und Peter Sewastianow; außerdem der Psycha-Stiftung für ihre materielle Unterstützung sowie der Ford Foundation, New York, der Hellenic Foundation, London, und dem Dumbarton Oaks Institute, Washington, D. C., für ihre finanziellen Zuschüsse.

Der Autor möchte Herrn Dr. Jacques Lefort, Professor in der Sorbonne in Paris und Director der *Archives de l'Athos* seinen Dank aussprechen für die Vorrede, die er in großzügiger Weise zur Unterstützung dieses wissenschaftlichen Werkes beigesteuert hat. Dem ehemaligen Generaldirektor des Koordinationsministeriums, Herrn Geórgios Lymberídis, dem Leiter der Abteilung für Stadtplanung desselben Ministeriums, Herrn Stamátios Ch. Wagianós, den Professoren der Technischen Hochschule Athen, Ioánnis Badékas und Stéfanos Sínos, sowie Professor Alexei Komech, dem Direktor des Instituts für Bildende Kunst Moskau, sei für ihre wertvolle Hilfe herzlich gedankt, ebenso Frau Dr. Denise Papachryssánthou, Byzantinistin und Forscherin im Nationalzentrum wissenschaftlicher Forschung (C.N.R.S.) in Paris, und Herrn Kríton Chryssochoídis, Direktor im Zentrum Byzantinischer Forschungen in Athen, für ihre wertvollen Ratschläge. Den Professoren Henry S. Robinson, Richard E. Spear und der Professorin

Athiná K. Tácha möchte sich der Verfasser für die ständige und langjährige moralische Unterstützung sowie ihre finanzielle Hilfe besonders erkenntlich zeigen.

Dem Deutschen Archäologischen Institut, besonders seinem Präsidenten, Professor Dr. Helmut Kyrieleis, sowie dessen Vorgänger, Professor Dr. Edmund Buchner, und dem jetzigen Direktor der Abteilung Athen, Professor Dr. Klaus Fittschen, drückt der Autor für die Veröffentlichung des vorliegenden Werkes in der bedeutenden Reihe der Bildlexika des Institutes seinen herzlichen Dank aus. Besonders verpflichtet fühlt sich der Verfasser dem Architekten Dr. Hermann Kienast, dem zweiten Direktor der Athener Abteilung, der als erster Wert und Umfang der Forschungsarbeit verstanden und den Vorschlag gemacht hat, das Werk in die Publikationsreihe des Institutes aufzunehmen. Dem Redaktionsleiter des Institutes, Herrn Dr. Gerhard Jöhrens, dem Verlag Ernst Wasmuth, Tübingen, dem Verlag ADAM und der ›Typografen Hellas‹ und Pergamos, G.M.B.H, Athen, dankt der Autor für den hervorragenden Druck, der EOSAT (Earth Observation Satellite Company), USA, für die Erlaubnis, die Satellitenaufnahme der Athoshalbinsel zu publizieren (Tafel 001). Die Ortsnamen der Karten 002–004 wurden in der von Professor Kóstas M. Mylonás, Technische Hochschule Athen, entworfenen Schrift EVKLIDIS gedruckt (siehe »Complete Greek with adjunct fonts«, *TUGboat* 13 Nr. 1, 1992, S. 39–50).

Nicht zuletzt dankt der Autor dem engen Kreis der Mitarbeiter, die ihm in verschiedener Hinsicht und zu unterschiedlichen Zeiten bei der Überarbeitung, Vervollständigung und Vorbereitung des vorliegenden Bandes zur Publikation geholfen haben, namentlich den Architekten Herrn Aristódimos Mantzuranís, Herrn Pródromos Spanós, Herrn Níkos Kriezías, Herrn Níkos Chatzitheodóru, Herrn Konstantínos Gártzos, Herrn Evángelos Lyrúdias, Frau Lukía Mentzélu und Frau Heléni Chimára, ganz besonders aber Frau Alexándra Ap. Karageórgu, die während ihres langjährigen Mitwirkens an diesem Projekt und aufgrund ihrer vielfältigen Fähigkeiten nicht nur diffizile Forschungsarbeiten ausgeführt, sondern auch die Koordination des Unternehmens übernommen und sich damit als wirkliche Stütze des Werkes erwiesen hat. Herr Konstantínos P. Mylonás, Architekt, Restaurator und Professor an der Technischen Hochschule Athen und ein hervorragender Fotograf, hat unter anderem zur Publikation von mehreren künstlerischen Luftaufnahmen beigetragen; auch ihm sei gedankt.

* Beigefügt ist eine Liste der damaligen Studenten der Technischen Hochschule Athen, der Universität Thessaloniki und der Kunstakademie Athen, heute vortreffliche Kollegen, die in den Jahren 1961–68 zeitweise gegen Vergütung im Architekturbüro des Verfassers gearbeitet und, der eine mehr, der andere weniger, an den Erstaufnahmen einer Anzahl der hier publizierten Baudenkmäler mitgewirkt haben. Sollte die Liste wegen der lang zurückliegenden Zeit nicht ganz vollständig sein, bittet der Autor um Nachsicht.

Aidonópulos Gawriíl, Alexandrópulos Michaíl, Angelídis Kóstas, Antoniádis Antónios, Arwanítis Sacharías, Chalikiás Sotírios, Charkiolákis Nikólaos, Chatzidákis Aléxios, Cheruvím Pantelís, Christákis Anastásios, Daskalákis Konstantínos, Dúskas Geórgios, Emmanuíl Anastásios, Emmanuíl Dimítrios, Frangúlis Panagiótis, Garýfallos Michaíl, Georgusópulos Athanásios, Giannúdis Sósos, Giaxóglu Geórgios, Golfinópulos Andréas, Gurzís Spyrídon, Iliópulos Antónios, Iliópulos Charálampos, Ikonomídis Michaíl, Ioakím Íkaros, Ioakimídis Stéfanos, Kakadiáris Nikólaos, Kavakiótis Geórgios, Kapareliótis Charídimos, Kapetánios Athanásios, Karaskíris Geórgios, Karaískos Evángelos, Karamoléngos Geórgios, Karatzóglou Ioánnis, Kalyvítis Lázaros, Kavkalás Grigórios, Kiskýras Geórgios, Kízis Ioánnis, Kónstas Epaminóndas, Kropídis Geórgios, Lanarás Nikólaos, Lapurtas Stelios, Lidorikiótis Geórgios, Lykuriótis Geórgios, Másis Dimítrios, Manolítsis Anastásios, Mísios Timoléon, Místakas Elefthérios, Nikoláu Nikólaos, Orestídis Stávros, Pagónis Lukianós, Papaioánnu Nikólaos, Papagiannópoulos Ilías, Papaléxis Geórgios, Papanikoláu Aléxandros, Paputsákis Chrístos, Pappás Chrístos, Parthénis Ángelos, Pasipularídis Awraám, Patsilinákos Geórgios, Peldemtzís Theódoros, Pénnas Charálampos,

Pertsemlídis Konstantínos, Ráptis Álkis, Rígas Rígas, Sakellíon Dimítrios, Sámios Páwlos, Sarigiánnis Geórgios, Sewastós Geórgios, Siárkos Theológis, Skéwos Spyrídon, Syriópoulos Aléxandros, Tanúlas Anastásios, Tzatzánis Konstantínos, Tzuvés Matthaíos, Tuliátos Panagiótis, Téntes Theódoros, Tsángas Hiraklís, Tsirimonákis Charálampos, Tylianákis Michaíl, Wafiádis Konstantínos, Wgóntzas Dionýsios, Xanthópoulos Konstantínos, Walton David, Zamenópoulos Dimítrios, Zannáras Fílippos, Zerwós Dimítrios.

Außerdem möchte der Autor dem Fotografen und Graphiker Herrn Grigórios Karianákis und den Herren Th. Anagnostopoulos und Th. Preswytis seinen Dank ausdrücken; ohne ihre wertvollen Beiträge wären die Tafeln der Publikation vielleicht nicht von so hervorragender Qualität. Anerkennung gebührt auch den folgenden Archäologen und Philologen für die getreue Wiedergabe der Texte: Dr. Martin Kreeb, Frank Zimmer, M.A., Dr. Thomas Götzelt, Frau Ingrid Liwierátou-Uffhausen, Dr. Theóni Baséu-Bárabas, Mr. John Leatham, Frau Selga Sherrard, Dr. Athená Spear, Dr. Christofer Walter, Herrn Pétros Ladás, Dr. Olga Alexandropúlu, Herrn Wasílios Papathanasíu, Dr. Heléni Stergiopúlu, Dr. Olga Etinhof und Dr. Plamen Tontchev, sowie Herrn Konstantínos Tsináris für seine sorgfältige Korrektur der Texte, aber auch Frau Heléni Evangélu, Frau Mariánthi Grigoríu, Frau Réna Markoyánni, Frau María Skiadá und Frau Heléni Toúla-Korneláki für ihre hervorragenden, endlosen und vielsprachigen Schreibarbeiten.

PAUL M. MYLONAS[**]
Dezember 1995

[**] Wegen des merkwürdigen Zufalls sei erwähnt, daß in zwei Urkunden aus den Jahren 1034 und 1035 unter anderem die Unterschrift eines Mönchs mit dem Namen *Páwlos* (Paul) aus dem Kloster *tú Myloná* überliefert ist (*ACTES, Esphigmenou*, Nr. 1, Z. 36 und *ACTES, Lavra*, 1, Nr. 29, Z. 25).

HEFT EINS
ERKLÄRENDER TEXT ZUM ATLAS

ABKÜRZUNGEN – BIBLIOGRAPHIE

ABKÜRZUNGEN – BIBLIOGRAPHIE

I. WÖRTERBÜCHER

ANDRIÓTIS	ANDRIÓTIS, N. P., *Etymologisches Wörterbuch der neugriechischen Volkssprache* (Ἐτυμολογικὸ Λεξικὸ τῆς κοινῆς νεοελληνικῆς), Thessaloniki, ³1983
BROCKHAUS	DER GROSSE BROCKHAUS, *Lexikon der deutschen Sprache*
CARTOGRAPHIC DICTIONARY	INTERNATIONAL CARTOGRAPHIC ASSOCIATION (Hrsg.), Commission II, *Multilingual Dictionary of Technical Terms in Cartography*, Wiesbaden, 1973
CHRISTIAN CHURCH	CROSS, F. L., *The Oxford Dictionary of the Christian Church*, London, 1966
DAREMBERG et SAGLIO	DAREMBERG et SAGLIO, *Dictionnaire des antiquités grecques et romaines*, Paris, 1875–1919
D.E.C.A.	BERNARDINO, A. DI – VIAL, F. (Hrsg.), *Dictionnaire encyclopédique du christianisme ancien*, Paris, 1990
DIMITRÁKOS	DIMITRÁKOS, D., *Großes Wörterbuch der ganzen griechischen Sprache* (Μέγα Λεξικὸν τῆς ὅλης Ἑλληνικῆς Γλώσσης), Bd. 1–7, Athen, 1949–1951
ELEFTHERUDÁKIS	ELEFTHERUDÁKIS, *Enzyklopädisches Lexikon* (Ἐγκυκλοπαιδικὸν Λεξικόν), Athen, 1927–1931
ENCIKLOPEDICHESKIJ SLOVAR	ENCIKLOPEDICHESKIJ SLOVAR, Hrsg. BROCKHAUS, F. A. (Leipzig), EFRON, N. A. (St. Petersburg), 1900
ENZYKLOPÄDIE DER RELIGION UND ETHIK	*Enzyklopädie der Religion und Ethik* (Θρησκευτικὴ καὶ Ἠθικὴ Ἐγκυκλοπαίδεια), Athen, 1962–1968
KALOPISSI – PANAGIOTIDI	KALOPISSI, S. – PANAGIOTIDI, M., *Vielsprachiges* (Griechisch-Französisch-Englisch-Deutsch-Italienisch-Rumänisch-Russisch-Serbisch) *Bildlexikon der Terminologie zur Byzantinischen Architektur und Skulptur*, Universität Kreta, 1996 (Mitarbeiter: E. CINCHEZA BUCULEI, M. GARIDIS, R. FARIOLI-CAMPANATI, A. STOJAKOVIĆ)
KRIARÁS	KRIARÁS, E., *Wörterbuch der griechischen mittelalterlichen Volksliteratur* (Λεξικὸ μεσαιωνικῆς ἑλληνικῆς δημώδους γραμματείας) (1100–1669), Thessaloniki, 1968 ff.
LATIN DICTIONARY	LEWIS, CH. T. – SHORT, CH., *A Latin Dictionary*, Oxford, 1984
LIDDELL – SCOTT	LIDDELL, H. G. – SCOTT, P., *A Greek-English Lexicon*, Oxford, ³1968 (Neuauflage 1983)
M.E.E.	PYRSÓS (Publ.), *Große Griechische Enzyklopädie* (Μεγάλη Ἑλληνικὴ Ἐγκυκλοπαίδεια), Athen, 1927–1934 (Ergänzung 1960)
PATRISTIC LEXICON	LAMPE, G. W. H., *A Patristic Greek Lexikon*, Oxford, 1961
PAULY	DER KLEINE PAULY, *Lexikon der Antike*, München, 1979

R.L.B.K.	WESSEL, K. – RESTLE, M., *Reallexikon zur byzantinischen Kunst*, Stuttgart, 1966 ff.
SAMOTHRÁKIS	SAMOTHRÁKIS, E. A., *Geographisches und geschichtliches Wörterbuch Thrakiens* (Λεξικὸν γεωγραφικὸν καὶ ἱστορικὸν τῆς Θράκης), Athen, ²1963
SOPHOCLES, *Lexicon*	SOPHOCLES, E. A., *Greek Lexicon of the Roman and Byzantine Periods*, Hildesheim-Zürich-New York, 1914, ²1983
VIGOUREUX	VIGOUREUX, F., *Dictionnaire de la Bible*, Paris, 1912
WESTERMANN, Geographie	WESTERMANN, *Lexikon der Geographie*, hrsg. v. Wolf TIETZE, Bd. 1–5, Braunschweig, 1978

II. WISSENSCHAFTLICHE ZEITSCHRIFTEN UND SAMMLUNGEN

Α.Δ.	KULTURMINISTERIUM, *Archeologikón Deltíon* (᾽Αρχαιολογικὸν Δελτίον), Athen, 1915 ff.
ANAL. BOLL.	*Analecta Bollandiana*, Brüssel, 1882 ff.
ATHONIKÁ SÝMMIKTA	NATIONALES FORSCHUNGSZENTRUM – ZENTRUM FÜR BYZANTINISCHE FORSCHUNGEN, *Athoniká Sýmmikta* (᾽Αθωνικὰ Σύμμεικτα), Athen, 1985 ff.
B.C.H.	*Bulletin de Correspondance Hellénique,* Paris, 1877 ff.
B.N.J.	*Byzantinisch-neugriechische Jahrbücher*, Berlin (Athen), 1920–1940
BYZ.	*Byzantion*, Brüssel, 1924 ff.
BYZANTINÁ	*Byzantiná* (Βυζαντινά), Thessaloniki, 1969 ff.
B.Z.	*Byzantinische Zeitschrift*, München, 1892 ff.
Ca. Arch.	*Cahiers Archéologiques*, Paris, 1945 ff.
Δ.Χ.Α.Ε.	*Deltíon tís Christianikís Archeologikís Heterías* (Δελτίον τῆς Χριστιανικῆς ᾽Αρχαιολογικῆς ῾Εταιρείας), Athen, 1892 ff.
Ε.Ε.Β.Σ.	*Jahrbuch der Gesellschaft für Byzantinische Studien* (᾽Επετηρὶς ῾Εταιρείας Βυζαντινῶν Σπουδῶν), Athen, 1924–1982
EKKL. AL.	*Ekklisiastikí Alíthia* (᾽Εκκλησιαστικὴ ᾽Αλήθεια), Konstantinopel, 1880, 1883–1923
GR. PALAMÁS	*Grigórios Palamás* (Γρηγόριος Παλαμᾶς), Thessaloniki, 1917 ff.
HIL. ZB.	*Hilandarskij Zbornik*, Belgrad, 1966 ff.
J.Ö.B.	*Jahrbuch der Österreichischen Byzantinistik*, Wien, 1969 ff.
KARTOGR. NACHRICHTEN	*Kartographische Nachrichten,* Gütersloh, 1950 ff.
NÉA HESTÍA	*Néa Hestía* (Νέα ῾Εστία), Athen, 1927 ff.
NÉOS HELL.	*Néos Hellinomnímon* (Νέος ῾Ελληνομνήμων), Athen, 1904–²1969
R.E.B.	*Revue des études byzantines* (Bukarest), Paris, 1944 ff.
SÝMMIKTA	NATIONALES FORSCHUNGSZENTRUM – ZENTRUM FÜR BYZANTINISCHE FORSCHUNGEN, *Sýmmikta* (Σύμμεικτα), Athen, 1975 ff.
Symposia B.NB.A.K.	CHRISTLICHE ARCHÄOLOGISCHE GESELLSCHAFT, Jährliche Symposien über byzantinische und nachbyzantinische Archäologie und Kunst (Χριστιανικὴ ᾽Αρχαιολογικὴ ῾Εταιρεία, ᾽Ετήσια Συμπόσια Βυζαντινῆς καὶ Μεταβυζαντινῆς ᾽Αρχαιολογίας καὶ Τέχνης), Athen, 1981 ff.
TRAV. et MÉMOIRES	CENTRE DE RECHERCHES ET DE CIVILISATION DE BYZANCE, *Travaux et Mémoires,* Paris, 1965 ff.
VIZ. VREM.	*Vizantijskij Vremennik*, Bd. 1–25, St. Petersburg (Leningrad), 1894–1924; N. S., Moskau 1947 ff.
Z.R.V.I.	*Zbornik Radova Vizantinoskog Instituta*, Belgrad, 1952 ff.

III. URKUNDENARCHIVE

ACTA, *Rossici*	*Ackty russkago na svjatom Afone monastyrija sv.Panteleimona,* Kiew, 1873 (Im Begleittext zum Kloster Panteleímon erfolgen die Anmerkungen nach ACTES, *Pantéléémon,* Neuausgabe LEMERLE–DAGRON, Paris, 1982)
ACTES	*Archives de l'Athos,* Paris, fondées par Gabriel MILLET, publiées par Paul LEMERLE, *ACTES...;* es folgt der Name des Klosters. Falls in einem Kommentar nur das Wort *ACTES* erwähnt wird, bezieht es sich auf die ACTES des entsprechenden Klosters. Ist von den ACTES eines anderen Klosters die Rede, so wird das durch Hinzufügung dieses Klosternamens kenntlich gemacht. So wird z. B. im Begleittext zum *Kloster* Grigoríu erwähnt (Anm. 2): *ACTES Dionysiu.* Die Urkunden folgender Klöster werden präsentiert: *Dionysíu, Dochiaríu, Esfigménu, Iwíron, Kastamonítu, Kutlumusíu, Xenofóntos, Xiropotámu, Panteleímon* und *Protáton.*
ACTES, *Chilandar, grecs*	PETIT, L. – KORABLEV, B., *Actes de l'Athos, Actes de Chilandar, Actes grecs, Viz. Vrem.* 17, 1911; 19, 1912, Priloženie 1, Amsterdam, ²1975
ACTES, *Philothée*	REGEL, W. – KURTZ, E. – KORABLEV, B., *Actes de l'Athos, Actes de Philothée, Viz. Vrem.* 20, 1913, Priloženie 1, Amsterdam, ²1975
ACTES, *Philothéou, Suppl.*	KRAVARI, V., »Nouveaux documents du monastère de Philothéou«, *Trav. et Mém.* 10, 1967, S. 261–356 und Tafeln
ACTES, *Zografou*	REGEL, W. – KURTZ, E. – KORABLEV, B., *Actes de Zografou, Viz. Vrem.* 13, 1907, Priloženie 1, Amsterdam, ²1962
DELIKÁNIS, *Katalog*	DELIKANIS, K., *Ausführlicher Katalog der in den Codices der patriarchalischen Archive aufbewahrten offiziellen kirchlichen Urkunden über die Klöster auf dem Heiligen Berg* (1630–1863) (Περιγραφικὸς κατάλογος τῶν ἐν τοῖς κώδιξι τοῦ Πατριαρχικοῦ ἀρχειοφυλακείου σῳζομένων ἐπισήμων ἐκκλησιαστικῶν ἐγγράφων περὶ τῶν ἐν Ἄθῳ μονῶν, 1630–1863), Konstantinopel, 1902
DÖLGER, *Schatzkammer*	DÖLGER, F., *Aus den Schatzkammern des Heiligen Berges,* München, 1943
GÚDAS, *Watopédi*	GÚDAS, M., »Byzantinische Urkunden des heiligen Klosters Watopédi auf dem Athos« (Βυζαντινὰ ἔγγραφα τῆς ἐν Ἄθῳ ἱερᾶς μονῆς τοῦ Βατοπεδίου), *Ε.Ε.Β.Σ.* 3, 1926, S. 113–114, und 4, 1927, S. 211–248
HIERÁ KINÓTIS, *Katalog*	HIERÁ KINÓTIS HAGÍU ÓRUS, *Katalog der im Archiv der Hierá Kinótis befindlichen Typika des Heiligen Berges, der walachischen Chryssobullen und Kirobullen, der Sigillia, Fermanen und anderer amtlicher Urkunden* (Κατάλογος τῶν ἐν τῷ Ἀρχείῳ τῆς Ἱερᾶς Κοινότητος ἀποκειμένων Τυπικῶν τοῦ Ἁγίου Ὄρους, Χρυσοβούλλων βλαχικῶν καὶ Κηροβούλλων, Σιγιλλίων, Φερμανίων καὶ διαφόρων ἄλλων ἐπισήμων ἐγγράφων), in Karyés auf dem Heiligen Berg am 23. August 1920, Athen, 1921
HYPÓMNIMA, *Xenofóntos*	*Hypómnima ... offizielle Titel und Urkunden im Besitz des ... Klosters Xenofóntos* (Ὑπόμνημα ... ἐπίσημοι τίτλοι καὶ ἔγγραφα κατεχόμενα ὑπὸ τῆς ... μονῆς τοῦ Ξενοφῶντος), Athen, 1930
MANÚSAKAS, *Handschriften*	MANÚSAKAS, M., »Griechische Handschriften und Urkunden des Heiligen Berges, Bibliographie« (Ἑλληνικὰ Χειρόγραφα καὶ ἔγγραφα τοῦ Ἁγίου Ὄρους, Βιβλιογραφία), *Ε.Ε.Β.Σ.* 32, 1963, S. 391– 414
MEYER, *Haupturkunden*	MEYER, PH., *Die Haupturkunden für die Geschichte der Athosklöster,* Amsterdam, ²1965

POLÍTIS – MANÚSAKAS	POLÍTIS, L. – MANÚSAKAS, M., *Zusätzliche Kataloge von Handschriften auf dem Heiligen Berg* (Συμπληρωματικοὶ Κατάλογοι Χειρογράφων ῾Αγίου ῎Ορους), Thessaloniki, 1973 (*Ἑλληνικά*, Suppl. Nr. 24)
REGEL, *Watopédi*	REGEL, W., *Chryssobullen und Briefe des Klosters Watopédi* (Χρυσόβουλλα καὶ γράμματα τῆς Μονῆς Βατοπεδίου), St. Petersburg, 1898
WARLAÁM, *Grigoríu*	WARLAÁM, G., *Urkunden des heiligen Klosters Hosios Grigórios auf dem Heiligen Berg* (Ἔγγραφα τῆς ἐν ῾Αγίῳ ῎Ορει ἱερᾶς μονῆς ὁσίου Γρηγορίου), Thessaloniki, 1929
WATOPÉDI, *Katalog*	EUSTRATIÁDIS, S. – ARKÁDIOS, W., *Katalog der im Kloster Watopedi befindlichen Codices, 1–1536* (Κατάλογος τῶν ἐν τῇ Ι. Μ. Βατοπεδίου ἀποκειμένων κωδίκων, 1–1536), Cambridge/Mass., 1924

IV. PROSKYNITARIA

LÁMBROS, *Pátria*	LÁMBROS, SP., »Patria des Heiligen Berges« (Τὰ Πάτρια τοῦ ῾Αγίου ῎Ορους), *NEOS HELL.*, 9, 1912, S. 116–161, S. 209–244
PROSKYNITÁRIO des *Gerásimos*	GERÁSIMOS HIEROMÓNACHOS Iwiroskitiótis, aus der Iwiritischen Skiti des Prodromos, *Proskynitárion des Heiligen Berges Athos* (Προσκυνητάριον τοῦ ῾Αγίου ῎Ορους ῎Αθω), Kareai, ¹1923, Kareai, ²1949, enthaltend auch MANUIL I. GEDEÓN, *Brief als Epilog und Prolog des HAGIORITIKÓN PROSKYNITÁRION* (Ἐπιστολὴ ὡς ἐπίλογος καὶ πρόλογος ΑΓΙΟΡΕΙΤΙΚΟΥ ΠΡΟΣΚΥΝΗΤΑΡΙΟΥ), (d. h. des KOMNINOS), S. 165–179
PROSKYNITÁRIO, *Dochiaríu*	KYRILLOS und GAWRIÍL aus Smyrna, *Proskynitarion des kaiserlichen, patriarchalischen, stawropigiotischen und ehrwürdig heiligen Klosters Dochiaríu auf dem Heiligen Berg Athos* (Προσκυνητάριον τοῦ βασιλικοῦ, πατριαρχικοῦ, σταυροπηγιακοῦ τε καὶ σεβασμίου ἱεροῦ μοναστηρίου τοῦ Δοχειαρείου [sic] τοῦ ἐν τῷ ἁγιωνύμῳ ὄρει τοῦ ῎Αθωνος), Bukarest, 1843
PROSKYNITÁRIO, *Iwíron*	SERAFÍM AUS SYNOPE, *Proskynitárion des kaiserlichen ... Klosters Iwíron* (Προσκυνητάριον τοῦ βασιλικοῦ ... μοναστηρίου τῶν Ἰβήρων), Athen, 1857
PROSKYNITÁRIO, *Komninós*	KOMNINÓS, Ioánnis, *Proskynitarion des Heiligen Berges Athos* (Προσκυνητάριον τοῦ ῾Αγίου ῎Ορους τοῦ ῎Αθωνος), Venedig, ²1864. Jüngste Ausgabe Hieromon. IUSTÍNOS, Karyés, 1984. Siehe auch MANUIL I. GEDEÓN, *Brief als Epilog und Prolog des HAGIORITIKÓN PROSKYNITÁRION* (Ἐπιστολὴ ὡς ἐπίλογος καὶ πρόλογος ΑΓΙΟΡΕΙΤΙΚΟΥ ΠΡΟΣΚΥΝΗΤΑΡΙΟΥ), bei GERÁSIMOS HIEROMÓNACHOS, *Proskynitárion des Heiligen Berges Athos* (Προσκυνητάριον τοῦ ῾Αγίου ῎Ορους ῎Αθω), Kareai, ¹1923, ²1949, S. 165–179, wie oben.
PROSKYNITÁRIO, *Láwras* 1772	TRIGÓNIS, Makários, *Proskynitárion der ... großen heiligen Láwra* (Προσκυνητάριον τῆς ... μεγίστης ἁγίας Λαύρας), Venedig, 1772
PROSKYNITÁRIO, *Láwras* 1780	SÁWWAS und KYRILLOS, *Proskynitárion der ... großen Láwra* (Προσκυνητάριον τῆς ... μεγίστης Λαύρας), Venedig, 1780
PROSKYNITÁRIO, *Watopedíu, Erzählung*	DIÍGISIS (Erzählung) über das ... Kloster Watopédi (Διήγησις περὶ τῆς Μονῆς τοῦ Βατοπεδίου), Venedig, 1763
PROSKYNITÁRIO, *Watopedíu 1841*	Geschichte des heiligen ... Klosters Watopédi (Ἱστορία τῆς ἱερᾶς ... Μονῆς Βατοπεδίου), 1841 (Handschrift in der Kloster-Bibliothek)
PROSKYNITÁRIO, *Watopedíu-Láwra*	Über die heilige ... große Watopedíu-Láwra (Περὶ τῆς ἱερᾶς ... μεγίστης Λαύρας τοῦ Βατοπεδίου), (Handschrift in der Kloster-Bibliothek)

V. SCHRIFTSTELLER DER ANTIKE UND DES MITTELALTERS

AISCHYLOS, *Agamemnon*	FRAENKEL, E., Aeschylos *Agamemnon,* Bd. I, Oxford (Clarendon Press), 1950
APOLLONIOS RHODIOS	SEATON, R. C., Apollonius Rhodius *The Argonautica,* The Loeb Classical Library, Cambridge/Mass., 1961
GENESIOS	JOSEPHI GENESI, »Historia de Rebus Constantinopolitanis«, MIGNE, *Patrologia Graeca,* Bd. 109
GRIGORAS, NIKIPHOROS	CORPUS SCRIPTORUM HISTORIAE BYZANTINAE, II, Bonn, 1830, *Nicephorus Gregoras*
HERODOT, *Geschichte*	GODLEY, A. D., *Herodotus,* The Loeb Classical Library, Cambridge/ Mass., 1963
HOMER, *Hymnen*	ALLEN, T. W. et al., *The Homeric Hymns,* Oxford University Press, Amsterdam, ^{2}1963, Homerische Hymnen an Apollon, 34, 21
HOMER, *Ilias*	MAZON, P. et al., *Homère Iliade*. Edition »Les Belles Lettres«, Budé, Paris, 1949
NIKANDROS VON KOLOPHON	ABEL, E. – VARI, R., *Scholia Vetera in Nikandri,* Budapest, 1911, Εὐρωπία, Fr. 24–26, 3/35
PLINIUS, der Ältere	RACKHAM, H., *Pliny Natural History,* The Loeb Classical Library, Cambridge/Mass., 1961
PLUTARCH, *Vita Alexandri*	PERRIN, B., *Plutarch's Lives,* Bd. VII, *Alexander,* LXXII, The Loeb Classical Library, Cambridge/Mass., 1967
PTOLEMÄUS, *Griechenland*	GRIECHISCHE KARTOGRAPHISCHE GESELLSCHAFT, *Ptolemäus' Griechenland* (Ἑλληνικὴ Ἑταιρεία Χαρτογραφίας, Ἡ Ἑλλάδα τοῦ Πτολεμαίου), Kartenausgabe der »Geographie«, 1477–1730. Vergleichende Studie. Artikel von E. FINÓPULOS und L. NAWÁRI, Athen, 1990
PTOLEMÄUS, Ὑφήγησις	MÜLLER, K., Κλαυδίου Πτολεμαίου Ὑφήγησις, Bd. I, Paris, 1883
SKYLAX VON KARYANDA, *Periplus*	PERETTI, A., *Il periplo di Scilace,* Pisa, 1979
SOPHOKLES, *Fragmente*	PEARSON, A. C., *The Fragments of Sophocles,* Cambridge (University Press), 1917, Fragment 237, Bd. I, 179
STEPHANOS VON BYZANZ	HERMOLAOS, »Auszug aus den Ethniká des Stephanos« (Ἐκ τῶν Ἐθνικῶν Στεφάνου κατ' ἐπιλογήν), A. Meinecke, Berlin, 1849, Graz, ^{2}1958
STRABON, *Geographika*	JONES, H. L., *The Geography of Strabo,* The Loeb Classical Library, London, Cambridge/Mass., 1960
THEOPHANES	BOOR, C. DE, *Theophanes,* Leipzig, 1883–1885, Hildesheim, ^{2}1963
THUKYDIDES	SMITH, C. F., Thucydides *History of the Peloponnesian War,* The Loeb Classical Library, Cambridge/Mass., 1965
VITRUVIUS	FENSTERBUSCH, C., Vitruv *Zehn Bücher über Architektur,* Darmstadt, ^{2}1976

VI. ZEITGENÖSSISCHE SCHRIFTSTELLER (in griechischer Sprache)

ALIWIZÁTOS	ALIWIZÁTOS, A., »Der Triptychon-Durchgang« (Τὸ Τρίπτυχον Πέρασμα). Dem Heiligen Berg gewidmet, *NÉA HESTÍA,* 875, Weihnachten 1963, S. 46, Anm. 2
ANGELÁKOS	ANGELÁKOS, W., *Das Kloster Grigoríu auf dem Heiligen Berg* (Ἡ ἐν Ἁγίῳ Ὄρει Ἱερὰ Μονὴ τοῦ Ἁγίου Γρηγορίου), Thessaloniki, 1921
ANGELÍDI, *Wege*	ANGELÍDI, CH., »Wege des Handels und der Hagiographie, 4.–7. Jh.« (Ἐμπορικοὶ καὶ ἁγιολογικοὶ δρόμοι, 4ος-7ος αἰ.). *Das alltägliche Leben in Byzanz* (Ἡ Καθημερινὴ Ζωὴ στὸ Βυζάντιο), Athen, 1989, S. 675–685

ANGELÓPULOS, *Monachikí Politía*	ANGELÓPULOS, A., *Kirchengeschichte. Die Klosterrepublik des Heiligen Berges* (Ἐκκλησιαστικὴ Ἱστορία, Ἡ μοναχικὴ πολιτεία τοῦ Ἁγίου Ὄρους), Thessaloniki, 1987
ANGÉLU, *Athoniáda*	ANGÉLU, A., »Die Athonias-Chronik« (Τὸ Χρονικὸ τῆς Ἀθωνιάδας). Dem Heiligen Berg gewidmet, *NÉA HESTÍA*, 875, Weihnachten 1963, S. 84–103
ANTONÓPULOS, *Prostasía*	ANTONÓPOULOS, N., *Die konstitutionelle Protektion des Status quo auf dem Heiligen Berg* (Ἡ συνταγματικὴ προστασία τοῦ ἁγιορειτικοῦ καθεστῶτος), Athen, 1958
APOSTOLÍDIS	APOSTOLÍDIS, S., »Ákanthos-Erissós-Hierissós« (Ἄκανθος–Ἐρισσός– Ἱερισσός), *Χρονικὰ τῆς Χαλκιδικῆς*, 23/24, 1973, S. 3–87
ATHANÁSIOS, *Esfigménu*	*Das heilige Esfigménu-Kloster* (Ἱερὰ Μονὴ Ἐσφιγμένου), unter Anleitung dessen Abtes, des Archimandriten *ATHANÁSIOS*, Athen, 1973
AWRAMÉA, *Strände*	AWRAMÉA, A., »Kartographie der Strände. Die griechische Handelsmarine« (Χαρτογραφία τῶν ἀκτῶν, Τὸ Ἑλληνικὸ Ἐμπορικὸ Ναυτικό), Hrsg. Nationalbank, Athen, 1972, S. 179–230
BARSKIJ, *Grigoríu*	ATHANÁSIOS PÉTRU PSALÍDAS, »Beschreibung des Hagios-Nikólaos-Klosters, des sogenannten Grigoríu« (Περιγραφὴ τοῦ Μοναστηρίου τοῦ Ἁγίου Νικολάου τοῦ ἐπονομαζομένου τοῦ Γρηγορίου), von dem Reisenden Wasílios Grigoríu (Barskij). Übersetzung der Barskij-Beschreibung ins Griechische 1791, zu finden bei: WARLAÁM ANGELÁKOS, *Das ... Grigoríu-Kloster*, S. 37–42
BARSKIJ, *Simópetra*	»Über das sogenannte Simópetra-Kloster. Übersetzung und Kommentar: Mönch Wasílios Grolimud« (aus dem Russischen ins Griechische), (Περὶ τοῦ μοναστηρίου τοῦ ὀνομαζομένου Σιμόπετρα. Μετάφραση καὶ σχόλια Μοναχὸς Βασίλειος Γκρόλιμουντ), *Ἐποπτεία*, 96, 1984, S. 1194–1198
CHATZIFÓTIS, *Monastiriología*	CHATZIFÓTIS, I., *Monastiriología* (Μοναστηριολογία), Athen, 1980
CHERSAÍI KAI THALÁSSII DRÓMI	NATIONALES FORSCHUNGSZENTRUM, ZENTRUM FÜR BYZANTINISCHE FORSCHUNGEN, *Kommunikation in Byzanz*, Kapitel: Land- und Meereswege (Ἡ Ἐπικοινωνία στὸ Βυζάντιο, Κεφάλαιο: Χερσαῖοι καὶ θαλάσσιοι δρόμοι), Athen, 1993, S. 433–494
DIMARÁS, *Die Schule*	DIMARÁS, K. TH., »Die Schule des Heiligen Berges um 1800« (Ἡ Σχολὴ τοῦ Ἁγίου Ὄρους στὰ 1800), *Ἑλληνικά*, 15, 1957, S. 150
DORÓTHEOS	DORÓTHEOS, Mönch, *Der heilige Berg* (Τὸ Ἅγιον Ὄρος), Bd. 1,2, Kateríni, 1986
ETBA	*ETBA* (Griechische Bank der industriellen Entwicklung – Ἑλληνικὴ Τράπεζα Βιομηχανικῆς Ἀναπτύξεως A. E.), *Simonópetra, Hl. Berg.* (Σιμωνόπετρα, Ἅγιον Ὄρος), Athen, 1991
EWDÓKIMOS, *Xiropotámu*	EWDÓKIMOS Xiropotaminós, *Das ... Xiropotámu-Kloster auf dem Heiligen Berg* (Ἡ ἐν A.O.A. ...Μονὴ τοῦ Ξηροποτάμου, 1925), Thessaloníki-Sérrai, 1926
GÁSPARIS, *Protáton*	GÁSPARIS, CH., »Das Protaton-Archiv. Kompendium der nachbyzantinischen Urkunden« (Ἀρχεῖον Πρωτάτου, Ἐπιτομὲς μεταβυζαντινῶν ἐγγράφων), *Athoniká Symmikta*, 2, Athen, 1991
GAWRIÍL, *Dionysíu*	GAWRIÍL, A., Abt des hl. Klosters Dionysíu, *Das heilige Kloster Dionysíu auf dem Heiligen Berg* (Ἡ ἐν Ἁγίῳ Ὄρει Ἱερὰ Μονὴ τοῦ Ἁγίου Διονυσίου), Athen, 1959
GEDEÓN, *Athos*	GEDEÓN, M., *Athos: Erinnerungen, Urkunden, Notizen* (Ὁ Ἄθως, Ἀναμνήσεις, Ἔγγραφα, Σημειώσεις), Konstantinopel, 1885
GUNARÍDIS, *Xiropotámu*	GUNARÍDIS, P., »Das Xiropotámu-Archiv. Kompendium der nachbyzantinischen Urkunden« (Ἀρχεῖο τῆς I. M. Ξηροποτάμου, Ἐπιτομὲς μεταβυζαντινῶν ἐγγράφων), *Athoniká Symmikta*, 3, Athen, 1993

KARTEN U. KARTOGRAPHEN	SFYRÓERAS, B. – AWRAMÉA, A. – ASDRACHÁS, S., *Karten und Kartographen des Ägäischen Meeres* (Χάρτες καὶ Χαρτογράφοι τοῦ Αἰγαίου Πελάγους), Athen, 1985
KATASTATIKÓS CHÁRTIS HAGÍU ÓRUS	*Satzungskarte des Heiligen Berges* (Καταστατικὸς Χάρτης τοῦ ῾Αγίου ῎Ορους), 2. Ausgabe, Athen, 1979, Artikel 1, 2, 3, 9, 84, 111, 123, 126, 142, 143, 161
KATHIMERINÍ ZOÍ STO BIZÁNTIO	NATIONALES FORSCHUNGSZENTRUM, ZENTRUM FÜR BYZANTINISCHE FORSCHUNGEN, *Das alltägliche Leben in Byzanz*, Erstes Internationales Symposium (ΕΘΝΙΚΟΝ ΙΔΡΥΜΑ ΕΡΕΥΝΩΝ, ΚΕΝΤΡΟ ΒΥΖΑΝΤΙΝΩΝ ΕΡΕΥΝΩΝ, ῾Η καθημερινὴ ζωὴ στὸ Βυζάντιο, Α᾽ Διεθνὲς Συμπόσιο), Athen, September 1988, Athen, 1989
KITROMILÍDIS	KITROMILÍDIS, P. M., *Iósipos Misiódax* (᾽Ιώσηπος Μοισιόδαξ), Athen, 1985
KOMÍNIS, *Viten*	KOMÍNIS, A., »Die handschriftliche Überlieferung der zwei ältesten Viten des Hosios Athanasios Athonites« (῾Η χειρόγραφος παράδοσις τῶν δύο ἀρχαιοτέρων βίων ῾Οσίου ᾽Αθανασίου τοῦ ᾽Αθωνίτου), ANAL. BOLL., 82, 1964, S. 397–407
KTENÁS, *Dochiaríu*	KTENÁS, CH., *Das Kloster Dochiaríu auf dem Heiligen Berg* (῾Η ἐν ῾Αγίῳ ῎Ορει Μονὴ τοῦ Δοχειαρίου), Athen, 1926
KTENÁS, *Kathidrýmata*	KTENÁS, CH., *Alle 726 heilige Stiftungen auf dem Heiligen Berg und ihre Dienstleistungen der unterjochten Nation gegenüber* (῎Απαντα τὰ ἐν ῾Αγίῳ ῎Ορει ἱερὰ καθιδρύματα, εἰς 726 ἐν ὅλῳ ἀνερχόμενα καὶ αἱ πρὸς τὸ δοῦλον ἔθνος ὑπηρεσίαι αὐτῶν), Athen, 1935
KTENÁS, *Megáli Mési*	KTENÁS, CH., »Der Erste des Heiligen Berges Athos und die Megáli Mési oder Synaxis« (῾Ο Πρῶτος τοῦ ῾Αγίου ῎Ορους ῎Αθω καὶ ἡ Μεγάλη Μέση ἢ Σύναξις), Ε.Ε.Β.Σ., 6, 1929, S. 223-281
KTENÁS, *Organismós*	KTENÁS, CH., *Die heiligen Stiftungen auf dem Heiligen Berg und die bei ihnen herrschende Satzung* (Τὰ ἐν ῾Αγίῳ ῎Ορει ἱερὰ καθιδρύματα καὶ ὁ διέπων αὐτὰ ὀργανισμός), Thessaloniki, 1925
LAÚRDAS	LAÚRDAS, B., »Mitrofánis, Vita des Hosios Dionysios Athonites« (Μητροφάνους, Βίος τοῦ ῾Οσίου Διονυσίου τοῦ ᾽Αθωνίτου), ᾽Αρχεῖον Πόντου, 21, 1956, S. 43–79
MAMALÁKIS, *Epanástasis*	MAMALÁKIS, I., *Die Revolution auf der Chalkidiki im Jahre 1821* (῾Η ἐπανάσταση στὴ Χαλκιδικὴ τὸ 1821), Thessaloniki, 1962
MANÁPHIS, *Typika*	MANÁPHIS, K., *Kloster-Typiká und Testamente* (Μοναστηριακὰ Τυπικὰ καὶ Διαθῆκαι), Athen, 1970
MELÉTI	MYLONÁS, P., und MITARBEITER, *Heiliger Berg. Studie über die Entwicklung von Kultur- und Siedlungselementen* (Μελέτη ᾽Αναπτύξεως τῶν Πολιτιστικῶν καὶ Οἰκιστικῶν Στοιχείων), Athen, 1968–1973 (unveröffentlicht). Exemplare in der Bibliothek der Athener Akademie und in der Gennadius Bibliothek, Athen.
METAXÁKIS	METAXÁKIS, M., *Der Heilige Berg und die russische Politik im Orient* (Τὸ ῎Αγιον ῎Ορος καὶ ἡ Ρωσσικὴ Πολιτικὴ ἐν ᾽Ανατολῇ), Athen, 1913, Kap. IX: »Die Ordnungen der Stiftungen auf dem Heiligen Berg« (Κεφ. θ᾽: Αἱ τάξεις τῶν ἐν ῾Αγίῳ ῎Ορει ῾Ιδρυμάτων), S. 112–117
MYLONÁS, *Kyriaká*	MYLONÁS, P., »Kyriaká von Skiten und andere gleichwertige Kirchen auf dem Heiligen Berg« (Κυριακὰ Σκητῶν καὶ ἄλλοι ἰσάξιοι Ναοὶ στὸ ῎Αγιον ῎Ορος), *3. Symposion B.MB.A.T.*, S. 61–62
PAPACHRYSSÁNTHU, *Athonikós Monachismós*	PAPACHRYSSÁNTHU, D., »Das Mönchtum auf dem Athos. Prinzipien und Organisation« (῾Ο ᾽Αθωνικὸς Μοναχισμός, ἀρχὲς καὶ ὀργάνωση), Athen, 1992

PAPADÁTOS, *Diisdýsis*	PAPADÁTOS, ST., *Das slawische Eindringen auf dem Heiligen Berg und seine politischen und gesetzlichen Folgen* (Αἱ Σλαυϊκαὶ διεισδύσεις εἰς ῎Αγιον ῎Ορος καὶ αἱ ἐξ αὐτῶν πολιτικαὶ καὶ νομικαὶ συνέπειαι), Ioannina, 1961
PAPÁNGELOS, *Chalkidikí*	PAPÁNGELOS, I., *Chalkidikí* (Χαλκιδική), Thessaloniki, 1981
PAPÁNGELOS, *Diachorismós*	PAPÁNGELOS, I., »Die Teilung des Bodens der Athoniten im Jahre 943« (Ὁ διαχορισμὸς τῆς γῆς τῶν ᾿Αθωνιτῶν τοῦ 943), *4. Symposion B.MB.A.T.*, Athen, 1984 (Zusammenfassungen), S. 44–45 und Karte, S. 47
PAPÁNGELOS, *Kathédra*	PAPÁNGELOS, I., »Versuch einer Lokalisierung der Gerónton-Kathédra« (Προσπάθεια ἐντοπισμοῦ τῆς Καθέδρας τῶν Γερόντων), *Μακεδονικά*, 23, 1983, S. 312 f.
PATRINÉLIS u. a.	PATRINÉLIS, CH. – KARAKATSÁNI, A. – THEOCHÁRI, M., *Stawronikíta-Kloster* (Μονὴ Σταυρονικήτα), Ausgabe der Nationalbank Griechenlands, Athen, 1974
PETRAKÁKOS, *Monachikón Polítewma*	PETRAKÁKOS, D., *Die klösterliche Verfassung auf dem Heiligen Berg* (Τὸ Μοναχικὸν Πολίτευμα τοῦ ῾Αγίου ῎Ορους), Athen, 1925
POLYWÍU, *Néon Katholikón*	POLYWÍU, M., *Das Katholikón des Klosters Xiropotámu* (Τὸ Καθολικὸ τῆς Μονῆς Ξηροποτάμου), Athen, 1999
SMYRNÁKIS	SMYRNÁKIS, G., *Der Heilige Berg* (Τὸ ῎Αγιον ῎Ορος), Athen, 1903. Neuauflage mit erklärender *Einführung* von Frau Dionysia PAPACHRYSSÁNTHU und *Index*, zusammengestellt von dem Archäologen Herrn I. TAWLÁKIS, Karyés auf dem Heiligen Berg, 1988.
SMYRNÁKIS, 1902	Γ.Σ.Ι.Ε. (Gerásimos Smyrnákis, Hierodiákon von Esfigménu), *Athos und Chalkidiki* (Ὁ ῎Αθως καὶ ἡ Χαλκιδική), Publikation der »Hellenismos«-Gesellschaft, Athen, 1902
SÚLIS, *Stéphanos Dusán*	SÚLIS, G., »Zar Stephan Dusan und der Heilige Berg« (Ὁ Τσάρος Στέφανος Δουσὰν καὶ τὸ ῎Αγιον ῎Ορος), *Ε.Ε.Β.Σ.*, 22, 1952, S. 82–96
SYNTÍRISI KAI ANAWÍOSI	TECHNISCHE KAMMER GRIECHENLANDS, MAGNISIA-Abteilung, *Erhaltung und Wiederaufleben von traditionellen Gebäuden und Wohneinheiten* (Συντήρηση καὶ ἀναβίωση Παραδοσιακῶν Κτηρίων καὶ Συνόλων), Praktika des Volos-Symposium 1982, Volos, 1982
THEOCHARÍDIS, *Dionysíu, Ochírosi*	THEOCHARÍDIS, P., »Bemerkungen zur Baugeschichte und Befestigung des Klosters Dionysíu auf dem Heiligen Berg im 16. Jh.« (Παρατηρήσεις στὴν οἰκοδομικὴ ἱστορία καὶ τὴν ὀχύρωση τῆς Μ. Διονυσίου ῾Αγ. ῎Ορους, κατὰ τὸν 16 αἰῶνα), *Μακεδονικά*, 22, 1982, S. 444–469
THEOCHARÍDIS, *Dochiaríu, Magirío*	THEOCHARÍDIS, P., »Archäologischer Beleg für die lokalen Befestigungseingriffe an Gebäuden mit unbekannter Baugeschichte. Der Eingriff an der Küche des Klosters Dochiaríu auf dem heiligen Berg« (᾿Αρχαιολογικὴ τεκμηρίωση τῶν τοπικῶν στερεωτικῶν ἐπεμβάσεων σὲ κτηριακὰ συγκροτήματα μὲ ἄγνωστη οἰκοδομικὴ ἱστορία. Ἡ ἐπέμβαση στὸ Μαγειρεῖο τῆς Μονῆς Δοχειαρίου ῾Αγίου ῎Ορους), *Erhaltung und Wiederaufleben* (Συντήρηση καὶ ἀναβίωση), S. 183–209
THEOCHARÍDIS, *Dochiaríu, Palaiá Trápeza*	THEOCHARÍDIS, P., »Forschungen über das alte Refektorium des Klosters Dochiaríu auf dem Heiligen Berg« (῎Ερευνες στὴν παλιὰ Τράπεζα τῆς Μονῆς Δοχειαρίου ῾Αγίου ῎Ορους), *2. Symposium B.MB.A.T.* (Zusammenfassungen), Athen, 1982, S. 29–30
THEOCHARÍDIS, *Grigoríu*	THEOCHARÍDIS, P., »Die Bauerweiterung des Klosters Grigoríu auf dem Heiligen Berg nach dem Brand im Jahre 1761. Erste Untersuchungen« (Ἡ κτηριακὴ ἐπέκταση τῆς Μονῆς Γρηγορίου ῾Αγίου ῎Ορους μετὰ τὴν πυρκαγιὰ τοῦ ἔτους 1761. Προανασκαφικὴ ἔρευνα), *Erhaltung und Wiederaufleben* (Συντήρηση καὶ ἀναβίωση), S. 247–277

THEOCHARÍDIS, *Hagíu Páwlu*	THEOCHARÍDIS, P., »Bemerkungen zur Baugeschichte des Klosters Hagiu Pawlu auf dem Heiligen Berg« (Παρατηρήσεις στὴν οἰκοδομικὴ ἱστορία τῆς Μ. Ἁγίου Παύλου στὸ Ἅγιον Ὄρος), *8. Symposium B.MB.A.T.* (Zusammenfassungen), Athen, 1988, S. 41–42
THEOCHARÍDIS, *Iwíron*	THEOCHARÍDIS, P., »Bemerkungen zur Baugeschichte der Umzäunung des Klosters Iwíron« (Παρατηρήσεις στὴν οἰκοδομικὴ ἱστορία τοῦ περιβόλου τῆς Μονῆς Ἰβήρων), *5. Symposion B.MB.A.T.* (Zusammenfassungen), Athen, 1985, S. 25–26
THEOCHARÍDIS, *Stawronikíta, Turm*	THEOCHARÍDIS, P., »Die Bauphasen am Turm des Klosters Stawronikíta« (Οἱ οἰκοδομικὲς φάσεις τοῦ πύργου τῆς Μ. Σταυρονικήτα), *Harmos. Festschrift für Prof. N. Mutsópoulos*, Bd. II, Thessaloniki, 1991, S. 681–699
THEOCHARÍDIS, *Xenofóntos, Katholikón*	THEOCHARÍDIS, P., »Vorüberlegungen zur Baugeschichte des alten Katholikón des Klosters Xenofóntos auf dem Heiligen Berg« (Προκαταρκτικὴ θεώρηση τῆς οἰκοδομικῆς ἱστορίας τοῦ παλαιοῦ καθολικοῦ τῆς Μονῆς Ξενοφῶντος Ἁγ. Ὄρους), *1. Symposion B.MB.A.T.*, Athen, 1981, S. 28–29
THEOCHARÍDIS, *Xenofóntos, Períwolos*	THEOCHARÍDIS, P., »Vorüberlegungen zu den byzantinischen Phasen der Umzäunung des Klosters Xenofóntos auf dem Heiligen Berg« (Προκαταρκτικὴ θεώρηση τῶν βυζαντινῶν φάσεων τοῦ περιβόλου τῆς Μονῆς Ξενοφῶντος Ἁγίου Ὄρους), *XVI. Internationaler Byzantinistenkongreß, Akten II*, *JÖB*, 32/4, Wien, 1982, S. 443–455
THEODORÍDIS, *Topographie*	THEODORÍDIS, P., »Tafel der Topographie des Gebietes des Heiligen Berges« (Πίνακας Τοπογραφίας τοῦ ἁγιορειτικοῦ χώρου), *Κληρονομία*, 13, Thessaloniki, 1981, S. 331–432
TSIORÁN	TSIORÁN, G., *Beziehungen zwischen den rumänischen Ländern und dem Athos, und zwar den Klöstern Kutlumusíu, Láwras, Dochiaríu und Hagíu Panteleímonos oder Russen-Kloster* (Σχέσεις τῶν Ρουμανικῶν χωρῶν μετὰ τοῦ Ἄθω, καὶ δὴ τῶν Μονῶν Κουτλουμουσίου, Λαύρας, Δοχειαρίου καὶ Ἁγίου Παντελεήμονος ἢ τῶν Ρώσσων), Athen, 1938
WAKALÓPULOS, *E. Papas*	WAKALÓPULOS, A., *Emmanuíl Papas – Die Geschichte und das Archiv seiner Familie* (Ἐμμανουὴλ Παπᾶς – Ἡ ἱστορία καὶ τὸ ἀρχεῖο τῆς οἰκογενείας του), Thessaloniki, 1981
WLÁCHOS	WLÁCHOS, K., *Die Halbinsel des Heiligen Berges Athos* (Ἡ Χερσόνησος τοῦ Ἁγίου Ὄρους Ἄθω), Wolos, 1903

VII. ZEITGENÖSSISCHE SCHRIFTSTELLER (in anderen Sprachen als der griechischen)

ANTONOPOULOS, *Condition internationale*	ANTONOPOULOS, N., »La condition internationale du Mont Athos«, *Mill. M.A.*, Bd. 1, S. 381–405
BARSKIJ	BARSKIJ, V. G., *Stranstvovanija po svjatym mestam Vostoka s´1723 po 1747 g.*, St. Petersburg, Bd. I–IV. Für die Mönche auf dem Heiligen Berg wurde ein einheitlicher Band über den Athos veröffentlicht, der in dieser Studie verwendet wird. Er besteht einerseits aus S. 1–42 des ersten Bandes, St. Petersburg 1884, wo der erste Besuch auf dem Heiligen Berg beschrieben wird (September 1725 – März 1726), andererseits aus dem dritten Band, der eine ausführliche Beschreibung des Heiligen Berges enthält (Mai – Oktober 1744), St. Petersburg, 1887
BINON, *Origines légendaires*	BINON, S., *Les origines légendaires de l'histoire de Xéropotamou et de St. Paul de l'Athos*, Étude diplomatique et critique, Louvain, 1942

BODOGAE	BODOGAE, TH., *Ajutoarele Românesti la Mânastirile din sfântul Munte Athos*, Sibiu, 1940
BOGDANOVIĆ et al.	BOGDANOVIĆ, D., DJURIĆ, V. J., MEDKOVIĆ, D., *Chilandar*, Beograd, 1978.
BOJKOV et al.	BOJKOV, A. – VASILIEV, A., *Houdojestvenoto Nasledstvo na Manastira Zograf*, Sofia, 1981
BOMPAIRE et GUILLOU	BOMPAIRE, J. – GUILLOU, A., »Recherches au Mont Athos«, *B.C.H.*, 82, 1958, S. 172–192
BUSCH-ZANTNER	BUSCH-ZANTNER, R., »Anthropogeographie und Kulturmorphologie des Athos«, *B.N.J.*, 2, 1932, S. 251–255
CHOISEUL-GOUFFIER	CHOISEUL-GOUFFIER, M. G. F. A. DE, *Voyage pittoresque de la Grèce*, Paris, 1842, S. 233–264 zum Athos
DAINVILLE, *Géographes*	DAINVILLE, F. DE, *Le langage des géographes. Termes, signes, couleurs des cartes anciennes, 1500–1800*, Paris, 1964
DAVYDOV	DAVYDOV, V. P., *Putevyja zapiski vedennyja vo vremja prebyvanija na Ioničeskich ostrovach, v Grecii, Maloj Azii i Turcii v 1835 godu*, Sankt Petersburg, 1840, S. 136–228 zum Athos
DÉCARREAUX	DÉCARREAUX, J., »Du monachisme primitif au monachisme athonite«, *Mill. M.A.*, 1963, Bd. I, S. 19–58
DOENS, *Bibliographie*	DOENS, I., o. s. b., »Bibliographie de la Sainte Montagne de l'Athos«, *Mill. M.A.*, Bd. II, S. 337–495
DÖLGER, *Ein Fall*	DÖLGER, F., »Ein Fall slavischer Einsiedlung im Hinterland von Thessalonike im 10. Jahrhundert«, *Sitzungsberichte der Bayerischen Akademie der Wissenschaften*, Philologisch-historische Klasse, 1952, Bd. I
DÖLGER, *Mönchland Athos*	DÖLGER, F. – WEIGAND, E. – DEINDL, A., *Mönchland Athos*, München, 1943
DÖLGER, *Regesten*	DÖLGER, F., *Regesten der Kaiserurkunden des Oströmischen Reiches*, München, Bd. I–V, 1924–1965
DOMENTIJAN	DOMENTIJAN, F., *Zivoti Svetog Save Isvetoga Simeona*, Belgrad, 1938
DUJČEV, *Mont Athos*	DUJČEV, I., »Le Mont Athos et les Slaves au Moyen Age«, *Mill. M.A.*, Bd. II, S. 121–143
DVORNIK, *Les Slaves*	DVORNIK, F., *Les Slaves, Byzance et Rome au IX siècle*, Paris, 1926
ENEV, *Zograph*	ENEV, M., *Mount Athos, Zograph Monastery*, Sofia, 1994
FALLMERAYER	FALLMERAYER, J. PH., *Fragmente aus dem Orient*, Bruckmann Querschnitte, München, 1963
FLORINSKIJ, *Sevastianov*	FLORINSKIJ, T., »Afonskie akty i fotograficeski snimki s nich v sobranijach P. I. Sevastianova«, ZIFFI Sp u (Sitzungsberichte der Geschichts-Philologischen Fakultät der Universität St. Petersburg), 1880
HALKIN, *Maxime Kausokalyve*	HALKIN, F., »Deux vies de s. Maxime le Kausokalyve, érmite au Mont Athos (XIV s.)«, *ANAL. BOLL.*, 54, 1936, S. 39–112
HALKIN, *Miracles Dochiariou*	HALKIN, F., »Miracles des SS Michel et Gabriel au monastère de Dochiariou, sur le mont Athos«, *ANAL. BOLL.*, 84, 1966, S. 378
KASIĆ, *Despot Uglješa*	KASIĆ, D., »Despot Jovan Uglješa kao ktitor svetogorskog manastira Simonopetre«, *Bogoslovije*, 20/35, 1976, S. 29–63
KHITROWO, *Itinéraires*	KHITROWO, B. DE, *Itinéraires russes en orient*, Genève, 1889
KOVAĆEV, *Zograf*	KOVAĆEV, M., *Zograf. Ijsledvanija i dokumenti*, Sofia, 1942
LAKE, *Early Days*	LAKE, K., *The Early Days of Monasticism on Mt Athos*, Oxford, 1909

LANGLOIS, *Mont Athos*	LANGLOIS, V., *Le Mont Athos et ses monastères,* Paris, 1867 (Erster Teil des nachfolgenden Werkes)
LANGLOIS, *Ptolémée*	LANGLOIS, V., *Géographie de Ptolémée.* Reproduction photolithographique du manuscript grec du monastère de Vatopédi au M. A., Paris, 1867
LEAKE, *Travels, III*	LEAKE, W. M., *Travels in northern Greece,* Bd. III, London, 1835, Kap. XXIV, Macedonia, über den Heiligen Berg, S. 114–157
LEMERLE, *Archives,*	LEMERLE, P., »Les archives du monastère des Amalfitains au Mont-Athos«, *E.E.B.Σ.,* 23, 1953, S. 548–566
LEMERLE, *Miracles, I, II Amalfitains*	LEMERLE, P., *Les plus anciens recueils des miracles de Saint-Démétrius et la pénétration des Slaves dans les Balkans,* Paris, 1979, 1981, Bd. II, Commentaire
LOUÏZIDIS, *Koutloumoúsion*	LOUÏZIDIS, L., »Κουτλουμούσιον – Κουτλουμοῦσι. On the Origin of the Name of the Monastery on Mount-Athos«, *B.N.J.,* 17, 1944, S. 59 ff.
Mill. M.A.	KLOSTER CHEVETOGNE, *Le Millénaire du Mont Athos, 963–1963. Études et Mélanges I–II,* Chevetogne (Belgien), 1963–1964
MILLET, *Inscriptions*	MILLET, G. – PARGOIRE, J. – PETIT, L., *Recueil des Inscriptions Chrétiennes de l'Athos,* 1ère partie, Paris, 1904
MONACHESIMO ORIENTALE	IL MONACHESIMO ORIENTALE, *Orientalia Christiana Analecta,* 153, Roma, 1958
MYLONÁS, *Alte Stiche*	MYLONÁS, P., *Athos und seine Klosteranlagen in alten Stichen und Kunstwerken.* Mit einem Vorwort von Prof. Franz Dölger, Athen, 1963
MYLONÁS, *Formes, 1974*	MYLONÁS, P., *Formes dans un lieu Sacré,* Athen, 1974
MYLONÁS, *Forms, 1964*	MYLONÁS, P., *Forms in a Sacred Space,* Athen, 1964
MYLONÁS, *Plan initial*	MYLONÁS, P., »Le plan initial du catholicon de la Grande Lavra au Mont Athos et la genèse du type du catholicon athonite«, *Ca. Arch.,* 32, 1984, S. 89–112
MYLONÁS, *Protaton*	MYLONÁS, P., »Les étapes successives de construction du Protaton au Mont Athos«, *Ca. Arch.,* 28, 1979, S. 143–160
MYLONÁS, *Ravdouchos, Prokopios*	MYLONÁS, P., »Two middle-Byzantine Churches on Athos«, *Actes du XVe Congrés International d'Études Byzantines, Athènes,* 1976, t. II, »Art et Archéologie«, Communications, Athen, 1981, S. 545–574
MYLONÁS, *Trapeza*	MYLONÁS, P., »La Trapeza de la grande Lavra au Mont Athos«, *Ca. Arch.,* 35, 1987, S. 143–157; *Ca. Arch.,* 40, 1992, S. 122, *Errata
NĂSTUREL, *Roumains*	NĂSTUREL, P., »Le mont Athos et les Roumains«, *Orientalia Christiana Analecta,* 227, Rom, 1986
NENADOVIĆ, *Chilandar*	NENADOVIĆ, S., »L'architecture des églises du Monastère Chilandar« (serbokroatisch, mit französischer Zusammenfassung), *HIL. ZB.,* 3, Belgrad, 1974, S. 85–208 und Tafeln
NENADOVIĆ, *Métoque Zig*	NENADOVIĆ, S., »Le Métoque Zig de Chilandar et le problème de la plastique en pierre du Chilandar de Nemanja« (serbokroatisch, mit französischer Zusammenfassung), *HIL. ZB.,* 1, S. 163–170
NORET, *Vitae*	NORET, J., *Vitae duae antique Sancti Athanasii Athonitae,* Corpus Christianorum, Series Graeca 9, Louvain, 1982
PAPACHRYSSANTHOU, *Office*	PAPACHRYSSANTHOU, D., »L'office ancien de Saint Pierre l'Athonite«, *ANAL. BOLL.,* 88, 1970, S. 27–41
PAPACHRYSSANTHOU, *Pierre l'Athonite*	PAPACHRYSSANTHOU, D., »La vie ancienne de Saint Pierre l'Athonite«, *ANAL. BOLL.,* 92, 1974, S. 19–61

PAPANGELOS & TAVLAKIS, *Maritime Fort*	PAPANGELOS, J. – TAVLAKIS, J., »The Maritime Fort of the Monastery Karakallou, on Mt Athos«, *Institut International des châteaux historiques,* Bulletin, 35, 1980, S. 80–120
PAPAZÓTOS, *Topographie*	PAPAZÓTOS, A., »Recherches topographiques au Mont Athos«, in: *Géographie historique du Monde méditerranéen,* Paris, 1988, S. 149–178, Byzantina Sorbonensia 7
PEETERS, *Histoires*	PEETERS, P., »Histoires monastiques géorgiennes«, *ANAL. BOLL.,* 36/37, 1917–1919, S. 69–159 (Lateinische Übersetzung). Französische Übersetzung MARTIN-HISARD, B., *R.E.B.,* 49, 1991, S. 67–142
PERTUSI, *Monasteri et monachi*	PERTUSI, A., »Monasteri et monachi italiani all'Athos nell'alto Medioevo«, *Mill. M.A.,* Bd. I, S. 217–251
POLITIS, *Transcription*	POLITIS, L., *A History of Modern Greek Literature,* Oxford, 1973, S. 1: »Note on Transcription«
PROSVIRIN, *Bibliographie*	PROSVIRIN, A., »Afon I ruskaja Cerkov. Bibliografija«, *Bogoslovskie Trudy,* Moskau, Bd. 15, 1976, S. 185–256
PTOLEMY, *Manuscript*	DILLER, A., »The Vatopedi Manuscript of Ptolemy and Strabo«, *American Journal of Philology,* 58, 1937, S. 174–185
SMOLITSCH, *M. Athos*	SMOLITSCH, I., »Le Mont Athos et la Russie«, *Mill. M.A.,* S. 279–318
SMOLITSCH, *Mönchtum*	SMOLITSCH, I., *Russisches Mönchtum. Entstehung, Entwicklung und Wesen, 988–1917,* Würzburg, 1953
SOULIS, *Slavic Settlement*	SOULIS, G., »On the Slavic settlement in Hierissos in the Tenth Century«, *BYZ.,* XXIII, 1953, S. 67–72
SPRATT, *Isthmus*	SPRATT, TH., »Remarks on the Isthmus of Mount Athos«, *The Journal of the Royal Geographic Society of London,* 17, 1847, S. 145–149
STAVROU und WEISENSEL, *Russian Travellers*	STAVROU, TH. G. – WEISENSEL, P., *Russian Travellers to the Christian East from the 12th to the 15th c.,* Columbus, Ohio, 1986
STRUCK, *Chalkidike*	STRUCK, A., *Makedonische Fahrten,* Wien, 1907, I: »Chalkidike«, 68
THEOCHARIDIS, *Siderokausia*	THEOCHARIDIS, P., »The Consolidation Works on the South Tower at Siderokausia, Chalkidiki«, *Institut international des châteaux historiques,* Bulletin, 35, 1980, S. 76–97 und Tafel
USPENSKIJ, *Opisanie (Beschreibung)*	USPENSKIJ, archim. PORFIRIJ, *Opisanie monastyrej afonskich v 1845–1846 godach.* Edition ZMNP (Bulletin des Ministeriums der Nationalen Aufklärung), St. Petersburg, 58, 1848
ŽIVOJINOVIĆ, *Chilandar*	ŽIVOJINOVIĆ, M., »Le monastère de Chilandar et ses métoques dans la région de l'Athos«, *Zbornik Radova Vizantinoloskog Instituta,* Belgrad, 26, 1987, S. 47–51
ŽIVOJINOVIĆ, *Chrysé*	ŽIVOJINOVIĆ, M., »Chilandar et le Pyrgos de Chrysé«, *HIL. ZB.,* 6, 1986, S. 59–82
ŽIVOJINOVIĆ, *Hilandar*	ŽIVOJINOVIĆ, M., »Manastiri Hilandar i Mileja«, *HIL. ZB.,* 4, 1978, S. 7–14
ŽIVOJINOVIĆ, *Kellia & Pyrgoi*	ŽIVOJINOVIĆ, M., »Kellia and Pyrgoi on the Mount Athos in the Middle Ages« (Serbokroatisch mit englischer Zusammenfassung), *Institute of Byzantine Studies of the Serbian Academy of Sciences and Arts,* Study No. 13, Belgrad, 1972
ZOUDIANOS, *Régime autonome*	ZOUDIANOS, N., *Le régime autonome des couvents du Mont Athos,* (Diss.) Strassbourg, 1938
ZWERGER & SCHÖRFLEUTHNER	ZWERGER, R. – SCHÖRFLEUTHNER, K., *Wege des Athos,* mit Kartenskizze im M. 1: 50.000, Wien, ²1990

EINFÜHRUNG

EINFÜHRUNG

A. HISTORISCHE UND ANTHROPOGEOGRAPHISCHE DATEN

Das Siedlungsgebiet der Mönchsrepublik des Athos, der auch Heiliger Berg (Ἅγιον Ὄρος) genannt wird[1], nimmt fast die ganze östliche Halbinsel der Chalkidikí (Χαλκιδική) ein (siehe Karten 001–004). Seine heutige Gestalt hat dieses Siedlungsgebiet erst allmählich im Laufe der vergangenen zwölf Jahrhunderte angenommen. Dabei folgte seine Entwicklung derjenigen, welche das Mönchtum, sein Ideal und seine Praxis, auf der Halbinsel nahm – vom ersten Auftauchen vereinzelter Eremiten und ihrer unzusammenhängenden Behausungen wohl schon im 8., sicher aber zu Beginn des 9. Jhs.[2], bis zu seiner heutigen vielfältigen Struktur, die wesentlich durch den häufigen Wiederaufbau seit dem 16. Jh. bestimmt ist.

In der Antike wurde die Halbinsel *Akté, Athoís Akté* und *Áthos* (Ἀκτή, Ἀθωΐς Ἀκτή, Ἄθως)[3] genannt. STEPHANOS VON BYZANZ[4] zufolge bezieht sich *Akté* auf ihre langgestreckten Küsten, während der Name *Athos* seit dem Mittelalter von ihrem höchsten, am Südostende gelegenen Berg auf die Halbinsel übertragen wurde. *Áthon* (Ἄθων) oder *Áthos* (Genitiv: τοῦ Ἄθω, Ἄθωος oder Ἀθωέως und später τοῦ Ἄθωνος)[5] ist der Name eines Giganten aus Thrakien, der es wagte, in der Gigantenschlacht gegen Poseidon zu kämpfen. Der Meeresgott erschlug ihn in seinem furchtbaren Zorn mit einem ungeheuren Felsbrocken, dem Berg Athos, unter dem der Gigant seither begraben liegt[6].

Die Halbinsel ist bergig und außerordentlich schmal und lang. Sie erstreckt sich von Nordwesten nach Südosten. Im Südwesten grenzt sie an den *Singitischen Golf* (Συγγιτικὸς Κόλπος) oder *Golf des Hágion Óros* (Κόλπος τοῦ Ἁγίου Ὄρους), im Nordosten an den *Strymonischen Golf* (Στρυμονικὸς Κόλπος) und im Norden an den *Golf von Hierissós* (Κόλπος τῆς Ἱερισσοῦ) oder nachbyzantinisch *Golf tís Kontéssas* (Κόλπος τῆς Κοντέσσας = der Gräfin)[7]. Die natürliche Grenze der Halbinsel zur Chalkidike bildet die schmale, niedrige Landenge *Akánthios Isthmós* (Ἀκάνθιος Ἰσθμός[8]; maximale Höhe 20 m, minimale Breite 2.040 m, s. Textabb. 1), durch welche Xerxes vor 480 v. Chr. den nach ihm benannten Kanal graben ließ[9]. Von dieser Stelle springt die Halbinsel ungefähr 47.750 m[10] weit nach Südosten vor und endet am *Kap Akráthos* (Ἀκράθως)[11]. Die Breite der Halbinsel schwankt zwischen 5.380 m an der Landenge *Watopédi – Arsanás Zográfu*[12] und 10.800 m an der Stelle *Arsanás Megísti Láwra – Arsanás Hagía Ánna*. Die Westgrenze der Mönchsrepublik verläuft als einzige Festlandsgrenze ausgehend von der Mündung des Baches *Stawrólakkos* (Σταυρόλακκος = Kreuzbach), der sich an der Westspitze der Südwestküste zwischen dem *Arsanás Chrumítsas* und dem *Frangókastro* (Φραγκόκαστρο = Burg der Franken) befindet, Richtung Norden, dem Verlauf des Baches folgend, und dann den westlichen Ausläufer der *Megáli Wígla* (Μεγάλη Βίγλα = Grosse Wache)[13] und des *Palióstawros* (Παλιόσταυρος = Altes Kreuz) entlang bis zur Mündung des Baches *Wérku Lákkos*[14] an der Nordküste; hier, an der nörd-

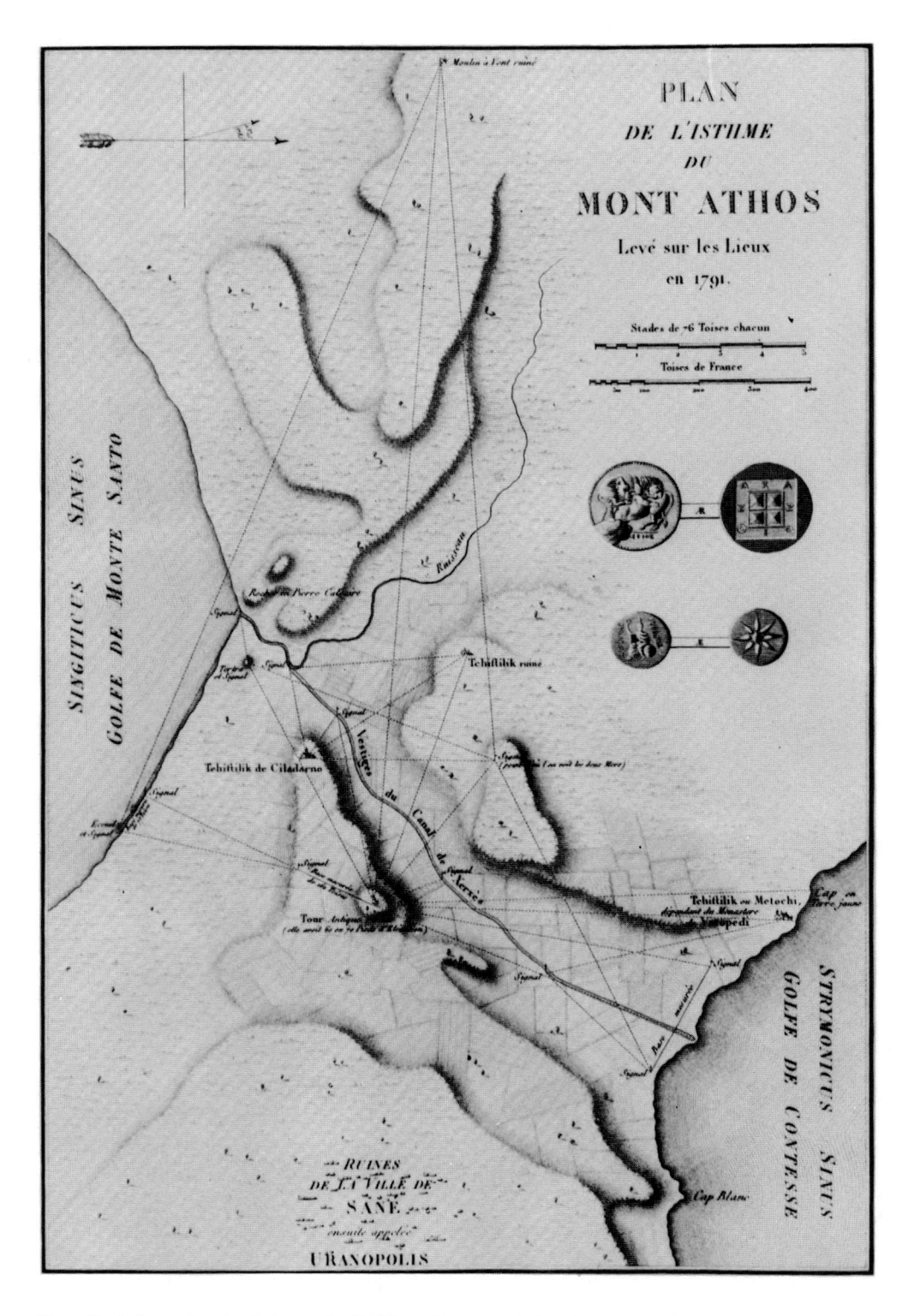

Textabb. 1. Lageplan des Isthmus des Heiligen Berges und des Xerxes-Kanals. Vermessung aus dem Jahre 1791 (Aus: CHOISEUL-GOUFFIER, Gennadios-Bibliothek, Athen).

lichen Zufahrtsstraße zur Mönchsrepublik, findet sich der Grenzposten *Karaúli*[15] (Καραούλι = Wache, s. Taf. 002). Diese Grenze entstand nach 1932, als die Metóchia *Prosfórion* (Προσφόριον, Gut des Klosters *Watopédi*) und *Kumítsa* (Κουμίτσα, Gut des Klosters *Chelandári*) enteignet wurden. Die Gesamtfläche der Mönchsrepublik beträgt circa 34.150 ha.

Die Landschaft ist hügelig bis bergig, teilweise mit dichten Wäldern bedeckt und von Bächen und kleineren Flüssen durchschnitten. Die Erhebungen fallen nach Nordwesten sanft, nach Südosten weitaus steiler ab. Der in der Längsachse der Halbinsel verlaufende Gebirgskamm steigert seine Höhe in Südostrichtung bis zur Gipfelpyramide des *Athos* (H 2026 m, aufgerundet vom genaueren 2025,54 m), der erhaben und einsam mitten in der *Nordägäis* emporragt. Die Großartigkeit seiner eindrucksvollen Gestalt wurde von den antiken Griechen dichterisch verklärt; sie glaubten, daß auf der Bergspitze Heiligtümer stünden, auf die es niemals regne, weil sie über den Wolken lägen[16]. Erwähnt sei auch die Beschreibung des SOPHOKLES, nach der der Schatten des Athos bei Sonnenuntergang bis auf eine Statue in Myrina auf Lemnos[17] falle. Der Architekt Deinokrates machte Alexander dem Großen den Vorschlag, den Athos zu einer ungeheuren Statue des Herrschers umzugestalten[18]. Viele Künstler, so z. B. FISCHER von ERLACH[19], haben Phantasiedarstellungen dieses nie verwirklichten Vorhabens geschaffen. Auch in christlicher Zeit wurde der Athos aufs Höchste gepriesen[20]. Seine isolierte Lage fast in der Mitte des nordägäischen Meeres und seine große Höhe machen den Berg bereits aus weiter Entfernung sichtbar[21]. Den Seefahrern diente er aus diesen Gründen zu allen Zeiten als Orientierungspunkt und zur Wettervorhersage[22].

Die Küsten der Halbinsel Athos haben keine größeren Naturhäfen und sind, wie schon erwähnt, an vielen Stellen sehr steil. Aufgrund der sozialen und praktischen Gegebenheiten der vergangenen Jahrhunderte war die außerordentlich lange und ringsum von stürmischer See umgebene Halbinsel nur sehr schwer zugänglich.

In dieser See ging vor fast zweieinhalbtausend Jahren die persische Flotte unter, und noch heute kommt der Schiffsverkehr hier häufig zum Erliegen[23]. Diese ungastlichen Umweltbedingungen sind jedoch von Vorteil für Klöster und Einsiedeleien, also für Siedlungsplätze, die Isolierung und Sicherheit gewährleisten sollen[24].

B. SIEDLUNGEN

1. Gliederung des Siedlungsgebietes

Ein wesentliches Merkmal der Halbinsel Athos in ihrer Eigenschaft als Siedlungsgebiet liegt darin, daß, soweit wir wissen, auf ihrer ganzen Fläche und im gesamten, über zwölf Jahrhunderte währenden Zeitraum ihrer christlichen Geschichte ausschließlich monastische Niederlassungen bestanden, und zwar von verschiedener Größe und Gestalt. Charakteristisch ist weiterhin, daß hier die Theorie der Siedlungskunde bestätigt wird, der zufolge sich die Funktionsbereiche der einzelnen Siedlungen – sofern keine anderen Faktoren einwirken – mit den geographischen Einheiten decken und dieselben Grenzen haben, nämlich die Haupt- und Nebenlinien der Berggrate. Auf den Karten (Taf. 002, 003) sind aufgrund spezieller Forschungen[25] die Punkte markiert, die die Grenzen zwischen den Klostergebieten bestimmen; der Grenzverlauf der einzelnen Territorien wird in den entsprechenden *Begleittexten* beschrieben. Wie aus der Karte hervorgeht, ist die Bodenformation dieser langen, schmalen Halbinsel vor allem durch einen Gebirgskamm charakterisiert, der sich in der Längsachse erstreckt und die Wasserscheide bildet. Er zieht sich von den ersten niedrigen Erhebungen auf dem Isthmus – *Dawatzídika*, *Genitsarás*[26] (außerhalb der Grenzen der Klosterrepublik) sowie *Megáli Wígla* (Μεγάλη Βίγλα, Grenze des Heiligen Berges) – bis hin zum *Athosgipfel*. Ein weiteres Merkmal ist die Gliederung der Oberfläche durch querliegende Höhenzüge in Becken, welche die Hauptabflußgebiete der Halbinsel darstellen. Generell sind diese Abflußgebiete von grundlegender Bedeutung für die Struktur eines jeden Siedlungsgebietes, da sie die natürlichen Voraussetzungen für eine gleichartige Beschäftigung der Bewohner schaffen; sie werden deshalb als *geographische Einheiten* bezeichnet. Auf dem Athos fallen gewöhnlich die Grenzen der Verwaltungsgebiete mit denjenigen der geographischen Einheiten zusammen. Seltener folgen sie den Einschnitten im Boden, das heißt den Wasserläufen; theoretisch betrachtet erscheint dieser Tatbestand als unfunktionell. In einigen Fällen verlaufen die Grenzen der Verwaltungsgebiete entlang den Verkehrsadern, welche meist mit den Grenzen der geographischen Einheiten übereinstimmen.

Die Gesamtfläche der Halbinsel ist in 20 ungleiche Gebiete unterteilt. Dies entspricht der Zahl der souveränen Klöster, der herrschenden monastischen Institutionen, die jeweils eines dieser Territorien besitzen[27] und verwalten. Auf dem Gebiet eines solchen souveränen Klosters befindet sich jeweils eine Anzahl verschiedenartiger Siedlungseinheiten, die seiner Verwaltung unterstehen. Diese Siedlungseinheiten werden als *Exartímata* (ἐξαρτήματα), »untergeordnete« monastische Niederlassungen oder Dependencen bezeichnet, die dort wohnenden Mönche als *Exartimatikí* (ἐξαρτηματικοί), »Untergeordnete«. Im Gegensatz zu ihnen heißen die Insassen der Großklöster *Monastiriakí* (μοναστηριακοί), die »Klösterlichen«. Die untergeordneten Siedlungseinheiten sind weiterhin differenziert in *Skíten, Kellíen, Kalýwen, Kathísmata* und *Erimitíria* oder *Askitíria*.

2. Hierarchische Klassifizierung[28] der Siedlungseinheiten

Die heute auf dem Athos bestehenden Siedlungseinheiten haben die folgende Rangordnung:

1. – Das *Kloster* (Μονή, Μοναστήριον, »Souveränes Kloster«): eine monastische Institution mit Selbstverwaltung und Regierungsgewalt. Die Klöster sind die alleinigen Grundbesitzer auf der Halbinsel und haben das Verfügungsrecht inne. Bis vor kurzem[29] unterschieden sich die Klöster in *könobitische* (System mit gemeinschaftlichem Besitz und Haushalt) und *idiorrhythmische* (System mit individuellem Besitz und Haushalt), ohne daß sie deshalb in ihrer Siedlungsform oder in der Organisation der Baulichkeiten voneinander abwichen. Der Fachausdruck Μονή entspricht im allgemeinen dem Begriff des *Kinówion* (Mönchsgemeinschaft unter der Leitung eines Abtes).

2. – Die *Skíti* (Σκήτη[30], »Mönchsdorf«): eine dem Kloster unterstehende monastische Institution. Die Skíti untersteht dem Kloster, zu dessen Besitz sie gehört, hat jedoch in inneren Angelegenheiten Selbstverwaltungsrecht. Es gibt idiorrhythmische und könobitische Skíten, die sich in ihrer Anlage wesentlich voneinander scheiden. Die idiorrhythmischen oder archetypischen Skíten sind im alten Láwra-Typus[31] angelegt, während die könobitischen in ihrer Siedlungsform und ihrem geschlossenen Baugefüge den *souveränen Klöstern* nachgebildet sind.

3. – Das *Kellíon* (Κελλίον[32], »Zelle«): eine dem Kloster unterstehende monastische Institution. Es besteht aus einem einzelnen Gebäude mit Kapelle oder einem Hauptbau mit Kapelle und mehreren Nebengebäuden, die an Zahl und Größe erheblich differieren können. Die Fläche, die ein Κελλίον (Haus und Gut) umfaßt, ist in der Regel ausreichend bis groß.

4. – Die *Kalýwi* (Καλύβη, »Hütte«): eine dem Kloster unterstehende monastische Institution. Sie besteht aus einem einzelnen kleinen Gebäude mit Kapelle, in dem gewöhnlich nur ein Mönch wohnt. Die Grundfläche einer Kalýwi ist klein bis winzig. Kalýwen werden auch diejenigen Gebäude genannt, die zusammen eine Skíti bilden.

5. – Das *Káthisma* (Κάθισμα, »Sitz«): eine dem Kloster unterstehende monastische Institution. Es besteht in der Regel aus einem einzelnen Gebäude mit Kapelle, das außerhalb des Klosters, aber doch in seiner Nähe liegt, und wo gewöhnlich nur ein Mönch, der *Kathismatários*[33] wohnt. Daneben gab es Καθίσματα mit mehreren Gebäuden und Mönchen, wie z. B. das *Káthisma tú Mylopotámu*.

6. – Das *Hisychastírio* (Ἡσυχαστήριον, »Ruhestätte«), *Askitírio* (Ἀσκητήριον) oder *Askitarió* (Ἀσκηταριό = »Übungsplatz«): eine dem Kloster unterstehende monastische Institution. Es besteht aus einem sehr bescheidenen Gebäude oder einer hergerichteten Höhle an schwer zugänglicher Stelle; dort lebt ein Eremit in Askese, der strengsten Form des Mönchtums.

3. Klassifizierung der Siedlungsformen

Die Siedlungen der Halbinsel Athos lassen sich in primäre, sekundäre und tertiäre unterscheiden. Zu den primären Siedlungseinheiten gehören alle untergeordneten Institutionen, da sich deren Bewohner ihren Lebensunterhalt in der Landwirtschaft und in Heimarbeit, also auf dem primären Produktionssektor, verdienen. Die untergeordneten Institutionen sind verwaltungstechnisch und wirtschaftlich von den Klöstern abhängig, die die Funktion städtischer Zentren haben und somit als sekundäre Siedlungen anzusprechen sind. Als tertiäre Siedlung ist Karyés anzusehen, der Sitz der obersten Verwaltung und der Regierung der Mönchsrepublik, der die Funktion einer Hauptstadt hat. In Karyés gibt es folgendes System: Die *Vertretungen* (Ἀντιπροσωπεῖα) der Klöster und andere *Kellíen* mit ihren Gebieten gehören seit 1669 den zwanzig Klöstern. Nur die Gebäude der *Heiligen Gemeinde* (Ἱερὰ Κοινότης) und der *Protáton-Kirche* gehören der Heiligen Gemeinde. Diese Einteilung ist es wert, jedem föderalistischen Staat als Vorbild zu dienen[34]. So wurde Karyés in früheren Zeiten auch »amphiktyonische Versammlungsstätte des Athos« genannt[35].

Die heutige Kultivierung des Bodens unterscheidet sich wohl kaum von der Landwirtschaft früherer Epochen. In den Gebieten primärer Produktion werden unter anderem Wal- und Haselnüsse, Obst, Oliven, Wein und Gemüse angebaut. Die Oberfläche der Halbinsel ist größtenteils mit Wald bewachsen, aus dem Holz gewonnen wird, sowie mit niedrigerem Buschwerk, das allerdings ungenutzt bleibt, da Weidewirtschaft auf dem Athos verboten ist. Es gibt jedoch auch völlig unfruchtbare felsige und sandige Gebiete (s. Karte, Taf. 002, 003).

Die heutigen Siedlungen auf dem Heiligen Berg, die wir oben nach ihrer hierarchischen Ordnung klassifiziert haben, und die Niederlassungen, die in früherer christlicher Zeit hier bestanden haben, lassen sich in drei Typen einteilen:

1. – Einzeln stehende bescheidene Gebäudegruppen oder Häuser. Dies sind die *Kellíen, Kalýwen, Kathísmata* und *Isychastírien* sowie in früheren Zeiten die Wohnhöhlen, *Enklístren* (»Klausen«)[36] und sonstigen dürftigen Eremitenbehausungen.

2. – Die Siedlungen im Typus des Weilers aus unzusammenhängenden baulichen Einheiten: die alten *Láwren*, die *idiorrhythmischen* oder *archetypischen Skíten* und schließlich die *Kellíengruppen*, die ungeachtet des Grades der gegenseitigen administrativen oder wirtschaftlichen Abhängigkeit die Form eines kleinen Dorfes haben und von denen manche heute mißbräuchlich mit dem Titel Skíti bezeichnet werden.

3. – Die *geschlossenen Baukomplexe* der Großklöster, deren Form auf die vier *könobitischen Skíten* übertragen worden ist[37].

Die Abfolge der drei Typen zeigt die Entwicklung der Form von völlig planlos gewachsenen Siedlungen zu streng konzipierten Anlagen. Diesen Typenwandel bewirkte auch die Lebensgrundlage der jeweiligen sozialen Einheit, die einen wirtschaftlichen Faktor darstellt[38].

In der Siedlungskunde wird davon ausgegangen, daß jede soziale Struktur ihren eigenen Ausdruck in der Raumgestaltung findet. Auf dem Heiligen Berg können wir feststellen, daß sich seine soziophilosophischen Strukturen in der gesamten Zeitspanne seiner monastischen Geschichte nicht wesentlich gewandelt haben. So gab es keinen Grund für eine Änderung der Siedlungsformen. Das feste soziophilosophische System hat im Gegenteil die Auskristallisierung bereits bestehender Formen begünstigt. Man kann sogar sagen, daß die Konstanz der theoretischen Basis sowie der Siedlungsformen ein charakteristisches Merkmal des Heiligen Berges ist; jeder Neuankömmling muß sich der bestehenden Disziplin freiwillig oder gezwungenermaßen unterordnen, um sich von seinem vergangenen Ich zu lösen und in das jahrhundertealte System eingliedern zu können[39].

Die drei genannten Typen von Siedlungsformen – das *alleinstehende Gebäude*, der *Weiler* und der *geschlossene Baukomplex* – entsprechen bemerkenswerterweise den drei Grundformen der monastischen Lebensweise, die es im orthodoxen Christentum seit jeher gab. Das sind bekanntlich: das *Eremitentum*, beispielsweise des hl. Antónios, das Leben der Einsiedler in den lockeren Verbänden der *Lávren*, so im alten Nitría, und die strenge *könobitische* Gemeinschaftsform in den Institutionen des hl. Pachómios und später des hl. Basílios[40]. Obwohl von der Epoche des hl. Athanasios des Athoniten bis heute die Lebensweise im Kinówion (Könobium) auf dem Athos vorherrscht, wurden die beiden anderen Formen des Mönchtums nicht verdrängt; sie erfuhren zwar wechselvolle Zeiten des Aufschwungs und des Niedergangs, haben jedoch nie aufgehört zu bestehen. Man könnte vielleicht sogar davon sprechen, daß in den letzten Jahren auf dem Heiligen Berg eine gewisse Ausbreitung der beiden einfacheren monastischen Lebensformen, der des abgeschiedenen Anachoreten und der des Eremiten in der Skíti, zu beobachten ist.

C. DIE BAUAUFNAHME DER DENKMÄLER AUF DEM ATHOS

Im September 1954 begann der Autor – am Anfang allein, seit 1960 mit der Hilfe von Mitarbeitern – ein Forschungsprojekt, das noch im Gange ist und hauptsächlich die Architektur, teilweise aber auch die Malerei der monastischen Institutionen auf dem Athos zum Gegenstand hat.

Das Projekt teilte sich in zwei Aufgabenbereiche: zum einen die Erstellung eines Bauaufnahmenarchivs und, in Ergänzung dazu, eines entsprechenden Fotoarchivs, die der Erforschung der architektonischen Entwicklung auf dem Athos dienen sollen; zum anderen die Inventarisierung der Monumente auf dem Athos als einer kulturellen Einheit[41]. Damit wurde eine Grundlage geschaffen, auf der Vorschläge zur Pflege der Denkmäler[42] sowie wissenschaftliche Analysen in bezug auf die Geschichte und deren stilistische Entwicklung aufbauen können[43].

Die photographischen Aufnahmen bestehen aus mehreren Tausend Schwarzweißnegativen und Farbdias in den Formaten 35 mm, 6 x 6 cm, 6 x 9 cm, 10 x 12,5 cm und 13 x 18 cm. Sie bilden die *Mylonas Photographic Athos Archives* (s. Heft II, Photographische Dokumentation der Klöster, Vorwort).

D. DIE AUFNAHME DER AUF DEN ATLASTAFELN DARGESTELLTEN BAUDENKMÄLER UND GEBIETE

Je nach Art der Aufnahme lassen sich zwei Arbeitsbereiche unterscheiden: Der eine betraf die topographische Aufnahme des Geländes, das den eigentlichen Bauplatz des jeweiligen Klosters ausmacht, jedoch ohne die Erfassung der Baulichkeiten des Klosters selbst. Diese topographischen Aufnahmen des Umfeldes der Klöster wurden in den Jahren 1968–1970 von den folgenden Firmen erstellt. 1) ›Fototopografikí‹, G. Wiswíkis und S. Fthenákis, 2) D. Driwílas und P. Kefallinós, 3) E. Wasilíu und P. Marangós, 4) G.Soilemezóglu und A. Wáthis. Der zweite Arbeitsbereich umfaßte die architektonischen Bauaufnahmen sowie Ergänzungen und Erweiterungen der genannten topographischen Aufnahmen. Alle diese Arbeiten wurden vom technischen Büro des Verfassers unter seiner persönlichen Aufsicht und Verantwortung im Zeitraum von 1954–1992 durchgeführt[44].

Während die topographische Aufnahme der Umgebung auf dem klassischen Tachymetrieverfahren beruht, wurden bei der Vermessung der Baudenkmäler zwei Arbeitsweisen kombiniert: das Tachymetrieverfahren für die Aufnahme des Klosterhofes und des Geländes außerhalb der Anlagen sowie das peinlich genaue Vermessen der Gebäude mit dem Bandmaß. Dabei wurden eine Reihe gegenseitiger Kontrollen durchgeführt. Zum Schluß wurden alle Messungen wiederholt, ein ermüdendes und zeitraubendes, aber außerordentlich wirksames Kontrollverfahren. Auf der Grundlage der vor Ort gewonnenen Meßdaten wurden auf dem Zeichentisch Pläne in den Maßstäben 1 : 200 bis 1 : 5 – Hauptmaßstab 1 : 50 – ausgearbeitet. Alle Maße und Details dieser Pläne wurden dann vor Ort vom Verfasser persönlich nochmals überprüft.

E. DER AUFBAU DER ATLASTAFELN

1. Die topographischen Darstellungen

Für die Tafeln im Atlas wurden die 100–175 cm großen Originalzeichnungen um das Zweieinhalbfache auf 40 x 70 cm verkleinert. Die zentrale Stelle auf den Tafeln nimmt jeweils der Grundriß des betreffenden Klosters ein. Die Pläne wurden nach den Originalen unseres Archivs im Maßstab 1 : 200 gezeichnet und für den Druck auf 1 : 500 verkleinert. Bei der Anordnung des Klostergrundrisses auf der Tafel wurde auf eine möglichst befriedigende Aufteilung der Bildfläche geachtet; deshalb stimmen die Himmelsrichtungen nicht mit den Achsen des Planes überein. Die Topographie des an das Kloster angrenzenden Geländes mitsamt den dazugehörigen Nebengebäuden ist mit einer Höhenlinienäquidistanz von 1 m dargestellt. Nur in die Pläne der ausgedehnten Klosteranlagen Megísti Láwra, Watopédi, Iwíron, Chelandári und Panteleímon konnten wegen der Größe ihrer Grundrisse die dazugehörigen Nebengebäude nicht aufgenommen werden. Die weitere Umgebung eines jeden Klosters ist in einem gesonderten kleinen topographischen Plan im Maßstab 1 : 12.500 mit einer Höhenlinienäquidistanz von 5 m wiedergegeben. Ähnliche Pläne kleineren Formats, meist jedoch im Maßstab des großen Grundrisses, zeigen Gebiete, die zwar eine wichtige Funktion haben, aber nicht in der unmittelbaren Nachbarschaft des Klosters liegen und deshalb nicht in den großen Plan aufgenommen werden konnten. Das trifft in den meisten Fällen für den Arsanás, den Bootshafen, zu.

Es sei angemerkt, daß die Reihenfolge sowohl der Karten als auch der Begleittexte der hierarchischen Ordnung des jeweiligen Klosters, entsprechend der Tradition und den Satzungen, folgt.

2. Die architektonischen Darstellungen

Die Tafeln sind weiterhin durch architektonische Pläne ergänzt. Von den wichtigsten Gebäuden des Klosters – so dem *Katholikón* (Hauptkirche), der *Trápeza* (Refektorium) u. a. – sind je ein Schnitt und ein Grundriß als Bildpaar entlang den Schmalseiten der Tafel angeordnet. Diese Pläne basieren auf den Archivaufnahmen im Maßstab 1 : 50; sie wurden zunächst im Maßstab 1 : 200 angefertigt und dann auf 1 : 500 reduziert. Kleinere Gebäude wie die *Fiáli* (Weihbrunnen) wurden jedoch in größerem Maßstab (1 : 100) gezeichnet und für die Darstellung auf der Tafel auf 1 : 250 verkleinert. In solchen Fällen sind die Bildpaare, Grundriß und Schnitt, mit je einer gesonderten Maßstabsangabe versehen. Außerdem ist eine ausreichende Anzahl von Querschnitten durch die Klostertrakte abgebildet, um die vertikale Gliederung des Baus zu verdeutlichen. Auf einigen Tafeln sind zudem die gesamten Außenansichten eines Komplexes dargestellt. Eine Ausnahme erfolgte für das *Kloster Megísti Láwra*, zu dessen ursprünglicher Tafel sechs weitere (Taf. 101.2–101.7) mit Ansichten, Grundrissen und Schnitten des *Katholikón*, der *Trápeza* (Refektorium), der *Kirche Kukuzélissa* und des *Archontaríkion* (Gästeherberge) hinzugefügt wurden. Es sei angemerkt, daß allein für die Megísti Láwra über 50 Tafeln, im Maßstab 1 : 50 gezeichnet, vorbereitet wurden und sich nun im Archiv des Verfassers befinden. Leider konnte auf den Tafeln der großen Klosteranlagen (so Watopédi, Iwíron, Chelandári, Dionysíu, Dochiaríu, Símonos Pétras, Panteleímon) aus Platzmangel kein einziger der Ansichtspläne untergebracht werden. Sie sind jedoch vollständig in unserem Archiv vorhanden[45], allerdings in einem sehr kleinen Maßstab, was den Eindruck der Zeichnungen etwas schmälert. In den vorliegenden Band sind als Vignetten ebenfalls interessante Originale und unveröffentlichte Zeichnungen aus dem Archiv des Verfassers aufgenommen worden, die jedem Kommentar reichhaltige Informationen liefern würden. Jedenfalls sind die Tafeln so numeriert (101.1, 102.1, etc.), daß zu jedem Kloster noch weitere Tafeln in das System aufgenommen werden können, z. B. 102.2, 102.3 und so weiter.

3. Ältere Abbildungen

Um die baulichen Veränderungen, die die Klosteranlagen im Laufe der Zeit erfahren haben, besser veranschaulichen zu können, ist auf den meisten Tafeln in der oberen linken Ecke eine ältere Abbildung des Komplexes wiedergegeben. Bei 17 von 20 Klöstern sind dies die frühesten bekannten Darstellungen, nämlich die detaillierten Zeichnungen des Kiewer Mönches und Pilgers Wassilij Grigorowitsch BARSKIJ, der bei seinem zweiten Aufenthalt auf dem Heiligen Berg 1744 einen außerordentlich bedeutenden Reisebericht verfaßt und ihn mit Bildern sämtlicher Klöster[46] versehen hat. Bedauerlicherweise sind die Zeichnungen von *Megísti Láwra*, *Watopédi* und *Chelandári* verschollen. Als Ersatz wurden von diesen drei Klöstern Kupferstiche der Jahre 1810, 1792 und 1820 abgebildet, die der Publikation des Verfassers zu den Graphiken vom Athos[47] entnommen sind. Die Zeichnungen BARSKIJS sind 20 bis 24 cm hoch und 35 bis 38 cm breit. Sie wurden vom Autor 1984[48] in Kiew auf große Negativplatten aufgenommen, von denen wiederum Reproduktionen für die Tafeln des Atlas angefertigt wurden.

4. Baugeschichtliche Daten

Auf den Tafeln sind auch die historischen Daten der Bauwerke angegeben. Diese Daten entstammen einer unveröffentlichten Forschungsarbeit des Verfassers[49]. Als baugeschichtliche Daten wurden in Betracht gezogen: a) Daten aus Inschriften an den Gebäuden, b) Zeitangaben von Bau- und Instandsetzungsarbeiten aus zuverlässigen Texten, c) Daten von Malereien und Verkleidungen, die auf den entsprechenden Flächen der Bauwerke angegeben sind und auf eine bestimmte Bauphase bezogen werden können.

Die Daten sind auf den Plänen in arabischen Ziffern und der christlichen Zeitrechnung entsprechend eingetragen, auch wenn die Originale in altgriechischer Schrift angegeben und von der Erschaffung der Welt an berechnet sind; also nicht »‚ΖΛΔ΄«, sondern »1526« (Millet, 334) und auch nicht in der umschreibenden Weise: z. B. ἐν ἔτει τῶν ἑπτὰ χιλιωντετερίδων (statt χιλιονταετηρίδων, MILLET, *Inscriptions*, S. 111) εἰκάδι διπλῇ καὶ ἁπλῇ τρίτῃ ἰνδικτιῶνος ῆ–, sondern »1535« (Millet, 339). Allen Daten, die Millets *Inscriptions* entnommen sind, ist der Großbuchstabe »M« beigeschrieben, so 1535 M 339 (Fresko im Katholikón der Megísti Láwra), während die vom Verfasser ermittelten Daten mit einem kleinen »m« versehen sind, z. B. 1527 m (Megísti Láwra, Datum auf einem Dachbalken des Refektoriums). Den von anderen Wissenschaftlern festgestellten Daten sind die Anfangsbuchstaben des jeweiligen Namens beigefügt, z. B. 1796, Σμ. 599 in der Friedhofskapelle des Klosters Hagíu Páwlu (SMYRNÁKIS, S. 599) oder 1637, Βλ. 295 im Exonarthex des Alten Katholikón des Klosters Xenofóntos (WLÁCHOS, S. 295) oder auch 1540, M. P. (Miltiádis Polywíu, Dionysíu Katholikón, geritzte Zeitangabe auf einem Bleiblech der Dachdeckung). Ein kleiner Pfeil neben den Daten auf dem Grundriß kennzeichnet den Anbringungsort des Datums.

5. Listen der Klostergebäude und Kapellen

Für jedes Kloster wurden viersprachige Listen der Gebäude einschließlich der Kapellen angelegt und, sofern dies möglich war, in der linken unteren Ecke der Tafel angebracht. Die – soweit dem Verfasser bekannt ist – erstmalige Erstellung dieser Verzeichnisse hat sehr viel Zeit gekostet. Um Platz zu sparen, wurden keine Überschriften angegeben, es ist jedoch offensichtlich, daß die Kapellen in der kleineren Liste gesondert aufgeführt sind, während die größere Liste alle anderen Gebäude enthält. Bei den griechischen Großbuchstaben in der ersten Kolumne der Liste handelt es sich um die Signaturen der einzelnen Gebäude oder Gebäudeteile, in der zweiten Kolumne ist ihr Standort auf dem Plan und in der dritten ihre Stockwerkhöhe angegeben; bei ebenerdigen Gebäuden fehlt diese Angabe, Kellergeschosse sind mit einem Minuszeichen (–) gekennzeichnet. Die Gebäude sind, soweit möglich, nach Zusammengehörigkeit und Rang angeordnet, also z. B. "A" *Katholikón*, "A1" *Glockenturm* etc., "B" *Fiáli*, "B1" etc. alle Wasseranlagen, "Γ" *Refektorium*, "Γ1" *Küche* etc.

Es sei weiterhin angemerkt, daß diejenigen Gebäude, die auf den kleinen Karten im Maßstab 1 : 12.500 eingezeichnet sind, in den *Listen der Klostergebäude und Kapellen* nicht mehr erscheinen. Der Grund dafür ist, daß diese Gebäude zum einen dem jeweiligen Klosterkomplex nicht direkt angehören und zum anderen als einfache Wohneinheiten oder als Teile von *Kellíenkomplexen* in den zweiten Band des *Lexikons* aufgenommen werden sollen.

F. TRANSKRIPTION DER GRIECHISCHEN WÖRTER

Da es noch keine international anerkannte Umschrift gibt, löste der Verfasser dieses dornige Problem dadurch, daß er das 1973 veröffentlichte System des unvergessenen Freundes *Línos Polítis*[50] übernahm. Die Gegenüberstellung der Buchstaben und Diphthonge nach seinem System wird unter der entsprechenden Anmerkung[51] aufgeführt (s. S. 80).

G. DIE BEGLEITTEXTE

Zu jeder Tafel gehört ein kurzer Begleittext, der in dem vorliegenden ersten Heft enthalten ist. In den Begleittexten werden Fragen der Geographie und Topographie, der Bauplanung und der Architektur des jeweiligen Klosters behandelt. Diese Texte sollen keine Aufzählung bereits bekannter geschichtlicher Fakten sein, die in den verschiedenen Publikationen über den Heiligen Berg zu finden sind und im *Lexikon* nur kurz zusammengefaßt werden sollen. Die Begleittexte konzentrieren sich statt dessen auf bisher unbekannte und unveröffentlichte Daten, wie z. B. die geographische Länge und Breite, die Höhe ü. M., die Ausdehnung und Fläche der Anlagen, die Grenzen zwischen den Klöstern (zum ersten Mal ausführlich zusammengestellt)[52], die Wasserversorgung und die Verkehrswege.

Bei jeder Überschrift ist unter dem Namen des Klosters der dort verehrte Heilige oder das Patronatsfest angegeben; das entsprechende Datum wurde gleichfalls hinzugefügt. Da alle Klöster dem alten *Julianischen Kalender* folgen, sind jeweils zwei Daten vermerkt, das *julianische* und das *gregorianische*. So sind z. B. bei der *Megísti Láwra* der 5. und der 18. Juli angegeben. Ausnahmsweise folgte das Kloster *Watopédi* seit dem Ende der zwanziger Jahre unseres Jahrhunderts bis vor kurzem dem neuen Kalender.

H. DIE KARTE

Die Karte[53] der Halbinsel Athos (1 : 40.000) ist auf zwei Blättern (002, 003) und einem weiteren Blatt mit *Ansichten* (004) wiedergegeben. Die Angaben dazu sind der *Kulturlandschaftskarte des Heiligen Berges* (1 : 20.000) entnommen, die der Autor für das unveröffentlichte Werk *MELETI* , Bd. IV, Athen, 1972 angefertigt hat. Zu bemerken ist ferner, daß zur besseren Lesbarkeit auf den Tafeln 002 und 003 die Grundrisse der eigentlichen Klosterkomplexe einheitlich 1 : 20.000 abgebildet sind, mit Ausnahme des Klosters *Hágios Panteleímon,* das im Maßstab 1 : 40.000 gezeichnet ist.

Die Karte soll keine umfassenden Informationen zur Geographie des Athos vermitteln und will nicht in Konkurrenz zu bereits existierenden, sehr qualitätvollen Karten, wie etwa denjenigen des Geographischen Dienstes des Griechischen Heeres (Γεωγραφικὴ Ὑπηρεσία Στρατοῦ), treten. Sie soll einzig als Grundriß die Texte im Atlas begleiten und veranschaulichen.

Eingezeichnet sind *Gipfel, Berggrate, Bäche,* kleine *Flüsse, Hauptverkehrswege, Buchten, Kaps* u. a. m. Von den Toponymen sind diejenigen angegeben, die bei den *Grenzbeschreibungen* erwähnt werden. Außerdem sind die 20 *Großklöster* eingetragen, die zwölf *Skiten,* die wichtigsten *Kelliengruppen,* die *Arsanádes* (Bootsanlegestellen, kleine Häfen, Bootshäuser) der Klöster und Skíten sowie vereinzelte, im Text erwähnte Orte.

Da es nicht ratsam erschien, in die Karte die Ortsnamen in allen vier Sprachen einzutragen, beschränken sich die Angaben auf die griechischen Ortsbezeichnungen. Ihre Übertragung in die jeweilige Sprache des ATLAS findet sich, geordnet nach dem griechischen Alphabet und mit Angaben der Planquadrate, im nachfolgenden *Ortsnamenverzeichnis*[54].

VERZEICHNIS DER ORTSNAMEN MIT IHREN KOORDINATEN

(KOORDINATEN BEZIEHEN SICH AUF DIE TAFELRAHMEN)

VERZEICHNIS DER ORTSNAMEN MIT IHREN KOORDINATEN

ANMERKUNG: Wie in der Einleitung auf S. 54 erklärt, konnte die Karte nicht mit Ortsnamen in vier Sprachen versehen werden; deshalb wurde nur das Griechische verwendet. Im folgenden sind die Ortsnamen in Griechisch und Deutsch angegeben, entsprechend dem griechischen Alphabet.

A

D - 17	Ἁγία Ἑλένη (Ξηροπ.), περιοχή	Hagía Heléni (Xirop.), Gebiet
D - 14	☩ Ἁγία Τριάδα (Δοχ.)	Hagía Triáda (Doch.)
E - 24	☩ Ἁγία Τριάδα (Λαύρα)	Hagía Triáda (Láwra)
D - 14	☩ Ἁγία Τριάδα (Ξενοφ.)	Hagía Triáda (Xenof.)
C - 10	☩ Ἁγία Τριάδα (Χελανδ.)	Hagía Triáda (Cheland.)
C - 22	☩ Ἁγίασμα Ὁσίου Ἀθανασίου (Λαύρα)	Hagíasma des Hágios Athanásios (Láwra)
D - 16	☩ Ἅγιοι Ἀνάργυροι (Ἁγ. Παντελ.)	Hágii Anárgyri (Hag. Pantel.)
D - 24	☩ Ἅγιοι Ἀνάργυροι (Λαύρα)	Hágii Anárgyri (Láwra)
F - 9	☩ Ἅγιοι Ἀνάργυροι (Μονοξυλίτης)	Hágii Anárgyri (Monoxylítis)
D - 12	☩ Ἅγιοι Ἀπόστολοι (Ζωγρ.)	Hágii Apóstoli (Zogr.)
E - 14	☩ Ἅγιοι Θεόδωροι (Δοχ.)	Hágii Theódori (Doch.)
A - 10	☩ Ἅγιοι Θεόδωροι (Ἐσφιγμ.)	Hágii Theódori (Esfigm.)
E - 13	☩ Ἅγιοι Πάντες (Δοχ.)	Hágii Pántes (Doch.)
A - 10	☩ Ἅγιοι Πάντες (Ἐσφιγμ.)	Hágii Pántes (Esfigm.)
F - 25	☩ Ἅγιοι Πάντες (Λαύρα)	Hágii Pántes (Láwra)
F - 17	☩ Ἅγιοι Πάντες (Σίμ. Πέτρας)	Hágii Pántes (Sím. Pétras)
E - 16	☩ Ἅγιος Ἀθανάσιος Ἀλεξανδρείας (Ξηροπ.)	Hágios Athanásios Alexandrías (Xirop.)
D - 13	☩ Ἅγιος Ἀντώνιος (Κασταμ.)	Hágios Antónios (Kastam.)
B - 9	☩ Ἅγιος Ἀντώνιος Πετσέρσκι (Ἐσφιγμ.)	Hágios Antónios Petsérski (Esfigm.)
F - 9	☩ Ἅγιος Ἀρτέμιος (Μονοξυλίτης)	Hágios Artémios (Monoxylítis)
G - 23	☩ Ἅγιος Βασίλειος (Λαύρα)	Hágios Wasílios (Láwra)
F - 9	☩ Ἅγιος Βασίλειος (Μονοξυλίτης)	Hágios Wasílios (Monoxylítis)
G - 7	☩ Ἅγιος Βασίλειος (Χρουμίτσα)	Hágios Wasílios (Chrumítsa)
D - 18	☩ Ἅγιος Γαβριήλ (Ἰβήρων)	Hágios Gawriíl (Iwíron)
G - 21	☩ Ἅγιος Γεράσιμος (Ἁγ. Παύλου)	Hágios Gerásimos (Hag. Páwlu)
D - 16	☩ Ἅγιος Γεώργιος Ἀναπαψιᾶς (Κουτλ.)	Hágios Geórgios Anapapsiás (Koutl.)
D - 24	☩ Ἅγιος Γεώργιος (Λαύρα)	Hágios Geórgios (Láwra)

D - 23	☦ Ἅγιος Γρηγόριος Παλαμᾶς (Λαύρα)	Hágios Grigórios Palamás (Láwra)
D - 14	☦ Ἅγιος Δημήτριος (Δοχ.)	Hágios Dimítrios (Doch.)
B - 9	☦ Ἅγιος Δημήτριος (Ἐσφιγμ.)	Hágios Dimítrios (Esfigm.)
C - 19	☦ Ἅγιος Δημήτριος (Φιλοθ.)	Hágios Dimítrios (Filoth.)
D - 17	☦ Ἅγιος Δημήτριος (Ξηροπ.)	Hágios Dimítrios (Xirop.)
F - 18	☦ Ἅγιος Δημήτριος (Σίμ. Πέτρας)	Hágios Dimítrios (Sím. Pétras)
D - 6	Ἅγιος Δημήτριος (Χελανδ.)	Hágios Dimítrios (Cheland.)
D - 17	Ἅγιος Δημήτριος, 639 μ (Ξηροπ. - Κουτλ.)	Hágios Dimítrios, 639 m (Xirop. - Kutl.)
H - 22	☦ Ἅγιος Ἐλευθέριος (Βουλευ., Λαύρα)	Hágios Elefthérios (Wulef., Láwra)
C - 3	☦ Ἅγιος Εὐθύμιος (Χελανδ.)	Hágios Efthímios (Cheland.)
F - 20	☦ Ἅγιος Ἰάκωβος (Διον.)	Hágios Iákowos (Dion.)
C - 14	☦ Ἅγιος Ἰωάννης ὁ Θεολόγος (Βατοπ.)	Hágios Ioánnis Theológos (Watop.)
E - 19	☦ Ἅγιος Ἰωάννης ὁ Θεολόγος (Γρηγ.)	Hágios Ioánnis Theológos (Grig.)
D - 12	☦ Ἅγιος Ἰωάννης ὁ Πρόδρομος (Ζωγρ.)	Hágios Ioánnis Pródromos (Zogr.)
C - 10	☦ Ἁγ. Ἰωάννης ὁ Πρόδρομος (Χελανδ.)	Hágios Ioánnis Pródromos (Cheland.)
D - 14	☦ Ἅγιος Μόδεστος (Δοχ.)	Hágios Módestos (Doch.)
F - 24	☦ Ἅγιος Νεῖλος (Λαύρα)	Hágios Nílos (Láwra)
A - 2	☦ Ἅγιος Νικόλαος (Ἀκρ. Ἀράπης)	Hágios Nikólaos (Kap Arápis)
F - 9	☦ Ἅγιος Νικόλαος (Μονοξυλίτης)	Hágios Nikólaos (Monoxylítis)
E - 5	☦ Ἅγιος Νικόλαος (σύνορα Χαλκιδικῆς)	Hágios Nikólaos (Grenze zur Chalkidikí)
F - 20	☦ Ἅγιος Ὀνούφριος (Διον.)	Hágios Onúfrios (Dion.)
C - 19	☦ Ἅγιος Ὀνούφριος (Ἰβήρων)	Hágios Onúfrios (Iwíron)
B - 14	☦ Ἅγιος Προκόπιος (Βατοπ.)	Hágios Prokópios (Watop.)
F - 19	☦ Ἅγιος Σάββας (Σίμ. Πέτρας)	Hágios Sáwwas (Sím. Pétras)
E - 11	☦ Ἅγιος Σπυρίδων (Ζωγρ.)	Hágios Spyrídon (Zogr.)
E - 19	☦ Ἅγιος Στέφανος (Γρηγ.)	Hágios Stéfanos (Grig.)
C - 7	☦ Ἅγιος Συμεών (Χελανδ.)	Hágios Symeón (Cheland.)
E - 15	☦ Ἅγιος Τρύφων (Ξενοφ.)	Hágios Trýfon (Xenof.)
B - 14	☦ Ἅγιος Ὑπάτιος (Βατοπ.)	Hágios Hypátios (Watop.)
F - 20	Ἀεροπόταμος (Διον.)	Aeropótamos (Dion.)
A - 14	Ἀθωνιὰς Σχολή (Βατοπ.)	Athoniás Scholí (Watop.)
A - 10	Ἀκρ. Ἅγιοι Θεόδωροι (Ἐσφιγμ.)	Akr. (Kap) Hágii Theódori (Esfigm.)
B - 4	Ἀκρ. Ἅγιος Ἀνδρέας (Χελανδ.)	Akr. (Kap) Hágios Andréas (Cheland.)
D - 25	Ἀκρ. Ἅγιος Γεώργιος (Λαύρα)	Akr. (Kap) Hágios Geórgios (Láwra)
C - 7	Ἀκρ. Ἅγιος Συμεών (Χελανδ.)	Akr. (Kap) Hágios Symeón (Cheland.)
D - 26	Ἀκρ. Ἀκράθως (Λαύρα)	Akr. (Kap) Akráthos (Láwra)
A - 2	Ἀκρ. Ἀράπης (Χελανδ.)	Akr. (Kap) Arápis (Cheland.)
H - 22	Ἀκρ. Διαπόρτι (Λαύρα)	Akr. (Kap) Diapórti (Láwra)
G - 20	Ἀκρ. Διονυσίου (Διον.)	Akr. (Kap) Dionysíu (Dion.)
G - 21	Ἀκρ. Ζαρκάδι (Ἁγ. Παύλου)	Akr. (Kap) Zarkádi (Hag. Páwlu)
G - 8	Ἀκρ. Θηβαΐς (Ἁγ. Παντελ.)	Akr. (Kap) Thiwaís (Hag. Pantel.)

A - 12	Ἀκρ. Θημωνιά (Βατοπ.)	Akr. (Kap) Thimoniá (Watop.)
G - 22	Ἀκρ. Καμάρα (Ἁγ. Παύλου)	Akr. (Kap) Kamára (Hag. Páwlu)
C - 7	Ἀκρ. Καραούλι (Χελανδ.)	Akr. (Kap) Karaúli (Cheland.)
A - 3	Ἀκρ. Κάρα τοῦ Ἀδάμ (Χελανδ.)	Akr. (Kap) Kára tú Adám (Cheland.)
G - 17	Ἀκρ. (ὁ) Καστανιὰς ἢ Κραβασαράς (Σίμ. Πέτρας)	Akr. (Kap) Kastaniás oder Krawasarás (Sím. Pétras)
C - 22	Ἀκρ. Κοσάρι ἢ Κάβος Τουρλωτῆς (Λαύρα)	Akr. (Kap) Kosári oder Káwos Turlotís (Láwra)
E - 2	Ἀκρ. Κριτὴρ ἢ Κοῦκος (Χαλκιδική)	Akr. (Kap) Kritír oder Kúkos (Chalkidikí)
B - 17	Ἀκρ. Παπαράπη (Παντοκρ.)	Akr. (Kap) Paparápi (Pantokr.)
C - 6	Ἀκρ. Παπαρνίκια (Χελανδ.)	Akr. (Kap) Paparníkia (Cheland.)
A - 15	Ἀκρ. Πέρασμα (Βατοπ.)	Akr. (Kap) Pérasma (Watop.)
F - 24	Ἀκρ. Περδίκι (Λαύρα)	Akr. (Kap) Perdíki (Láwra)
H - 23	Ἀκρ. Πίννες ἢ Νύμφαιον (Λαύρα)	Akr. (Kap) Pínnes oder Nýmfeon (Láwra)
B - 1	Ἀκρ. Πρίνος (Χελανδ.)	Akr. (Kap) Prínos (Cheland.)
B - 1	Ἀκρ. Σκῶλος (Ζωγρ.)	Akr. (Kap) Skólos (Zogr.)
D - 25	Ἀκρ. Τιμίου Προδρόμου (Λαύρα)	Akr. (Kap) Timíu Prodrómu (Láwra)
C - 21	Ἀκρ. Τράχηλο (Λαύρα)	Akr. (Kap) Tráchilo (Láwra)
A - 11	Ἀκρ. Ὕπτιον (Βατοπ.)	Akr. (Kap) Hýption (Watop.)
H - 24	Ἀκρ. Φονιάς (Λαύρα)	Akr. (Kap) Foniás (Láwra)
A - 16	Ἀκρ. Χαλκιάς (Παντοκρ.)	Akr. (Kap) Chalkiás (Pantokr.)
C - 23	Ἀκρ. Χελώνα (Λαύρα)	Akr. (Kap) Chelóna (Láwra)
C - 21	Ἀμαλφινοῦ ἢ Μορφονοῦ (Λαύρα)	Amalfinú oder Morfonú (Láwra)
B - 11	Ἀματερὸ, 405 μ. (Ἐσφιγμ.)	Amateró, 405 m (Esfigm.)
C - 19	Ἀμπελικιὰ Φιλοθέου (Φιλοθ.)	Ambelikiá Filothéu (Filoth.)
E - 15	Ἀμπελούπολη (Ἁγ. Παντελ.)	Ampelúpoli (Hag. Pantel.)
D - 16	Ἀναπαψιά (Κουτλουμ.)	Anapapsiá (Kutlum.)
E - 17	Ἀνοιξιάτικο (Ξηροπ.)	Anixiátiko (Xirop.)
E - 20	Ἀντίθωνας, 1038 μ.	Antíthonas, 1038 m
D - 7	Ἄνω Καραούλι, 276 μ. (Χελανδ.)	Áno Karaúli, 276 m (Cheland.)
C - 16	Ἄνω Καψάλα (Παντοκρ.)	Áno Kapsála (Pantokr.)
D - 11	✝ Ἀπόστολος Φίλιππος (Ξενοφ.)	Apóstolos Fílippos (Xenof.)
C - 19	Ἀρσαναδάκια Ἁγ. Νικολάου (Καρακ.)	Arsanadákia Hag. Nikoláu (Karak.)
C - 20	Ἀρσαναδάκια Προβάτας (Λαύρα)	Arsanadákia Prowátas (Láwra)
C - 20	Ἀρσανὰς Ἁγίου Ἀρτεμίου (Λαύρα)	Arsanás Hag. Artemíu (Láwra)
G - 21	Ἀρσανὰς Ἁγίου Παύλου	Arsanás Hag. Páwlu
E - 12	Ἀρσανὰς Ζωγράφου	Arsanás Zográfu
C - 20	Ἀρσανὰς Καρακάλλου	Arsanás Karakállu
E - 12	Ἀρσανὰς Κασταμονίτου	Arsanás Kastamonítu
G - 24	Ἀρσανὰς Καυσοκαλυβίων (Λαύρα)	Arsanás Kafsokalywíon (Láwra)
A - 15	Ἀρσανὰς Κολιτσοῦς (Βατοπ.)	Arsanás Kolitsús (Watop.)
C - 24	Ἀρσανὰς Μεγ. Λαύρας	Arsanás Meg. Láwras

C - 21	Ἀρσανὰς Μορφονοῦς (Λαύρα)	Arsanás Morfonús (Láwra)
F - 17	Ἀρσανὰς Ξηροποτάμου	Arsanás Xiropotámu
F - 19	Ἀρσανὰς Σίμωνος Πέτρας	Arsanás Símonos Pétras
D - 25	Ἀρσανὰς Τιμ. Προδρόμου (Λαύρα)	Arsanás Tim. Prodrómu (Láwra)
C - 19	Ἀρσανὰς Φιλοθέου	Arsanás Filothéu
B - 8	Ἀρσανὰς Χελανδαρίου	Arsanás Chelandaríu
G - 6	Ἀρσανὰς Χρουμίτσας (Ἁγ. Παντελ.)	Arsanás Chrumítsas (Hag. Pantel.)
E - 25	Ἀσκητήρια Ἀκράθωνος (Λαύρα)	Askitíria von Akráthos (Láwra)
D - 24	Ἀφορισμένα (Λαύρα)	Aforisména (Láwra)
D - 9	Ἀχλαδούδα (Χελανδ.)	Achladúda (Cheland.)

B

C - 11	Βαγενοκαμάρες (Ζωγρ.)	Wagenokamáres (Zogr.)
D - 11	Βελόνα (Ζωγρ.)	Welóna (Zogr.)
H - 22	Βουλευτήρια (Λαύρα)	Wuleftíria (Láwra)

Γ

C - 14	☦ Γενέσιο Θεοτόκου (Βατοπ.)	Genésio Theotóku (Watop.)
C - 11	☦ Γενέσιο Θεοτόκου (Ζωγρ.)	Genésio Theotóku (Zogr.)
F - 19	☦ Γενέσιο Θεοτόκου (Σίμ. Πέτρας)	Genésio Theotóku (Sím. Pétras)
F - 5	Γενιτσαρᾶς (Χαλκιδική)	Genitsarás (Chalkidikí)
C - 6	Γιδόσπιτα (Χελανδ.)	Gidóspita (Cheland.)
B - 15	Γρέκια (Παντοκρ.)	Grékia (Pantokr.)
B - 10	Γριμποβίτσα (Ἐσφιγμ.)	Gribowítsa (Esfigm.)
G - 8	Γουρουνοσκήτη ἢ Θηβαΐδα (Ἁγ. Παντελ.)	Gurunoskíti oder Thiwaída (Hag. Pantel.)
B - 16	Γυφτάδικα (Βατοπ.)	Gyftádika (Watop.)

Δ

D - 21	Δασονομεῖον (Ἁγ. Παύλου)	Dasonomíon (Hag. Páwlu)
A - 11	Δαφνάρα (Βατοπ.)	Dafnára (Watop.)
C - 8	Δαφνάρα (Χελανδ.)	Dafnára (Cheland.)
F - 17	Δάφνη	Dáfni
F - 17	Δαφνοδοχειάρι (Σίμ. Πέτρας)	Dafnodochiári (Sím. Pétras)
E - 24	Δεντρογαλιά (Λαύρα)	Dendrogaliá (Láwra)
D - 10	Δημητρίου Βρύση (Χελανδ.)	Dimitríu Wrýsi (Cheland.)
E - 4	Διακόπι (Χαλκιδική)	Diakópi (Chalkidikí)
B - 11	Διάκου Πέτρα (Βατοπ.)	Diáku Pétra (Watop.)
F - 14	Διονυσιάτικη Τράπεζα (Σίμ. Πέτρας)	Dionysiátiki Trápeza (Sím. Pétras)
E - 17	Δοντάς (Σίμ. Πέτρας)	Dontás (Sím. Pétras)
F - 20	Δραγανιστής (Γρηγ. - Διον.)	Draganistís (Grig. - Dion.)

E

D - 15	✝ Εἰσόδια Θεοτόκου (Ξενοφ.)	Isódia Theotóku (Xenof.)
C - 3	Ἐλιά (Χελανδ.)	Eliá (Cheland.)
E - 12	Ἑλληνικὸ Σκωλειό (Ζωγρ.)	Hellinikó Skolió (Zogr.)
E - 5	Ἐρείπια Μ. Ζυγοῦ (Χελανδ.)	Ruinen des Zygós-Klosters (Cheland.)
C - 6	Ἐρείπιο Μ. Καλύκα (Χελανδ.)	Ruine des Kalýka-Klosters (Cheland.)
H - 23	Ἔρημος (Λαύρα)	Erimos, Wüste (Láwra)
D - 15	Εὐαγγελισμὸς Θεοτόκου (Ξενοφ.)	Ewangelismós Theotókou (Xenof.)

Z

D - 16	Ζαχαρᾶ (Ξενοφ.)	Zachará (Xenof.)
B - 11	Ζευγαρόσπιτα (Βατοπ.)	Zewgaróspita (Watop.)
C - 12	Ζωγραφίτικη Χέρα (Ζωγρ.)	Zografítiki Chéra (Zogr.)
B - 19	✝ Ζωοδόχος Πηγή (Ἐσφιγμ.)	Zoodóchos Pigí (Esfigm.)

H

B - 12	Ἡγούμενος (Βατοπ.)	Higúmenos (Watop.)
B - 15	Ἡγουμένου Σκαμνί (Βατοπ.)	Higuménu Skamní (Watop.)

Θ

G - 8	Θηβαΐδα ἢ Γουρουνοσκήτη (Ἁγ. Παντελ.)	Thiwaída oder Gurunoskíti (Hag. Pantel.)

I

D - 18	Ἰβηρίτικη Τσούκα (Ἰβήρων)	Iwirítiki Tsúka (Iwiron)

K

C - 22	Κάβος Τουρλωτῆς ἢ Ἀκρ. Κοσάρι (Λαύρα)	Káwos (Kap) Turlotís oder Akr. (Kap) Kosári (Láwra)
F - 20	✝ Κάθισμα Ἁγιορειτῶν Πατέρων (Γρηγ.)	Káthisma Hagioritón Patéron (Grig.)
C - 19	✝ Κάθισμα Μυλοποτάμου (Λαύρα)	Káthisma Mylopotámu (Láwra)
F - 19	✝ Κάθισμα Παναγίας (Γρηγ.)	Káthisma Panagías (Grig.)
G - 21	Κακὸ Σκαλί (Ἁγ. Παύλου)	Kakó Skalí (Hag. Páwlu)
B - 9	Κακὸς Ρύαξ (Ἐσφιγμ.)	Kakós Rýax (Esfigm.)
G - 18	Καλαμίτσι (Σίμ. Πέτρας)	Kalamítsi (Sím. Pétras)
A/B-12	Καλαμίτσι (Χελανδ.)	Kalamítsi (Cheland.)
B - 18	Καλιάγρα (Κουτλουμ.)	Kaliágra (Kutlum.)
C - 7	Καλίτσα (Χελανδ.)	Kalítsa (Cheland.)
G - 22	Καμάρα (Νέα Σκήτη - Ἁγ. Ἄννα)	Kamára (Néa Skíti - Hag. Ánna)
G - 8	Καμένα (Ἁγ. Παντελ.)	Kaména (Hag. Pantel.)
E - 15	Καμένη Ἀμπελικιά (Ξενοφ.)	Kaméni Ambelikiá (Xenof.)

F - 25	Καραβοστάσιο ('Αγ. Πέτρου - Λαύρα)	Karawostásio (Hag. Pétru - Láwra)
D - 4	Καραούλι (Χελανδ.)	Karaúli (Cheland.)
H - 23	Καρούλι ἢ Καρούλια (Λαύρα)	Karúli oder Karúlia (Láwra)
C - 16	Καρυές	Karyés
D - 12	Καστέλλι, 305 μ. (Κασταμ.)	Kastélli, 305 m (Kastam.)
H - 23	Κατουνάκια (Λαύρα)	Katunákia (Láwra)
D - 16	Κάτσαρης (Κουτλουμ.)	Kátsaris (Kutlum.)
B - 17	Κάτω Καψάλα (Σταυρον.)	Káto Kapsála (Stawron.)
E - 19	Καψάλι (Γρηγ.)	Kapsáli (Grig.)
E - 18	Κέδρα (Σίμ. Πέτρας)	Kédra (Sím. Pétras)
C - 20	✝ Κελλίον τοῦ Σταυροῦ (Καρακ.)	Kellíon tú Stawrú (Karak.)
G - 23	Κερασιά (Λαύρα)	Kerasiá (Láwra)
G - 24	Κλέφτικο (Λαύρα)	Kléftiko (Láwra)
C - 20	✝ Κοίμηση Θεοτόκου (Καρακ.)	Kímisi Theotóku (Karak.)
D - 2	Κόλπος Ἰερισσοῦ ἢ Ἀκάνθιος	Golf von Ierissós oder Akánthios
H - 6	Κόλπος Σιγγιτικὸς ἢ Ἁγ. Ὄρους	Golf Singitikós oder des Hágion Óros
G - 6	Κορφοβούνι, 173 μ. (Χαλκιδική)	Korfowúni, 173 m (Chalkidikí)
G - 18	Κραβασαράς (Σίμ. Πέτρας)	Krawasarás (Sím. Pétras)
D - 19	Κρέββατος (Ἰβήρων - Φιλοθ.)	Kréwwatos (Iwíron - Filoth.)
C - 13	Κρειοβούνι, 588 μ. (Βατοπ.)	Kreiowúni, 588 m (Watop.)
A - 14	Κολιτσοῦ (Βατοπ.)	Kolitsú (Watop.)
E - 23	Κοῦκος ἢ Τσιακμάκι, 1344 μ. (Λαύρα)	Kúkos oder Tsiakmáki, 1344 m (Láwra)
F - 8	Κουτσουπιά ('Αγ. Παντελ.)	Kutsupiá (Hag. Pantel.)
F - 23	Κρύα Νερά (Λαύρα)	Krýa Nerá (Láwra)

Λ

D - 4	Λάκκος Βέρκου (Σύνορο Χαλκιδικῆς)	Lákkos Wérku (Grenze zur Chalkidikí)
C - 9	Λάκκος Γερακοφωλιᾶς (Χελανδ.)	Lákkos Gerakofoliás (Cheland.)
F - 17	Λάκκος Δοντᾶ (Σίμ. Πέτρας - Ξηροπ.)	Lákkos Dontá (Sím. Pétras - Xirop.)
D - 12	Λάκκος Ζωγραφίτικος (Ζωγρ.)	Lákkos Zografítikos (Zogr.)
C - 18	Λάκκος Ἰβηρίτικος (Ἰβήρων)	Lákkos Iwirítikos (Iwíron)
F - 21	Λάκκος Καλάθα (Διον. - 'Αγ. Παύλου)	Lákkos Kalátha (Dion. - Hag. Páwlu)
D - 6	Λάκκος Καλιντέρη (Χελανδ.)	Lákkos Kalintéri (Cheland.)
D - 14	Λάκκος Νευροκόπου (Ξενοφ.)	Lákkos Newrokópu (Xenof.)
E - 9	Λάκκος Παλιάμπελα (Χελανδ.)	Lákkos Paliámbela (Cheland.)
D - 19	Λάκκος Φιλοθεΐτικος (Φιλοθ.)	Lákkos Filotheítikos (Filoth.)
B - 13	Λιμάνι Βατοπεδίου	Hafen von Watopédi
F - 17	Λιμάνι Δάφνης	Hafen von Dáfni
B - 13	Λυκόρεμα (Βατοπ.)	Lykórema (Watop.)

M

C - 18	Μαγουλάς (Ἰβήρων)	Magulás (Iwíron)
D - 17	Μανταμάδικα (Ξηροπ.)	Madamádika (Xirop.)

D - 20	Μαρμαράς (Λαύρα)	Marmarás (Láwra)
B - 10	Μαρμαρένιος Σταυρός 386 (Ἐσφιγμ.)	Marmarénios Stawrós 386 (Esfigm.)
C - 9	Μαρούδα (Χελανδ.)	Marúda (Cheland.)
E - 6	Μεγάλη Βίγλα, 506 μ. (Χελανδ.)	Megáli Wígla, 506 m (Cheland.)
E - 11	Μεγάλη Γιοβάντσα (Χελανδ.)	Megáli Jovántsa (Cheland.)
B - 9	Μεγάλη Σαμάρεια (Ἐσφιγμ.)	Megáli Samária (Esfigm.)
C - 22	Μέγας Βελάς 315, μ. (Λαύρα)	Mégas Welás, 315 m (Láwra)
C - 22	Μέγας Βελάς (Λαύρα)	Mégas Welás (Láwra)
E - 8	Μέγας Ζυγός (Χελανδ.)	Mégas Zygós (Cheland.)
D - 24	Μεγίστη Λαύρα	Megísti Láwra
D - 24	Μελανά (Λαύρα)	Melaná (Láwra)
F - 23	✝ Μεταμόρφωση τοῦ Σωτῆρος (Κορυφὴ Ἄθωνος)	Metamórfosi tú Sotíros (Athosgipfel)
E - 3	Μετόχι Ἰβήρων (Χαλκιδική)	Metóchi Iwíron (Chalkidikí)
E - 3	Μετόχι Κουμίτσας (Χαλκιδική)	Metóchi Kumítsas (Chalkidikí)
H - 23	Μικρὰ Ἁγία Ἄννα (Λαύρα)	Mikrá Hagía Ánna (Láwra)
F - 10	Μικρὴ Γιοβάντσα (Χελανδ.)	Mikrí Jowántsa (Cheland.)
B - 9	Μικρὴ Σαμάρεια (Ἐσφιγμ.)	Mikrí Samária (Esfigm.)
C - 8	Μόλυβδος, 257 μ. (Χελανδ.)	Mólywdos, 257 m (Cheland.)
E - 16	Μονὴ Ἁγίου Παντελεήμονος	Kloster Hag. Panteleímonos
F - 21	Μονὴ Ἁγίου Παύλου	Kloster Hag. Páwlu
B - 13	Μονὴ Βατοπεδίου	Kloster Watopedíu
G - 19	Μονὴ Γρηγορίου	Kloster Grigoríu
F - 20	Μονὴ Διονυσίου	Kloster Dionysíu
E - 14	Μονὴ Δοχειαρίου	Kloster Dochiaríu
B - 19	Μονὴ Ἐσφιγμένου	Kloster Esfigménu
C - 12	Μονὴ Ζωγράφου	Kloster Zográfu
C - 18	Μονὴ Ἰβήρων	Kloster Iwíron
C - 20	Μονὴ Καρακάλλου	Kloster Karakállu
D - 13	Μονὴ Κασταμονίτου	Kloster Kastamonítou
C - 17	Μονὴ Κουτλουμουσίου	Kloster Kutlumusíu
E - 14	Μονὴ Ξενοφῶντος	Kloster Xenofóntos
E - 17	Μονὴ Ξηροποτάμου	Kloster Xiropotámu
B - 16	Μονὴ Παντοκράτορος	Kloster Pantokrátoros
F - 19	Μονὴ Σίμωνος Πέτρας	Kloster Símonos Pétras
B - 17	Μονὴ Σταυρονικήτα	Kloster Stawronikíta
D - 19	Μονὴ Φιλοθέου	Kloster Filothéu
C - 9	Μονὴ Χελανδαρίου	Kloster Chelandaríu
E - 9	Μονοξυλίτης (Ἁγ. Παύλου)	Monoxylítis (Hag. Páwlu)
F - 9	Μονοξυλίτης (Διον.)	Monoxylítis (Dion.)
B - 8	Μονύδριο Ἁγ. Βασιλείου (Χελανδ.)	Monýdrio Hág. Wasílios (Cheland.)
C - 21	Μορφονοῦ ἢ Ἀμαλφινοῦ (Λαύρα)	Morfonú oder Amalfinú (Láwra)
C - 17	Μπουραζέρι (Καρυές)	Burazéri (Karyés)
E - 6	Μύτη, 506 μ (Μεγ. Βίγλα, Χελανδ.)	Mýti, 506 m (Megáli Wígla, Cheland.)

N

G - 23	Νέον Καρμήλιον, 895 μ. (Ὄρος, Λαύρα)	Néon Karmílion, 895 m (Berg, Láwra)
C - 17	Νεραντζώνα (Κουτλουμ.)	Nerantzóna (Kutlum.)
F - 10	Νῆσοι Μέδουσες (Χελανδ.)	Inseln Méduses (Cheland.)
A - 2	Νῆσοι Στυλιάρια (Χελανδ.)	Inseln Styliária (Cheland.)
B - 8	Νῆσος Ἁγίου Βασιλείου (Χελανδ.)	Insel des Hágios Wasílios (Cheland.)
G - 24	Νῆσος Ἅγιος Χριστόφορος (Λαύρα)	Insel des Hágios Christóforos (Láwra)
G - 8	Νῆσος Θηβαΐδος (Ἁγ. Παντελ.)	Insel von Thiwaís (Hag. Pantel.)
C - 22	Νῆσος Κουφοῦ (Λαύρα)	Insel Kufú (Láwra)
F - 10	Νῆσος Πίννα (Μονοξυλίτης)	Insel Pínna (Monoxylítis)
E - 25	Νῆσος Σμέρνα (Λαύρα)	Insel Smérna (Láwra)
F - 4	Νταβατζίδικα (Χαλκιδική)	Dawatzídika (Chalkidikí)

Ξ

E - 8	Ξηρόβρυση (Χελανδ.)	Xirówrysi (Cheland.)
E - 17	Ξηροποταμηνὰ Κελλιά (Ξηροπ.)	Xiropotaminá Kelliá (Xirop.)
D - 17	Ξηροποταμηνὸς Σταυρός (Ξηροπ.)	Xiropotaminós Stawrós (Xirop.)
F - 21	Ξηροπόταμος (Ἁγ. Παύλου)	Xiropótamos (Hag. Páwlu)
E - 17	Ξηροπόταμος (Ξηροπ.)	Xiropótamos (Xirop.)

O

B - 8	Ὅρμος Ἁγίου Βασιλείου (Χελανδ.)	Bucht Hagíu Vasilíu (Cheland.)
C - 3	Ὅρμος Ἁγίου Εὐθυμίου (Χελανδ.)	Bucht Hagíu Efthymíu (Cheland.)
A - 10	Ὅρμος Ἁγίων Θεοδώρων (Ἐσφιγμ.)	Bucht Hagíon Theodóron (Esfigm.)
C - 5	Ὅρμος Ἀμυγδαλιᾶς (Χελανδ.)	Bucht Amygdaliá (Cheland.)
B - 12	Ὅρμος Βατοπεδίου	Bucht von Watopédi
C - 13	Ὅρμος Βελᾶ (Λαύρα)	Bucht Welá (Láwra)
H - 22	Ὅρμος Βουλευτήρια (Λαύρα)	Bucht Wuleftíria (Láwra)
A - 13	Ὅρμος Γυναικολιμνιώνα (Βατοπ.)	Bucht Gynaikolimnióna (Watop.)
F - 17	Ὅρμος Δάφνης (Ξηροπ. - Σίμ. Πέτρας)	Bucht Dáfni (Xirop. - Sím. Pétras)
C - 2	Ὅρμος Ἐλιᾶς (Χελανδ.)	Bucht Eliá (Cheland.)
B - 9	Ὅρμος Ἐσφιγμένου (Ἐσφιγμ.)	Bucht Esfigménu (Esfigm.)
E - 12	Ὅρμος Ζωγράφου (Ζωγρ.)	Bucht Zográfu (Zogr.)
C - 24	Ὅρμος Καλαμιᾶς (Λαύρα)	Bucht Kalamiá (Láwra)
B - 18	Ὅρμος Καλιάγρας (Κουτλουμ.)	Bucht Kaliágra (Kutlum.)
A - 15	Ὅρμος Κολιτσοῦς (Βατοπ.)	Bucht Kolitsús (Watop.)
C - 5	Ὅρμος Λυγδῆ (Χελανδ.)	Bucht Lygdí (Cheland.)
C - 24	Ὅρμος Μανδράκι (Λαύρα)	Bucht Mandráki (Láwra)
B - 12	Ὅρμος Μεγάλο Καλαμίτσι (Βατοπ.)	Bucht Megálo Kalamítsi (Watop.)
A - 12	Ὅρμος Μικρὸ Καλαμίτσι (Βατοπ.)	Bucht Mikró Kalamítsi (Watop.)
C - 21	Ὅρμος Μορφονοῦς (Λαύρα)	Bucht Morfonús (Láwra)
A - 10	Ὅρμος Παλαιοχώρας (Ἐσφιγμ.)	Bucht Palaiochóra (Esfigm.)
C - 6	Ὅρμος Παπαρνίκια (Χελανδ.)	Bucht Paparníkia (Cheland.)

A - 2	Ὅρμος Περτσιᾶς ἢ Πριτσᾶς (Χελανδ.)	Bucht Pertsiás oder Pritsás (Cheland.)
B - 2	Ὅρμος Πλατύ (Χελανδ.)	Bucht Platý (Cheland.)
A - 2	Ὅρμος Πριτσᾶς ἢ Περτσιᾶς (Χελανδ.)	Bucht Pritsás oder Pertsiás (Cheland.)
B - 9	Ὅρμος Σαραντακούπι (Ἐσφιγμ.)	Bucht Sarandakúpi (Esfigm.)
B - 1	Ὅρμος Φράγκου (Χελανδ.)	Bucht Frángu (Cheland.)
C - 4	Ὅρμος Χιλιαδοῦς (Χελανδ.)	Bucht Chiliadús (Cheland.)
G - 5	Οὐρανούπολη (Χαλκιδική)	Uranúpoli (Chalkidikí)

Π

B - 9	Παλαιόκαστρο (Ἐσφιγμ.)	Palaiókastro (Esfigm.)
D - 16	Παλαιομονάστηρο (Ἁγ. Παντελ.)	Palaiomonástiro (Hag. Pantel.)
D - 24	Παλαιομονάστηρο (Λαύρα)	Palaiomonástiro (Láwra)
F - 21	Παλαιὸς Πρόδρομος (Διον.)	Palaiós Pródromos (Dion.)
C - 13	Παλαιόπυργος (Κασταμ.)	Palaiópyrgos (Kastam.)
F - 23	Παλαιόπυργος (Λαύρα)	Palaiópyrgos (Láwra)
A - 10	Παλαιοχώρα (Ἐσφιγμ.)	Palaiochóra (Esfigm.)
E - 9	Παλιάμπελα (Χελανδ.)	Paliámbela (Cheland.)
E - 5	Παλιομέτοχο (Χελανδ.)	Paliométocho (Cheland.)
C - 4	Παλιοσταύρι (Χελανδ.)	Paliostáwri (Cheland.)
E - 5	Παλιόσταυρος (Χελανδ.)	Palióstawros (Cheland.)
F - 20	✝ Παναγία (Διον.)	Panagía (Dion.)
F - 23	✝ Παναγία (νοτίως Κορυφῆς Ἄθωνος)	Panagía (unter dem Athosgipfel)
F - 16	✝ Παναγία (Ξηροπ.)	Panagía (Xirop.)
C - 22	✝ Παναγία Τουρλωτή (Λαύρα)	Panagía Turlotí (Láwra)
C - 5	Παπαρνίκια (Χελανδ.)	Paparníkia (Cheland.)
D - 22	Παριβούνι (Λαύρα)	Pariwúni (Láwra)
C - 13	Πεζούλα, 474 μ. (Κασταμ.)	Pezúla, 474 m (Kastam.)
B - 3	Πετροβούνι, 212 μ. (Χελανδ.)	Petrowúni, 212 m (Cheland.)
D - 13	Πλάκα (Δοχ.)	Pláka (Doch.)
C - 15	Πλακαριά (Παντοκρ.)	Plakariá (Pantokr.)
E - 21	Πόρτες, 849 μ. (Ἁγ. Παύλου)	Pórtes, 849 m (Hag. Páwlu)
C - 11	Πουρνάρα (Ζωγρ.)	Purnára (Zogr.)
C - 20	Προβάτα (Λαύρα)	Prowáta (Láwra)
B - 12	Προβατόγρεκο (Βατοπ.)	Prowatógreko (Watop.)
F - 18	Πρόδρομος (Σίμ. Πέτρας)	Pródromos (Sím. Pétras)
D - 14	✝ Προφήτης Δανιήλ (Ξενοφ.)	Profítis Daniíl (Xenof.)
G - 23	✝ Προφήτης Ἠλίας (Λαύρα)	Profítis Ilías (Láwra)
B - 17	✝ Προφήτης Ἠλίας (Σταυρον.)	Profítis Ilías (Stawron.)
D - 19	✝ Προφήτης Ἠλίας (Φιλοθ.)	Profítis Ilías (Filoth.)
D - 9	Πρῶτο Νερό (Χελανδ.)	Próto Neró (Cheland.)
F - 16	Πύργος Ἁγίας Πουλχερίας ἢ Ἁγίου Ἀνδρέα ἢ τῆς Κοντέσσας (Ξηροπ.)	Pýrgos der hl. Pulchería oder des hl. Andréas oder der Kontéssa (Xirop.)

E - 12	Πύργος Παλ. Ἀρσανᾶ Κασταμονίτου	Pýrgos des älteren Hafens von Kastamonítu
G - 5	Πύργος Προσφόρι (Οὐρανούπολη)	Pýrgos Prosfóri (Uranúpoli)
F - 2	Πυργούδια (Χαλκιδική)	Pyrgúdia (Chalkidikí)

Ρ

C - 18	Ραχώνι (Ἰβήρων)	Rachóni (Iwíron)
F - 9	Ρέμα Ἁγιοπαυλίτικο (Χελανδ.)	Réma Hagiopawlítiko (Cheland.)
G - 7	Ρέμα Ἁγίου Βασιλείου (Ἁγ. Παντελ.)	Réma Hag. Wasilíu (Hag. Pantel.)
E - 4	Ρέμα Ἁγίου Νικολάου (Χαλκιδική)	Réma Hag. Nikoláu (Chalkidikí)
E - 11	Ρέμα Ἁγίου Σπυρίδωνος (Χελανδ. - Ζωγρ.)	Réma Hag. Spyrídon (Cheland. - Zogr.)
C - 7	Ρέμα Ἀλεποφωλιά (Χελανδ.)	Réma Alepofoliá (Cheland.)
D - 21	Ρέμα Ἀμαλφινοῦς (Λαύρα)	Réma Amalfinús (Láwra)
F - 18	Ρέμα Δαφνάρα (Σίμ. Πέτρας)	Réma Dafnára (Sím. Pétras)
F - 9	Ρέμα Καμάρες (Μονοξυλίτης)	Réma Kamáres (Monoxylítis)
C - 16	Ρέμα Λιβαδογένης (Κουτλουμ. - Παντοκρ.)	Réma Liwadogénis (Kutlum. - Pantokr.)
C - 5	Ρέμα Λυγδῆ (Χελανδ.)	Réma Lygdí (Cheland.)
C - 22	Ρέμα Μεγάλος Βελάς (Λαύρα)	Réma Megálos Welás (Láwra)
F - 19	Ρέμα Μεγάλου Λάκκου (Σίμ. Πέτρας - Γρηγ.)	Réma Megálu Lákku (Sím. Pétras - Grig.)
C - 23	Ρέμα Μικρὸς Βελάς (Λαύρα)	Réma Mikrós Welás (Láwra)
D - 22	Ρέμα Μορφονοῦς (Λαύρα)	Réma Morfonús (Láwra)
B - 16	Ρέμα Μπότσαρη ἢ Χρυσορράρης (Παντοκρ.)	Réma Bótsari oder Chrysorráris (Pantokr.)
C - 5	Ρέμα Παπαρνίκια (Χελανδ.)	Réma Paparníkia (Cheland.)
C - 14	Ρέμα Πλατανάρα (Βατοπ.)	Réma Platanára (Watop.)
E - 15	Ρέμα Πούραντας (Ξενοφ. - Ἁγ. Παντελ.)	Réma Púrantas (Xenof. - Hag. Pantel.)
G - 6	Ρέμα Σταυρόλακκος (Σύνορο Χαλκιδικῆς)	Réma Stawrólakkos (Grenze zur Chalkidikí)
G - 22	Ρέμα Σύνορο ἢ Χαΐρι (Νέα Σκήτη - Σκήτη Ἁγίας Ἄννης)	Réma Sýnoro oder Chaíri (Néa Skíti - Skíti Hag. Ánna)
F - 22	Ρέμα τοῦ Ἄθωνος (Ἁγ. Παύλου)	Réma tú Áthonos (Hag. Páwlu)
D - 20	Ρέμα Τσιατάλι (Καρακ.)	Réma Tsiatáli (Karak.)
F - 19	Ρέμα Χρέντελη (Γρηγ.)	Réma Chréndeli (Grig.)
B - 16	Ρέμα Χρυσορράρης ἢ Μπότσαρη (Παντοκρ.)	Réma Chrysorráris oder Bótsari (Pantokr.)

Σ

G - 23	Σιδηρόκαστρο 707 μ. (Λαύρα)	Sidirókastro 707 m (Láwra)
F - 24	Σκάλα Ἁγίου Νείλου (Λαύρα)	Skála Hagíu Nílu (Láwra)
F - 15	Σκάλα Ἁγίου Παντελεήμονος	Skála Hagíu Panteleímonos
H - 23	Σκάλα Καρουλίων (Λαύρα)	Skála Karulíon (Láwra)
H - 24	Σκάλα Κερασιᾶς (Λαύρα)	Skála Kerasiás (Láwra)

F - 10	Σκάλα Μονοξυλίτη (Ἁγ. Παύλου)	Skála Monoxylíti (Hag. Páwlu)
F - 9	Σκάλα Μονοξυλίτη (Διον.)	Skála Monoxylíti (Dion.)
G - 22	Σκήτη Ἁγίας Ἄννης (Λαύρα)	Skíti Hag. Ánnis (Láwra)
F - 24	Σκήτη Ἁγίας Τριάδος ἢ Καυσοκαλύβια (Λαύρα)	Skíti Hag. Triádos oder Kafsokalýwia (Láwra)
C - 16	Σκήτη Ἁγίου Ἀνδρέου (Βατοπ.)	Skíti Hag. Andréu (Watop.)
C - 21	Σκήτη Ἁγίου Δημητρίου ἢ Σκήτη τοῦ Λάκκου (Ἁγ. Παύλου)	Skíti Hag. Dimitríu oder Skíti tú Lákku (Hag. Páwlu)
B - 14	Σκήτη Ἁγίου Δημητρίου (Βατοπ.)	Skíti Hagíu Dimitríu (Watop.)
C - 17	Σκήτη Ἁγίου Παντελεήμονος (Κουτλουμ.)	Skíti Hagíu Panteleímonos (Kutlum.)
B - 15	Σκήτη Βογορόδιτσα ἢ Κοιμήσεως τῆς Θεοτόκου (Ἁγ. Παντελ.)	Skíti Wogoróditsa oder Kimíseos tís Theotóku (Hag. Pantel.)
E - 15	Σκήτη Εὐαγγελισμοῦ Θεοτόκου (Ξενοφ.)	Skíti Ewangelismú Theotóku (Xenof.)
G - 22	Σκήτη Θεοτόκου ἢ Νέα Σκήτη (Ἁγ. Παύλου)	Skíti Theotóku oder Néa Skíti (Hag. Páwlu)
B - 15	Σκήτη Κοιμήσεως τῆς Θεοτόκου ἢ Βογορόδιτσα (Ἁγ. Παντελ.)	Skíti Kimíseos tís Theotóku oder Wogoróditsa (Hag. Pantel.)
D - 21	Σκήτη τοῦ Λάκκου ἢ Ἁγίου Δημητρίου (Ἁγ. Παύλου)	Skíti tú Lákku oder Hag. Dimitríu (Hag. Páwlu)
B - 16	Σκήτη Προφήτη Ἠλία (Παντοκρ.)	Skíti Profítis Ilías (Pantokr.)
C - 18	Σκήτη Τιμίου Προδρόμου (Ἰβήρων)	Skíti Timíu Prodrómu (Iwíron)
E - 25	Σκήτη Τιμίου Προδρόμου (Λαύρα)	Skíti Timíu Prodrómu (Láwra)
D - 4	Σκοπός (Σύνορα Χαλκιδικῆς)	Skopós (Grenze zur Chalkidikí)
E - 25	Σπήλαιο Ἁγίου Ἀθανασίου (Λαύρα)	Spílaion des Hágios Athanásios (Láwra)
G - 23	Σταυρός (Λαύρα)	Stawrós (Láwra)
F - 18	Σταυρός (Σίμ. Πέτρας)	Stawrós (Sím. Pétras)
F - 2	Σύνορο τοῦ ἔτους 943	Grenze des Jahres 943
G - 22	Σύνορο ἢ Καμάρα ἢ Χαΐρι (Νέα Σκήτη - Σκήτη Ἁγ. Ἄννης)	Sýnoro oder Kamára oder Chaíri (Néa Skíti - Skíti Hagía Ánna)

T

D - 10	Ταυροκάλυβα, 352, 341 μ. (Χελανδ.)	Tawrokálywa, 352, 341 m (Cheland.)
F - 10	Τρία Ἀδέλφια (Χελανδ. - Μονοξυλίτης)	Tría Adélfia (Cheland. - Monoxylítis)
D - 19	Τρία Σύνορα, 782 μ. (Φιλοθ. - Καρακ. - Ἁγ. Παύλου)	Tría Sýnora, 782 m (Filoth. - Karak. - Hag. Páwlu)
D - 18	Τρία Σύνορα, 732 μ. (Ἰβήρων - Φιλοθ. - Σίμ. Πέτρας)	Tría Sýnora, 732 m (Iwíron - Filoth. - Sím. Pétras)
D - 20	Τριόλια ἢ Τσιφλίκ (Λαύρα - Ἁγ. Παύλου)	Triólia oder Tsiflík (Láwra - Hag. Páwlu)
E - 24	Τριπλὸ Σύνορο, 918 μ. (Γρηγ. - Διον. - Ἁγ. Παύλου)	Tripló Sýnoro, 918 m (Grig. - Dion. - Hag. Páwlu)
E - 19	Τσαμαντάρα, 889 μ. (Σίμ. Πέτρας - Φιλοθ.)	Tsamandára, 889 m (Sím. Pétras - Filoth.)

D - 15	Τσαούση Δένδρο (Δοχ. - Ξενοφ.)	Tsaúsi Déndro (Doch. - Xenof.)
D - 23	Τσιακμάκι ἢ Κοῦκος, 1344 μ. (Λαύρα)	Tsiakmáki oder Kúkos, 1344 m (Láwra)
D - 20	Τσιφλίκ ἢ Τριόλια (Λαύρα)	Tsiflík oder Triólia (Láwra)
C - 15	Τσουκνίδι, 648 μ. (Σύνορα Βατοπ. - Παντοκρ. - Ξενοφ. - Δοχ.)	Tsuknídi, 648m (Grenze zwischen Watop., Pantokr. - Xenof. - Doch.)

Υ

A - 11	Ὕπτιον Βρακίον (Βατοπ. - Παντοκρ.)	Hýption Wrakíon (Watop. - Pantokr.)

Φ

B - 15	Φαλακρού (Παντοκρ.)	Falakrú (Pantokr.)
D - 23	Φιάλη Ἁγ. Ἀθανασίου (Λαύρα)	Fiáli Hag. Athanasíu (Láwra)
G - 6	Φραγκόκαστρο (Σύνορο Χαλκιδικῆς)	Frangókastro (Grenze zur Chalkidikí)

Χ

D - 14	Χαῖρι (Δοχ.)	Chaíri (Doch.)
E - 25	Χαῖρι ἢ Βίγλα (Λαύρα)	Chaíri oder Wígla (Láwra)
G - 22	Χαῖρι ἢ Σύνορο ἢ Καμάρα (Νέα Σκήτη - Σκήτη Ἁγ. Ἄννης)	Chaíri oder Synoro oder Kamára (Néa Skíti - Skíti Hag. Ánna)
E - 17	Χάραδρος (Ξηροπ.)	Cháradros (Xirop.)
C - 4	Χιλιαδού (Χελανδ.)	Chiliadú (Cheland.)
F - 7	Χρουμίτσα (Ἁγ. Παντελ.)	Chrumítsa (Hag. Pantel.)
G - 7	Χρουμίτσα, 307 μ. (Ἁγ. Παντελ.)	Chrumítsa 307, m (Hag. Pantel.)

ANMERKUNGEN ZUR EINFÜHRUNG

ANMERKUNGEN ZUR EINFÜHRUNG

1. – Die Bezeichnung »Heiliger Berg« (Ἅγιον Ὄρος) erscheint erstmals im letzten Viertel des 10. Jhs. Sie wird schon im *Hósios-Athanásios-Typikón* erwähnt (MEYER, *Haupturkunden*, S. 104, Zeile 8) und herrscht als durchgehende Bezeichnung seit dem 11. Jh. vor (PAPACHRYSSÁNTHOU, *Pierre l'Athonite*, S. 37–39). Es wird angenommen, daß ihre Verwendung im *Monomáchos-Typikón* im Jahre 1045 *(ACTES, Prôtaton,* Nr. 8, Zeile 1, 31 ff.) offiziell eingeführt wurde.
Der Bestand des *Heiligen Berges* wird im geltenden Καταστατικός Χάρτης (in der Satzung), S. 5, folgendermaßen festgelegt:
A´: Die Halbinsel Athos, die ausgehend von der Megáli Wígla das Gebiet des Heiligen Berges bildet, ist nach dem alten privilegierten Status ein sich selbst verwaltender Teil des griechischen Staates, der darüber die uneingeschränkte Souveränität hat. Im geistlichen Bereich untersteht der Heilige Berg unmittelbar der Gerichtsbarkeit des Ökumenischen Patriarchats (von Konstantinopel). Alle Mönche dieses Gebietes erhalten zugleich mit ihrer Aufnahme als Novizen oder Mönche ohne weitere Formalitäten die griechische Staatsbürgerschaft. (Auszug aus der VERFASSUNG GRIECHENLANDS von 1926, der Text wurde in gleichem Wortlaut in die späteren Verfassungen übernommen. Vgl. auch PETRAKÁKOS, *Monachikón Polítewma* und ANTONÓPULOS, *Condition Internationale;* ANGELÓPULOS, *Monachikí Politía;* ZUDIANOS, *Régime autonome* sowie beiläufig DORÓTHEOS, Bd. II, S. 42–44 und Kap. *Typiká,* S. 212–216.)

2. – Zum ersten Mal werden Mönche des Heiligen Berges auf dem Konzil von Konstantinopel anläßlich der Wiederaufstellung der Ikonen (843 n. Chr.) erwähnt; GENESIOS, JOSEPHI, Kolumne 1096: *... gottbeseelte Männer kamen vom berühmten Berg Olymp* (Bithynien), *vom Athos und vom Ida* (Mysien) *herab.* Vgl. auch PAPACHRYSSÁNTHU, *Athonikós Monachismós,* S. 82–84.

3. – HOMER, *Ilias,* XIV 229.
   HOMER, *Hymnen,* A´ 33.
   AISCHYLOS, *Agamemnon,* 285 f.
   THEOPHRAST, *Fragmente,* II 34, 43, 51.
   HERODOT, *Geschichte,* VI 44, VII 21, 22.
   SOPHOKLES, *Fragmente,* 703.
   THUKYDIDES, IV 109.
   SKYLAX VON KARYANDA, *Periplus,* 16.
   PLINIUS, der Ältere, *Hist. Nat.,* I 17.
   STRABON, *Geographika,* VI 331, *Fragment 33.*

4. – STEPHANOS VON BYZANZ, Ἐθνικά (großes geographisches Lexikon).

5. – LIDDELL – SCOTT, *A Greek-English Lexicon,* ^{9}1968 (Nachdruck 1983).

6. – STRABON, *Geographika,* XIV 1.23; NIKANDROS von KOLOPHON, *Geographie.*

7. – In der Benennung des Meeres, an dem die nordöstliche Küste der Halbinsel liegt, als *Golf Strymonikós* (Στρυμονικὸς Κόλπος) folgen wir STRABON und SMYRNÁKIS (s. mehrere Hinweise im *Index* der Neuauflage aus dem Jahre 1988). Es muß jedoch angemerkt werden, daß auf modernen Landkarten von Griechenland mit *Strymonikós* oder *Golf tú Orfanú* (Κόλπος τοῦ Ὀρφανοῦ) nur derjenige Abschnitt des Meeres bezeichnet wird, der sich von der Mündung des *Strymón* (Στρυμών) zum *Elefthéras-Kap* (Ἀκρωτήριον Ἐλευθέρας) auf der *Stratoníki-Halbinsel* (Χερσόνησος Στρατονίκης) und dem Kap des *Hl. Dimítrios* vom Berg *Pangaíon* erstreckt. Weiterhin unterscheidet man den *Hierissós-Golf* (Κόλπος Ἱερισσοῦ) und nennt das Meer vor der nordöstlichen Küste des Heiligen Berges, vom *Arápis-Kap* (Ἀκρωτήριον Ἀράπη = Kap des Negers) bis zur *Láwra*, *Thrakikó Pélagos* (Θρακικὸ Πέλαγος). Als *Golf der Kontéssa* wird der *Hierissós-Golf* in der Karte des CORONELLI (1688) und in der Charta des RÍGAS FERAÍOS (1797) bezeichnet, s. MYLONÁS, *Alte Stiche,* Taf. 9. 10; s. SMYRNÁKIS, S. 9; für *Komítissa* oder *Kontéssa* s. ACTES, Kutlumus ²1988, S. 153.

8. – *Akánthios-Isthmus* (Ἀκάνθιος Ἰσθμός) und *Akánthios-Golf* (Ἀκάνθιος Κόλπος) sind Fachausdrücke, die von der antiken *Stadt Ákanthos,* die sich an der Nordostküste des *Isthmus* südöstlich vom heutigen *Hierissós* befand, abgeleitet sind. STRABON, *Geographika,* 279, 21: *eine Stadt, die auf dem Isthmus von Athos liegt, besiedelt durch Bewohner der Insel Andros, nach der viele den Golf Akanthios-Golf nennen.* SMYRNÁKIS bezeichnet in seiner Karte des Heiligen Berges (siehe Seite 90–93) den *Akánthios-Golf* als *Kólpos Ierissoú* und *Pánormos* (Πάνορμος), wie er auch bei PTOLEMÄUS genannt wird (Ὑφήγησις, ιγ', 11). Siehe auch APOSTOLÍDIS, S. 3–87.

9. – HERODOT, *Geschichte* VII 22 erwähnt diesbezüglich: *bis zwölf Stadien;* nach STRUCK, *Chalkidike,* S. 68 entspricht dies 2.450 m. Es gibt noch geringe Spuren des Durchstiches, der anscheinend nicht geradlinig war, sondern den schwachen Bodenneigungen folgte und entlang den Einsenkungen verlief, wodurch unnötiges Ausheben vermieden wurde; s. SPRATT, *Isthmus* und STRUCK, *Chalkidike,* S. 66–70. Weiter vorne wurde eine interessante topographische Abbildung aus dem Jahre 1791 wiedergegeben (Textabb. 1, S. 46).

10. – Die in diesem Kapitel aufgeführten Messungen wurden ebenso wie die darauf folgenden Einzelheiten der Raumaufteilungsuntersuchung aus unserer *Kulturlandschaftskarte* (1 : 20.000) übernommen, s. MYLONÁS, P., und MITARBEITER, mit »O.A.O.M., E.P.E. – Studiengruppe zu Fragen von Architektur und Besiedlung«, als spezialisierten Mitarbeitern, und mit den Hafenexperten Dipl. Ing. A. Beligiánnis und D. Papadópulos: *Der Heilige Berg. Studie über die Entwicklung von Kultur- und Siedlungselementen* (Ἅγιον Ὄρος, Μελέτη Ἀναπτύξεως τῶν Πολιτιστικῶν καὶ Οἰκιστικῶν Στοιχείων), Athen, 1968–1973, Band 4, Heft I (unveröffentlicht); im folgenden abgekürzt als MELÉTI.

11. – *Hósios Athanásios, Typikón* oder *Kanonikón,* in: MEYER, *Haupturkunden,* S. 105, geschätzte Entfernung über »achtzig Meilen«, dagegen S. 106: »mehr oder weniger hundert Meilen«. Die byzantinische Meile entspricht 1.800 Schritten oder ca. 1.350 m; somit beträgt die geschätzte Entfernung 108 bzw. 135 km gegenüber der tatsächlichen von 47.750 m. Die Angabe des Athanasios ist daher als rhetorische Formel anzusehen.

12. – *Arsanás* (Ἀρσανάς) oder *Arsenás* (Ἀρσενάς) und sonst in der Ägäis *Tarsanás* (Ταρσανάς) bedeutet Hafenanlage und darüber hinaus Klosterhafen. Es kommt vom italienischen Wort *arsenale,* das höchstwahrscheinlich vom arabischen *dar-es-senâa* abgeleitet ist. Es kann noch angemerkt werden, daß in Gegenden, die mit dem Westen in Berührung kamen, die Form *Arsanás* oder *Arsenás* vorherrscht, während dort, wo man mit der arabischen Welt in engem Kontakt blieb, die Form *Tarsanás* bevorzugt wird.

13. – *Wígla* (Βίγλα): Wachtturm, vom lateinischen *vigilia* (ANDRIÓTIS). Als Ortsname ist der Ausdruck *Megáli Wígla* schon in einer Urkunde aus dem Jahre 1141 belegt *(ACTES, Lawra* I, Nr. 61, S. 318, Zeile 31; s. auch KRIARÁS, Bd. 4, S. 113–116).

14. – *Lákkos* (Λάκκος): ein antikes Wort, das Höhlung oder Sammelbecken bedeutet. Auf lateinisch: *lacus* = der See. In der Umgangssprache und in unserem Fall bezeichnet es einen Sturzbach.

15. – *Karaúli* (Καραούλι): Wachtturm/Wartturm, vielleicht aus dem türkischen *karakol* (ANDRIÓTIS). Auf dem *Heiligen Berg* Bezeichnung der Gegend und der Wachstube am Nordwestausgang zur Chalkidikí. Zur zeitweiligen Festlegung der westlichen Landesgrenze der Mönchsrepublik s. PAPÁNGELOS, *Metóchia,* S. 1569–1618; PAPACHRYSSÁNTHU, *Athonikós Monachismós,* S. 162–172: »Die Festsetzung der (ursprünglichen) Grenzen vom Athos«.

16. – ARWANITÓPULOS in *ELEFTHERUDÁKIS* (Lexikon), Bd. 1, S. 411. Homer gibt ein ähnliches Bild vom Olymp (*Odyssee*, Z´, Verse 42–46). Wenn wir heute mit dem Flugzeug die Ägäis überqueren, können wir nicht selten erstaunt die obere Hälfte des Athoskegels klar aus der Wolkendecke ragen sehen!

17. – SOPHOKLES, *Fragmente*, 348: *Athos beschattet den Rücken des Rindes von Lemnos*. Ebenso APOLLONIOS RHODIOS, Buch I, 608. Der Satz wird als Sprichwort metaphorisch verwendet, wenn die Nähe eines Großen einem Kleinen schadet.

18. – Bei VITRUVIUS (II Praef. 1–4) und bei STRABON (*Geographika*, XI 8,23) wird *Deinokrates* als *Stasikrates* und bei PLUTARCH (*Vita Alexandri*, II, 2) als *Cheirokrates* erwähnt.

19. – MYLONÁS, *Alte Stiche*, Taf. 8.

20. – z. B. NIKIFOROS GRIGORÁS (14. Jh.): *der Berg Athos ist bewunderungswürdig*, in: MIGNE 148–9; WLÁCHOS, S. 8: *Gigantisch, großartig, von Wäldern umgürtet und von Wolken an seinem kahlen Haupt umschmeichelt oder umwogt, als zweite Jakobsleiter eine urlebendige Allegorie darstellend: die Erhebung des Mönches vom Irdischen ins Himmlische*.

21. – Bei einer Höhe von 2.026 m ü. d. M. hat die Spitze des Athos-Berges eine Generatrix-Länge des Tangenten-Kegels auf der Erdkugel (genauer: auf der sichtbaren Meeresoberfläche) von über 160 km. Das ergibt sich aus dem geometrischen Verhältnis zwischen der Höhe der Spitze "A" des Athos-Berges (H = 2.026 m, aufgerundet von den genaueren 2.025,54 m) und dem mittleren Erdradius (R= 6.367 km, auf km gerundet), also folgt:

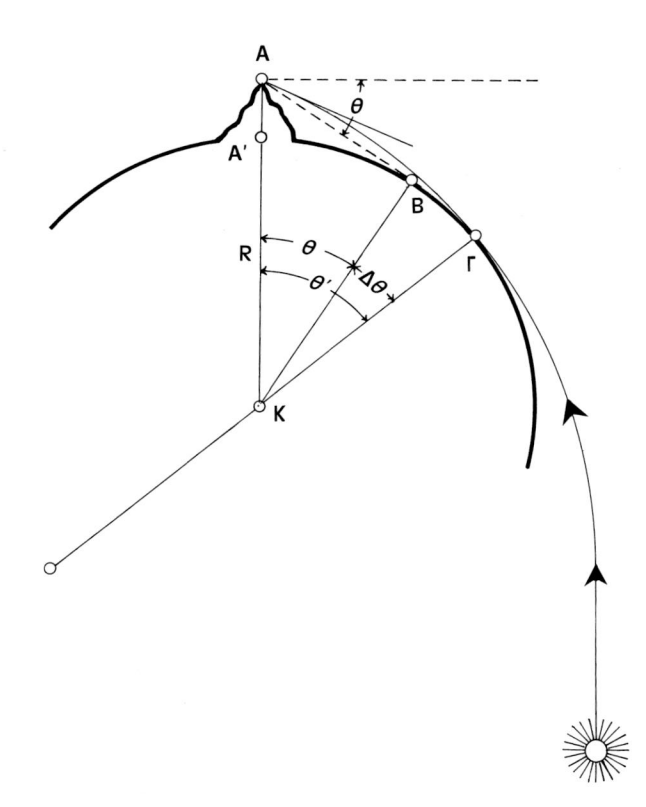

$$\cos\theta = \frac{R}{R+h} = \frac{6367}{6369{,}026} \quad \text{und:} \quad \theta = 1°{,}445$$

also folgt:
die Bogenlänge A´B = 160.560 m.

Nach allgemeinem Sachverstand würde dieses Längenmaß für den Betrachter, der sich auf der Spitze des Athos-Berges befindet, die größtmögliche Sichtweite angeben. Der sichtbare Lichtstrahl wird jedoch, während er die Atmosphäre durchdringt, gebrochen, folgt einer nach unten gekrümmten Flugbahn und berührt die Erde an einem Punkt "Γ", der sich weit entfernt vom Punkt "B" befindet. Die Brechungskrümmung des Lichtes kann nicht ganz exakt bestimmt werden, insbesondere nicht für beinahe horizontale Strahlen. Es wird angenommen, daß die Ausbreitung einem Kreisbogen folgt, der an der Spitze "A" vorbeiführt und die Erde am Punkt "Γ", jenseits von "B", im Zentralwinkel "Δθ" berührt. Dieser Winkel wird aufgrund zweier empirischer Formeln (s. BOZIS, G., *Elemente der sphärischen Astronomie* [Στοιχεῖα Σφαιρικῆς Ἀστρονομίας], Thessaloniki, 1969, S. 69) folgendermaßen berechnet:

"Δθ" = 0.868· θ; folglich ist ∠ AKΓ = θ´ = 1.0868· θ ≈ 1°,57 ≈ 1°34´14´´ oder 174,5 km. Folglich entspricht

Textabb. 2. Schematische Darstellung jenes Teils der Erdkugel und der Sichtmöglichkeiten, wo »AB« die geometrische Tangente von der Spitze des Athos-Berges bis zur fiktiven Kreislinie der Erde darstellt, während »AΓ« der tatsächlichen größtmöglichen Sichtweite entspricht, die sich aus der Brechung des Lichtes beim Eindringen in die Erdatmosphäre ergibt.

die größtmögliche Sichtweite von der Spitze des Athos bis zum Horizont der Entfernung von beinahe 175 km. Der Verfasser hat am 8. November 1960, an einem Tag von seltener Luftdurchsichtigkeit, als er sich auf den Balkonen des *Klosters Simópetra* in 280 m Höhe befand, festgestellt, daß der *Dírfys-Berg* (Δίρφυς) von *Euböa* (Εὔβοια, 1.743 m Höhe) zur Hälfte (nach Berechnung: 935 m) und dunkelfarbig am leuchtenden südlichen Horizont auftauchte. Die Sichtweite überschritt also 175 km.

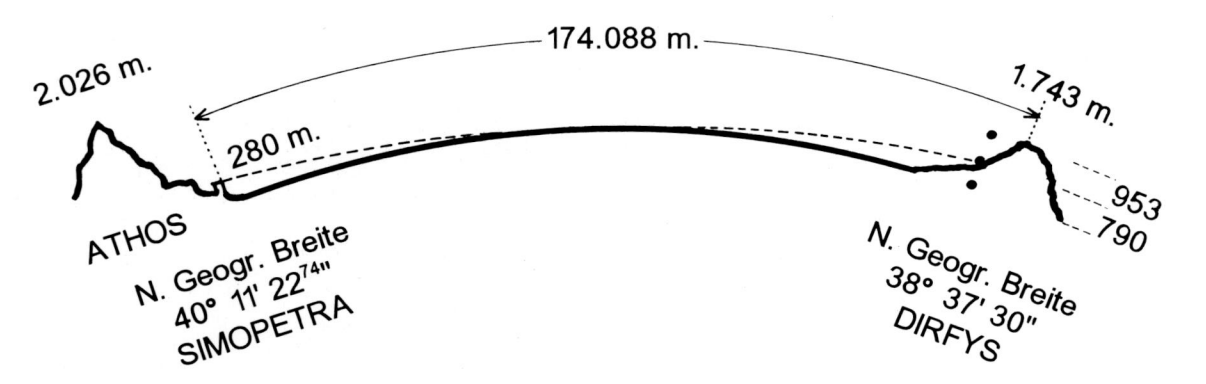

Textabb. 3. Sichtweite vom höchsten Balkon des *Klosters Simópetra* (280 m) bis zum *Berg Dírfys* auf *Euböa* (1.743 m).

22. – STRABON, *Geographika* (Z, 331, Abschnitt 33) sagt: *Der Athos ist ein 'brustartiger' Berg, sehr spitz und sehr hoch, und diejenigen, die auf seiner Spitze wohnen, sehen den Sonnenaufgang drei Stunden vor dem Sonnenaufgang am Strand.* Selbstverständlich handelt es sich hierbei um eine Übertreibung. In Wirklichkeit rückt, wie bereits in der vorherigen Anmerkung 21 und der Textabb. 2 analysiert wurde, aufgrund der Lichtbrechung der sichtbare Horizont zum Punkt "Γ", und der Sonnenaufgang ist somit für den Beobachter auf der Spitze des Athos zeitgleich mit jenem am Punkt "Γ".

Während der Tagundnachtgleiche verläuft die Richtung von "AΓ" nach Osten, zum Punkt "B", so daß der Punkt "Γ" mit hoher Annäherung auf der Parallele des Berges "A", die wir mit 40° nördlich annehmen (abgerundet von 40°09′27.[52]), zu liegen kommt, und gleichzeitig östlich von "A" nach der Formel:

$$\Delta\psi = \frac{\theta'}{\cos 40°} = 2°{,}05$$

Der Sonnenaufgang auf der Spitze "A", die identisch mit jener des Punktes "Γ" ist, erfolgt also während der Tagundnachtgleiche früher als vom Fuß "A′" des Punktes "A" nach der Formel:

$$\Delta\tau = 2{,}05 \times \frac{60}{15} = 8'{,}20 \text{ oder } 8' \text{ und } 12''$$

Der Betrachter, der auf der Spitze des Athos-Berges steht, wird also die Sonne acht (8′) Minuten und zwölf (12′′) Sekunden früher aufgehen sehen als der Betrachter am Strand.

Mit ähnlichen Berechnungen kann bestätigt werden, daß während der beiden Sonnenwenden im Winter und im Sommer der Sonnenaufgang auf der Spitze des Athos-Berges sieben (7′) Minuten und neun (9′′) Sekunden eher stattfindet als am Strand.

23. – Dazu der Hl. ATHANÁSIOS: ... *die Küste am Berg ist auf beiden Seiten – nach Norden und nach Süden – steil und ohne Häfen ... nach Winteranbruch kann deshalb kein Schiff mit lebensnotwendigen Waren vom Berg zum Festland und von dort zum Berg gelangen oder gar dort anlegen, da ja die Küsten beiderseits ohne Häfen sind. Außerdem ist es völlig unmöglich, die notwendigen Dinge auf dem Landweg zu beschaffen, einmal wegen der Länge des Weges, zum andern, weil der Berg für Tiere fast unbegehbar ist; denn die Entfernung vom Festland bis zum Ende des Berges gegen Sonnenaufgang ... – wo auch die Láwra gegründet ist – beträgt mehr oder weniger hundert Meilen ...*, s. MEYER, *Haupturkunden*, S. 105–106.

24. – Dazu der Hl. ATHANÁSIOS: ... *es ist nötig für uns, an dem uns zukommenden alten Auftrag der Väter festzuhalten und über den Dingen zu stehen; die Festigkeit macht sorgloser und die Sorglosigkeit ruhiger*, s. MEYER, *Haupturkunden*, S. 105, Zeile 25–28.

25. – Die vorliegende Karte ist eine verbesserte Ausgabe der *Kulturlandschaftskarte*, s. Anm. 10.

26. – *Dawatzídika* (Νταβατζίδικα): Aufenthaltsort von Sklavenhändlern und Raufbolden; *Genitsarás* (Γενιτσαράς): großer, starker Janitschar, ein mit Gewalt zum Islam bekehrter osmanischer Soldat (ANDRIÓTIS); kommt vom türkischen Wort *yeni-ceri* = neue Truppe. Es handelt sich hierbei um die Namen von Anhöhen in der Gegend zwischen *Isthmós* (Ἰσθμός) und *Hágion Óros* (Ἅγιον Ὄρος), deren Benennungen vielleicht von den Zufluchtsorten von Armatolen und Klephten aus der Zeit der türkischen Herrschaft oder von türkischen Straßenräubern abgeleitet sind. Vergleiche die schmerzhaften Erfahrungen, die BARSKIJ (I, S. 1, 3–4, 49) in der betreffenden Gegend bei seiner Ein- und Ausreise in den Jahren 1725 bzw. 1726 mit Straßenräubern machte.

27. – In Ausnahmefällen liegen auf dem Territorium eines Klosters auch Gebiete, die anderen Klöstern gehören. So findet sich die *Chrumítsa*, Besitztum des *Klosters Panteleímon*, außerhalb des Hauptgebietes des herrschenden Klosters; das zum *Kloster Hagíu Páwlu* gehörige Gebiet *Monoxylítis* liegt innerhalb des Herrschaftsbereiches von *Chelandári*, und das *Káthisma Mylopotámu* ist als Besitztum der *Megísti Láwra* eine Enklave im Gebiet von *Iwíron* und *Filothéu*.

28. – s. KATASTATIKÓS CHÁRTIS HAGÍU ÓRUS, Artikel 1, 2, 3, 9, 84, 111, 123, 126, 142, 143, 161; s. auch METAXÁKIS, S. 112–117; KTENÁS, *Kathidrýmata* und ders., *Organismós* sowie ZUDIANOS, *Régime autonome*.

29. – Nach der Umstellung des letzten idiorrhythmischen *Klosters Pantokrátor* auf das könobitische System im Mai 1992 sind nun alle Athosklöster Kinówia (= Könobia). Dennoch findet auch das idiorrhythmische Leben immer noch Anklang, s. ALIWIZÁTOS, S. 46, Anm. 2.; auch ENZYKLOPÄDIE DER RELIGION UND ETHIK, Lemma: *Monachismos*.

30. – *Skíti* (Σκήτη) und später *Skítis, Skíteos* (Σκῆτις, Σκήτεως): aus dem Ortsnamen Σκῆτις, Σκίτις (ANDRIÓTIS) des christlichen Ägypten.

31. – *Láwra* (Λαύρα): Ansiedlung von Zellen von Asketen aus der frühchristlichen Zeit, die ein eigenständiges Leben führten; von dem antiken Wort λαύρα = Engpaß, Markt (LIDDELL – SCOTT). Vergleiche die verschiedenen Typen von *Láwres* und *Kellíenkomplexen* bei PAPACHRYSSÁNTHU, *Athonikós Monachismós*, S. 64–81. Siehe auch GEDEÓN, »Über die Etymologie des Wortes Lawra« (Περὶ τοῦ ἐτυμολογικοῦ τῆς λέξεως Λαύρα), *EKKL. AL.*, Bd. 11, 1891/92, S. 413–415; Bd. 12, 1892/93, S. 39–40, 46–47.

32. – *Kellíon* (Κελλίον): vom mittelalterlichen *Kélla* (Κέλλα), das wiederum vom lateinischen *cella* = Nische, Kammer, Häuschen stammt.

33. – Der Bewohner eines Κάθισμα (Káthisma) wird Καθισματάριος (Kathismatários) genannt, DORÓTHEOS, Bd. 2, S. 38.

34. – So gehört die Bundeshauptstadt der USA, *Washington*, mit ihrem Verwaltungsbezirk, dem *District of Columbia* (D.C.), zu keinem Bundesstaat.

35. – WLÁCHOS, S. 39: ... Ἀμφικτυονικαὶ τῶν Καρεῶν Συνελεύσεις (amphiktyonische Sitzungen von Karyés).

36. – *Enklístra* (Ἐγκλείστρα): sehr enger Raum wie eine kleine Grotte oder eine Baumhöhlung, wo der *Énklistos* (Ἔγκλειστος) zwar freiwillig, aber mit Erlaubnis und unter Aufsicht des Abtes, eingesperrt wurde. Siehe GEDEÓN, *EKKL. AL.*, Bd. 23, 1903, S. 93–95. In bezug auf die notwendige Einwilligung des Abtes bei der Askese des Kandidaten siehe die Novelle Justinians 123 § 36: *mit Benachrichtigung und Zustimmung des Abtes*.

37. – Die *Skíti Kimíseos Theotóku* oder *Wogoróditsa* (1833–1837, dem *Kloster Panteleímon* untergeordnet), vermutlich die Nachfolgerin des ehemaligen *Klosters tú Xylurgú*, dessen Ruine im Nordosten der *Skíti* liegt. (Siehe unten, *Begleittext* zum *Kloster Panteleímon*, Anm. 10). – Die *Skíti Profítis Ilías* (1839, *Kloster Pantokrátor*). – Die *Skíti Hágios Andréas* oder *Serágion* (1849, *Kloster Watopédi*). – Die *Skíti Tímios Pródromos* (1856, *Megísti Láwra*). Siehe WLÁCHOS, S. 119–120.

38. – BUSCH-ZANTNER, S. 231–255.

39. – HOLL, K., *Enthusiasmus und Bußgewalt*, S. 177–178: *... zwischen dem Anachoreten und dem Könobiter besteht nur ein gradueller Unterschied, da sich beide zu der Welt im grundsätzlichen Gegensatz befinden – nur, daß das Anachoretentum die Richtung angab und den Geist bestimmte.*

40. – Die drei Formen der monastischen Lebensweise werden unter anderem von MEYER, *Haupturkunden*, S. 6–20; LAKE, *Early Days*, S. 19–58; PAPACHRYSSÁNTHU, *Athonikós Monachismós*, analysiert. In dem letztgenannten Werk, S. 54–55, wird angenommen, daß diese drei Formen des mönchischen Lebens *keine zeitlich aufeinanderfolgenden Stadien waren,* sondern daß *es ein Nebeneinander gab.*

41. – s. dazu MYLONÁS, P., »Research on Athos, Memorandum on Works accomplished and projected«, in: *Actes du XVe Congrès International d'Études Byzantines,* Athènes, 1974, II, »Art et Archéologie«, 1981, S. 529–544.

42. – MELÉTI, wie Anm. 10; auch: MYLONÁS, P., »Schutz der Gesamtheit Hágion Óros. Beispiel für den Schutz einer Gesamtheit«, HELLINIKÍ HETAIRÍA (GRIECHISCHE GESELLSCHAFT), *Schutz von Denkmälern und traditionellen Wohneinheiten. Dreitägiges Treffen. 5. – 7. Februar 1975, Praktika* (Προστασία τοῦ Συνόλου ῞Αγιον ῎Ορος. Παράδειγμα προστασίας ἑνὸς συνόλου, ΕΛΛΗΝΙΚΗ ΕΤΑΙΡΕΙΑ, Προστασία Μνημείων καὶ παραδοσιακῶν οἰκισμῶν. Τριήμερη Συνάντηση 5–7 Φεβρουαρίου 1975, Πρακτικά), Athen, 1975. »Jahr des europäischen architektonischen Erbes« (῎Ετος Εὐρωπαϊκῆς 'Αρχιτεκτονικῆς Κληρονομιᾶς) S. 183–193, und »English Summary«, S. 230–321.

43. – So z. B. Bibliographie P. MYLONÁS, in : »Gavits arméniens et Litae Byzantines, etc.«, *Ca. Arch.,* 38, 1990, S. 117, Anm. 10, 11.

44. – Topographische Zeichnungen der zwanzig Athos-Klöster mit den entsprechenden Bauaufnahmen der *Katholiká* wurden zuerst vom Architekturbüro des Verfassers durchgeführt und in ΝΕΑ ΕΣΤΙΑ, 875, 1963 in Athen in neugriechischer Sprache publiziert (siehe Textabb. 4–5 auf S. 77–78).
Eine weitere Publikation der genannten Zeichnungen der Klöster befindet sich in MELÉTI, Bd. 1 und wurde 1968 in Athen vorgelegt. Kopien des maschinenschriftlichen Manuskripts wurden allen Klöstern des Athos sowie öffentlichen Bibliotheken in Athen überlassen.
Seither wurden in mindestens zwei Publikationen, die sich mit dem Athos beschäftigen (eine von 1980, hrsg. von einer Abteilung eines griechischen Ministeriums, und eine deutschsprachige, hrsg. in Wien/ Hamburg 1982) Pläne der Athosklöster vorgelegt, ganz ähnlich denen des Verfassers, ohne daß angeführt ist, ob diese von den Verfassern selbst vermessen und gezeichnet wurden oder auf fremden, freilich nicht erwähnten Vorarbeiten beruhen.

45. – So wurde etwa die Seeseitenansicht des *Klosters Watopédi* im Maßstab 1 : 100 gezeichnet und ist damit über 2 m lang. Verkleinert auf den Maßstab 1 : 300 hätte sie auf der Tafel Platz gefunden und wäre architektonisch sehr eindrucksvoll und reich vor allem an stilistischen Informationen gewesen, wie das beispielsweise bei dem Längsschnitt der Megísti Láwra (Taf. 101.2) der Fall ist.

46. – B. G. BARSKIJ, ein russischer Mönch aus Kiew, *Wanderung auf dem Heiligen Berg* (Περιήγησις εἰς τὸ ῞Αγιον ῎Ορος), St. Petersburg (russisch); siehe den speziellen Band über den Heiligen Berg und das Kapitel *Abkürzungen-Bibliographie,* unter BARSKIJ.

47. – MYLONÁS, *Alte Stiche*, Taf. 15, 23, 31.

48. – Dank eines Stipendiums der Akademie der Wissenschaften der UdSSR hatte der Autor die Möglichkeit, die in Kiew befindlichen Reste von BARSKIJS Werk zu untersuchen, und zwar mit Hilfe der von ihm bearbeiteten Übersetzung. Außerdem beschäftigte sich der Verfasser in Moskau und dem damaligen Leningrad auch mit dem

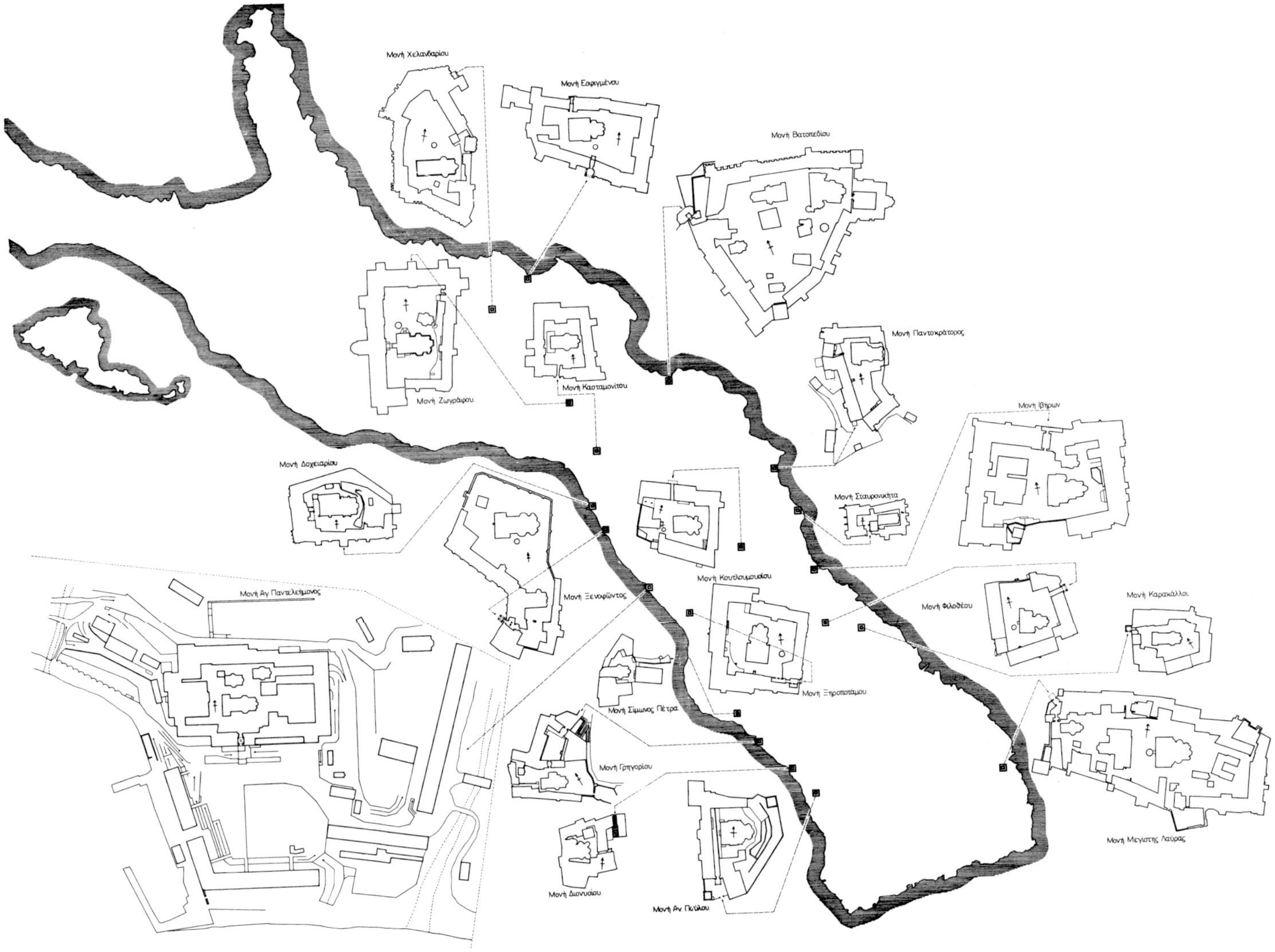

Textabb. 4. Vergleichende Tafel der Lagepläne der zwanzig Klöster im selben Maßstab, wie sie in der NEA EΣTIA, 875, Weihnachten 1963, veröffentlicht wurden. Format der ursprünglichen Veröffentlichung: 25 × 31 cm.

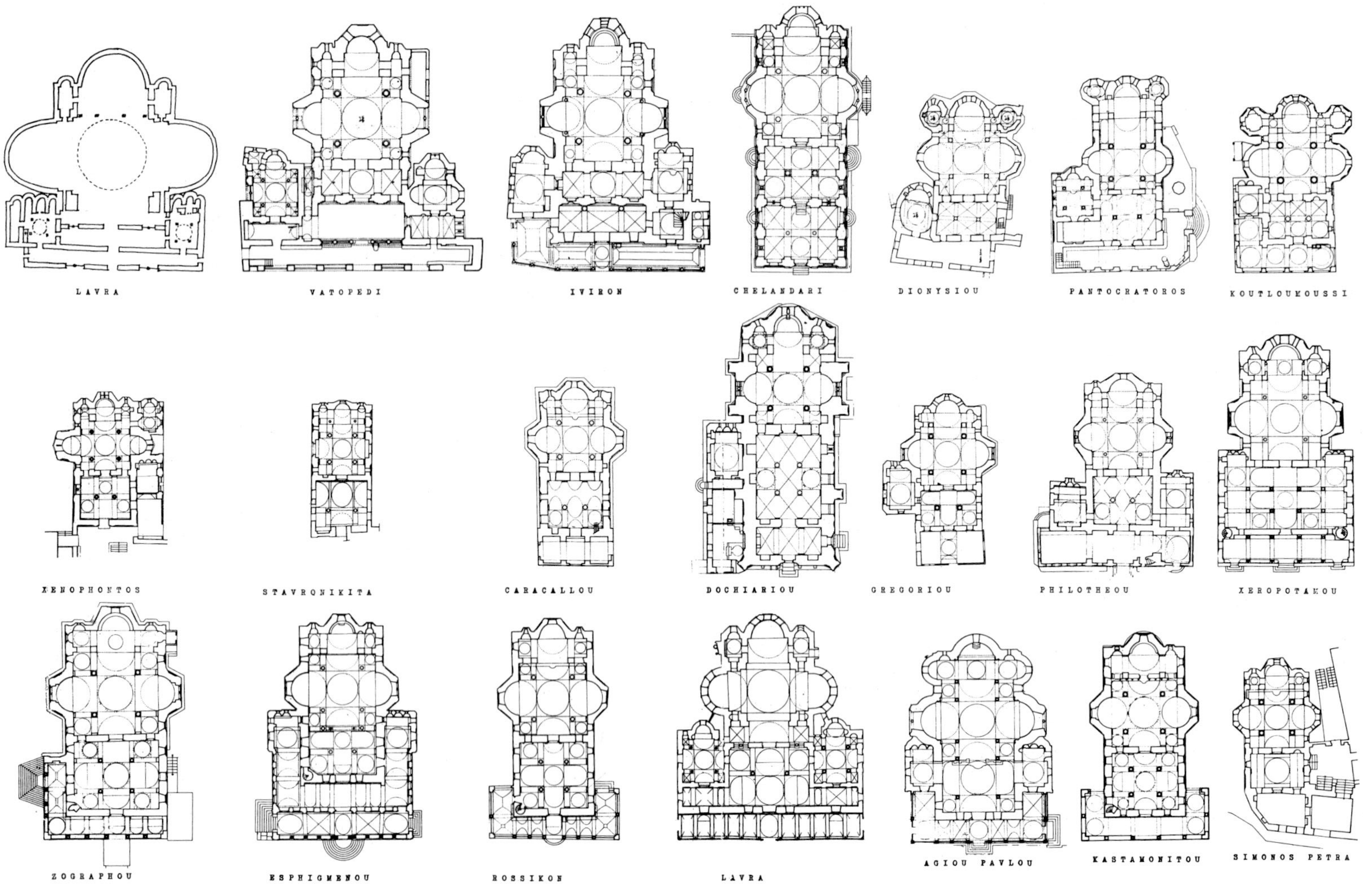

Textabb. 5. Vergleichende Tafel der Grundrisse der zwanzig Katholiká im selben Maßstab, wie sie in der NEA EΣTIA, 875, Weihnachten 1963, veröffentlicht wurden. Format der ursprünglichen Veröffentlichung: 25 x 31 cm.

erhaltenen Werk von Peter Sewastianow (1855–1860), einem weiteren russischen Verehrer des Heiligen Berges. Der Akademie der Wissenschaften, besonders Herrn Professor Nikolaj Petrowitsch Wizir, Bibliotheksdirektor der Akademie Kiew, drückt der Verfasser für die großherzige Hilfe seinen Dank aus.

49. – P. MYLONÁS, *Athos Building Dates. Katalog mit Analysen und Beschreibungen der historischen Baudaten, die in Inschriften auf den Gebäuden selbst oder in Schriften über den Athos vorkommen* (1960–1990, unveröffentlicht). Untersucht wurden die 20 Klöster, die zwölf Skíten und zahlreiche Kellíen. Die meisten Daten sind photographisch wiedergegeben. Die Materialsammlung stützte sich auf das hervorragende Werk von G. MILLET – J. PARGOIRE – L. PETIT, *Recueil des inscriptions Chrétiennes de l'Athos,* Paris, 1904, das viele Inschriften des Protáton und der zwölf Klöster enthält. Der Beitrag des Verfassers ist jedoch nicht gering zu schätzen, da die von ihm gesammelte Anzahl von Daten mehr als das Doppelte der damals veröffentlichten beträgt, s. auch P. MYLONÁS, »Bisher unbekannte Datierungen auf Gebäuden auf dem Athos, 1, Megísti Láwra« (῎Αγνωστες χρονολογίες κτηρίων στὸν ῎Αθωνα, 1, Μεγίστη Λαύρα), in : I. Symposium *S.B.M.B.A.K.,* Athen, 1981, wo den 56 von Millet im *Recueil* zusammengetragenen Datierungen auf Gebäuden der Megísti Láwra 63 bis dahin unbekannte hinzugefügt werden.

50. – Es sind bis heute viele Transkriptionsversuche der griechischen Wörter unternommen worden. Angeführt werden sollte u. a.: LUZE, E. de, »La terminologie géographique dans les différents pays du globe«, *Bulletin de la Société géographique,* 1880, S. 478 ff., wo auf S. 498 auch eine Liste für das Griechische und seine Aussprache zu finden ist, z. B.: ῞Αγιος, *Hágios, Saint* usw. Siehe auch: U. S. HYDROGRAPHIC OFFICE, Nr. 98: *Report on Uniform System for Spelling Foreign Geographic Names,* mit listenförmigen Gegenüberstellungen von Buchstaben und Wörtern.

Das vorliegende Werk folgt dem Vorschlag von POLÍTIS, L., *A History of Modern Greek Literature,* Oxford, 1973, S. 1, »Note on Transcription«.

51. – Phonetische Transkription des griechischen Alphabets ins Englische nach Línos Polítis, und entsprechend ins Deutsche und Russische.

ΕΛΛΗΝΙΚΑ	DEUTSCH	ENGLISH	РУССКИЙ ЯЗЫК
Α, α	A, a	A, a	А, а
Β, β	W, w	V, v	В, в или Б, б
Γ, γ	G, g	G, g	Г, г
Δ, δ	D, d	D, d	Д, д
Ε, ε	E, e	E, e	Е, е или Э, э
Ζ, ζ	Z, z	Z, z	З, з
Η, η	I, i	I, i	И, и
Θ, θ	Th, th	Th, th	Ф, ф или Т, т
Ι, ι	I, i	I, i	И, и
Κ, κ	K, k	K, k	К, к
Λ, λ	L, l	L, l	Л, л
Μ, μ	M, m	M, m	М, м
Ν, ν	N, n	N, n	Н, н
Ξ, ξ	X, x	X, x	КС, кс
Ο, ο	O, o	O, o	О, о
Π, π	P, p	P, p	П, п
Ρ, ϱ	R, r	R, r	Р, р
Σ, σ, ς	S, s	S, s	С, с
Τ, τ	T, t	T, t	Т, т
Υ, υ	Y, y	Y, y	И, и
Φ, φ	F, f	F, f	Ф, ф
Χ, χ	Ch, ch	Ch, ch	Х, х
Ψ, ψ	Ps, ps	Ps, ps	ПС, пс
Ω, ω	O, o	O, o	О, о
Αι, αι	Ai, ai	Ai, ai	Е, е или Э, э
Αυ, αυ	Af, af	Af, af	Аф, аф
Αυ, αυ	Aw, aw	Av, av	Ав, ав
Ει, ει	I, i	I, i	И, и
Ευ, ευ	Ev, ev	Ef, ef	Еф, еф
Ευ, ευ	Ew, ew	Ev, ev	Ев, ев
Οι, οι	I, i	I, i	И, и
Ου, ου	U, u	Ou, ou	У, у
Γγ, γγ	G, g, Ng, ng	G, g, Ng, ng	Г, г или нг
Γκ, γκ	G, g, Ng, ng	G, g, Ng, ng	Г, г
Μπ, μπ	B, b, Mb, mb	B, b, Mb, mb	Б, б
Ντ, ντ	D, d, Nt, nt	D, d, Nt, nt	Д, д или НД, нд или НТ, нт
Τσ, τσ	Ts, ts	Ts, ts	Ц, ц, или Ч, ч
Τζ, τζ	Tz, tz	Tz, tz	Дз, дз

52. – Von Beginn seiner Forschungstätigkeit an beschäftigte den Verfasser die Festlegung der Grenzen zwischen den Klöstern. Die Gespräche mit den Mönchen führten dabei zu einigen Anhaltspunkten. Sehr viele Informationen ergaben sich aus der Erforschung veröffentlichter Dokumente, in denen unter anderem Streitfälle in bezug auf Grenzfragen und ihre Schlichtung im Laufe der Jahrhunderte beschrieben werden und außerdem die ständig neu festgelegten *Periorismí* (Περιορισμός = Grenzenfestlegung) aufgelistet sind, ausführliche Beschreibungen der Grenzen zwischen den Grundstücken. Interessant ist die diesbezügliche Terminologie wie z. B.:

> ACTES, Lavra, I, Nr. 23, aus dem Jahre 1018/19, S. 169–170: *Bei dem Streitfall ... über die Festlegung der Grenzen* (ὁροθεσίων) ... *sind wir zu dem Ergebnis gekommen, daß wir die Gebiete trennen und die Grenzen ziehen. Die eine Grenze fängt am Meer und am Fluß an ... sie verläuft weiter im Westen bis zu den weißen Steinen ... von dort an folgt man dem Gebirgskamm ... sie berührt den großen Berg ... sie steigt bis zur Spitze empor... sie bleibt dort ... den Kamm entlang bis zur Spitze ... dort gibt es einen hohen Stein mit dem heiligen Kreuz ... bis zu einem schwarzen Stein, der mit Eisen beschlagen ist* ... *wenn jemand diese Grenzmarkierungen mißachtet, soll er die Wut des lieben Gottes und den Fluch und die Verwünschung der allerheiligsten Gottesmutter und der* τιη' (318) *heiligen Väter zu spüren bekommen* ...
>
> ACTES, Kutlumus, ²1988, S. 181: sie haben *eine Grenze* festgelegt, *ein hölzernes Kreuz* eingerammt ... und darauf einen *Stempel, ... die Grenzen, die die heilige Versammlung festgelegt hat ... S. 76: ... ein Steinhaufen ...*
>
> ACTES, Chilandar, grecs, S. 2 (aus dem Jahre 1009): ... *bis zu dem Stein, der von uns als Grenze eingerammt wurde ... die eingerammten Grenzen ... All dies wurde auf zwei Karten geschrieben und abgeliefert ...* S. 4 (aus dem Jahre 1193): ... *und weiter der Spitze entlang gen Süden ...*
>
> ACTES, Dionysiu, S. 14 : ... *kreisförmiger Grenzverlauf....*
>
> SMYRNÁKIS, S. 93–94, veröffentlicht einen Brief des Patriarchen Kyrill I. über *Simonópetra* aus dem Jahre 1623. Der Brief des Patriarchen ist original (Verzeichnis Sim. Petras, Nr. 6), die Urkunde aus dem Jahre 1363 (oder eher aus dem Jahre 1364 – Oktober) hingegen gefälscht. CHRYSOCHOÏDIS, *ETBA, Simonópetra*, S. 264, analysiert die Zeitumstände und die Gründe, die zur Abfassung dieser gefälschten Urkunde geführt haben. Diese Urkunde wird im folgenden in bezug auf die charakteristischen Ausdrücke für die Festlegung der Grenzen verwendet: *Ich habe mir den Berg gekauft ... die Umgrenzung ... ist folgende. Sie beginnt im Süden am Strand ... bis zur Spitze des Berges, immer auf derselben Seite den Berg entlang gen Norden ... auf dem Stein ist ein Zeichen eingeritzt ... dann weiter auf derselben Straße und in derselben Richtung* (sic) *führt sie hinunter und berührt ... und umfaßt das ganze rote Milea-Gebiet ...*
>
> ACTES, Chilandar, grecs, S. 40: ... *Schinía ā–* (Längenmaß von 6000 Klaftern) orgiás (ὀργυιάς = *Klafter*) β̄— (Längenmaß von 1828 m) ... *von der anderen steinernen Grenze unterhalb des dortigen Grabens, Schinía ō τ̄– gammatizei* (γαμματίζει = macht eine Kurve im Winkel Γ) *in Richtung ... verläuft dann gerade weiter nach Norden ... macht einen Kreis ... kommt gen Süden nach unten ..., S. 41: ... berechnet nach den Geometrie-Verzeichnissen ...*

Mit Hilfe von ausgedehnten Bergwanderungen sowie Kleiderverschleiß gelang es, viele der besprochenen Grenzziehungen in Stichproben aufzuspüren und zu inventarisieren.

Eine erste Inventarisierung der Klostergrenzen wurde veröffentlicht in MELÉTI, Bd. 1, Athen, 1968, Kap. 2, *Besiedlungsanalyse*, Faltkarte auf S. 4: *Grenzgebiete von Klöstern und geographische Einheiten*. Diese Inventarisierung wurde durch ständiges Quellenstudium, Nachforschungen und Notizen vor Ort und durch das Studium von Luftphotos usw. verbessert, und sie wird mit gewissen Vorbehalten hinsichtlich ihrer Genauigkeit veröffentlicht.

Über die Grenzen und die entsprechenden Urkunden wurde viel geschrieben. Als Beispiel erwähnen wir KURILAS, E., »Die Grenzprobleme auf dem Athos und die Tragweite der offiziellen Urkunden« (Τὰ ὁριακὰ ζητήματα ἐν

Ἄθῳ καὶ τὸ κῦρος τῶν ἐπισήμων ἐγγράφων), *Gr. Palamas*, 15, 1931, S. 19–23, 65–73, 120–130 und »Zusatz« S. 236–238; ders., »Grenzprobleme auf dem Heiligen Berg« (Ὁριακὰ Ἁγίου Ὄρους), *Hágios Páwlos ho Xiropotamítis*, 62, 1957, S. 55–62.

53. – KARTOGRAPHIEN DES HEILIGEN BERGES und BERICHT ÜBER DIE SEWASTIANOW-EXPEDITION.
Die Inventarisierung der geographischen Gestalt des Heiligen Berges ist noch nicht in der ihr angemessenen Ausführlichkeit abgeschlossen. Im folgenden werden Informationen gegeben, die lediglich die im *Einleitungskapitel* vorgenommene allgemeine Zuweisung ergänzen sollen.

Es ist überflüssig, den wichtigen Beitrag des altgriechischen Denkens zur Erlangung kosmographischer und geographischer Kenntnisse zu erwähnen. Dennoch soll in Erinnerung gerufen werden, daß die Erde schon von *Pythagoras* (6. Jh. v. Chr.) für kreisförmig gehalten wurde. Dieser hatte Ägypten besucht, war mit den ägyptischen *Priester-Geometern* in Kontakt getreten und hatte dabei die Methoden der Zusammenstellung des *staatlichen Grundbuches* erworben, eines Werkes, das im 14. Jh. v. Chr. begonnen worden war. Es sei auch daran erinnert, daß *Anaximander von Milet* (610–546 v. Chr.) die erste Weltkarte entworfen hat (DIELS, *Fragmente*, I. 1, 2, 6) und daß es *Eratosthenes von Kyrene* (284–202 v. Chr.) gelungen ist, mit geringen Mitteln, aber mit der Klarheit seines wissenschaftlichen Denkens, die Länge des Erdumfanges mit einer für seine Zeit bemerkenswerten Annäherung an den tatsächlichen Wert zu berechnen *(Über Berechnungen des Erdumfanges* s. BERGER, A., *Die geographischen Fragmente des Eratosthenes*, Leipzig, 1880).

Die zwei bedeutendsten Geographen der Antike, STRABON (64/63 v. Chr. – 23 n. Chr.) und CLAUDIUS PTOLEMÄUS (125? – 161? n. Chr.) erwähnen und beschreiben Griechenland und den Athos (s. o. Anm. 21 und 22 sowie PTOLEMÄUS, *Griechenland*). Es sei angemerkt, daß die älteste Abschrift der *Geographie* des PTOLEMÄUS, aus dem 14. Jh., in der Bibliothek des *Watopédi-Klosters* zu finden ist. Die Veröffentlichung dieses Werkes durch LANGLOIS im Jahre 1867 basierte auf den Photos der Sewastianow-Expedition in den Jahren 1859–1860. Die ausführlichen geographischen Bezeichnungen dieser beiden antiken Geographen, v. a. des PTOLEMÄUS nach der Übersetzung seines Werks ins Lateinische am Ende des 14. Jhs., wurden seit dem 15. Jh. für die Anfertigung

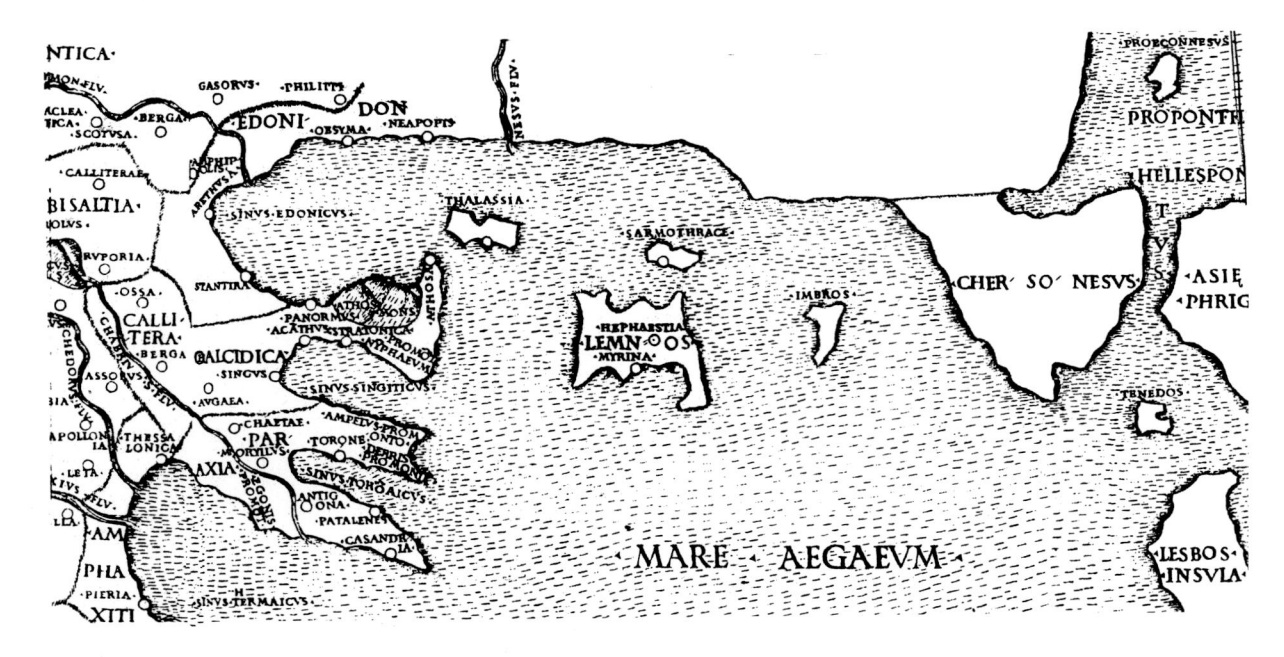

Textabb. 6. Die nördliche Ägäis. Ausschnitt aus der 1490 in Rom erschienenen Ausgabe der Karte des PTOLEMÄUS. Die angegebenen Ortsnamen sind die der Antike, da sie aus dem Text des antiken Geographen übernommen wurden (Aus NORDERNSKIÖLD, A. E., *Facsimile Atlas,* Stockholm, 1889, New York, [2]1973, S. 31, Abb. 16).

und Publikation von Landkarten herangezogen, welche entsprechend der Beschreibung in den antiken Schriften sowie den Vorstellungen der ausführenden Zeichner den Aufbau der Welt darstellen sollten. Siehe z. B. die »Ökumene« nach PTOLEMÄUS in der Ausgabe *COSMOGRAPHIA* des PTOLEMÄUS, in Ulm aus dem Jahre 1482, M.E.E., Bd. XXIV, S. 512, und in entsprechenden *Enzyklopädien* und illustrierten *Geschichten der Kartographie*. Ein

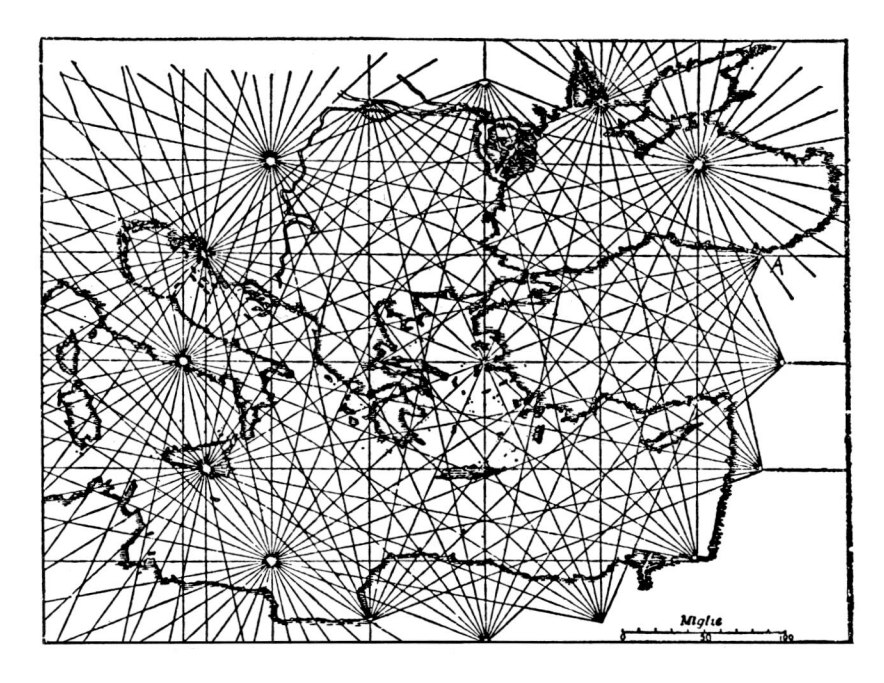

Textabb. 7. *Das östliche Mittelmeer. Portolan* oder Schiffahrtsführer, von Petrus VESCONTE, 1311 (Aus: THE ENCYCLOPAEDIA BRITANNICA, 1911, Bd. XVII, S. 641, Abb. 19). Die Zusammenstellung von solchen Karten basierte auf einem Liniennetz, dessen einzelne Strecken den Entfernungen zwischen bekannten Punkten entsprachen, was durch wiederholte Seefahrten bestätigt wurde. Es ist bemerkenswert, daß es solche *Portolane* schon vor der Einführung des Kompasses gab. Auf der Karte sind die *Chalkidikí* und die *Athos-Halbinsel* beinahe korrekt eingezeichnet.

charakteristisches Merkmal dieser Darstellungen ist, daß die eingezeichneten Ortsnamen identisch sind mit denen aus der Zeit des PTOLEMÄUS; zur Verdeutlichung wird auf Textabb. 6 die *nördliche Ägäis* abgebildet, ein Teil der Karte des PTOLEMÄUS über das Mittelmeer, hrsg. in Rom im Jahre 1490. Die Ortsnamen sind noch die antiken und nicht die mittelalterlichen. T. CAMPBELL, *The Earliest Printed Maps,* 1472–1500, The British Library, 1987, S. l, gibt an, daß von 222 edierten Karten, die sich nach dem heutigem Stand der Forschung auf die Zeit bis zum Ende des Jahres 1500 beziehen, die Hälfte direkt auf die Schriften des PTOLEMÄUS zurückzuführen ist. In all den dazwischenliegenden Jahrhunderten erleichterten es die Kenntnisse der Geographie auf jeden Fall, militärische Aktionen durchzuführen und Handel zu treiben. Aus dem späten Mittelalter haben sich handschriftliche Beschreibungen und Seekarten für die Schiffahrt, bekannt als *Portolani*, erhalten. Für deren Anfertigung wurden neue Ortsbeobachtungen mit älteren, wenn auch meist einfachen kartographischen Quellen kombiniert (s. KRETSCHMER, K., »Die italienischen Portolane des Mittelalters«, *Veröffentlichungen des Instituts für Meereskunde und des Geographischen Instituts an der Universiät Berlin*, XIII, Berlin, 1909; CAMPBELL, T., »Portolan charts from the late thirteenth century to 1500«, in: HARTLEY, J. B. – WOODWARD, D., *The History of Cartography,* Bd. I, Chicago, 1987, und Textabb. 7).
Die Ausführung dieser Karten wurde im allgemeinen durch die systematische Verwendung des *magnetischen Kompasses* für die Seefahrt seit dem Ende des 13. Jhs. verbessert. So wuchs die Zahl der Seekarten – verfertigt

Textabb. 8. Griechenland und die Ägäis. Teil einer gedruckten Karte von 1595, einer getreuen Wiedergabe einer *Portolan*-Handschrift aus dem 14. Jh. (Aus: NORDENSKIÖLD, A. E., *Facsimile Atlas*, Stockholm, 1889, New York, ²1973, S. 39, Abb. 21). Auch hier sei darauf hingewiesen, daß nur die Ortsnamen von Küstenregionen angeführt sind.

vor allem von Italienern, aber auch von Griechen – seit dem Beginn des 14. Jhs. beständig an. (s. DELATTE, A., *Les portulans grecs*. Bibliothèque de la Faculté de Philosophie et Lettres de l'Université de Liège, VII Liège-Paris, 1947). Unter diesen Werken findet sich ein *griechischer Portulan* des *Nikólaos Wurdópulos* aus Patmos, heute in der Nationalbibliothek in Paris (*ms. gr. suppl. 1094*). Eine Eigenschaft dieser Karten ist, da sie für die Seefahrt vorgesehen waren, daß sie nur Angaben zu den Küstengebieten enthalten (s. Textabb. 8; s. auch AWRAMÉA, Strände).

Bedingt durch die Entwicklung der Landvermessungskunde im 18. Jh., durch die Einführung von trigonometrischen Grundlinien und Netzen auf den Karten West- und Zentraleuropas sowie durch die Anfertigung von Seekarten erscheint allmählich auf relativ exakten Karten auch die *Halbinsel des Heiligen Berges* mit eingetragenen Ortsvermerken von Klöstern.

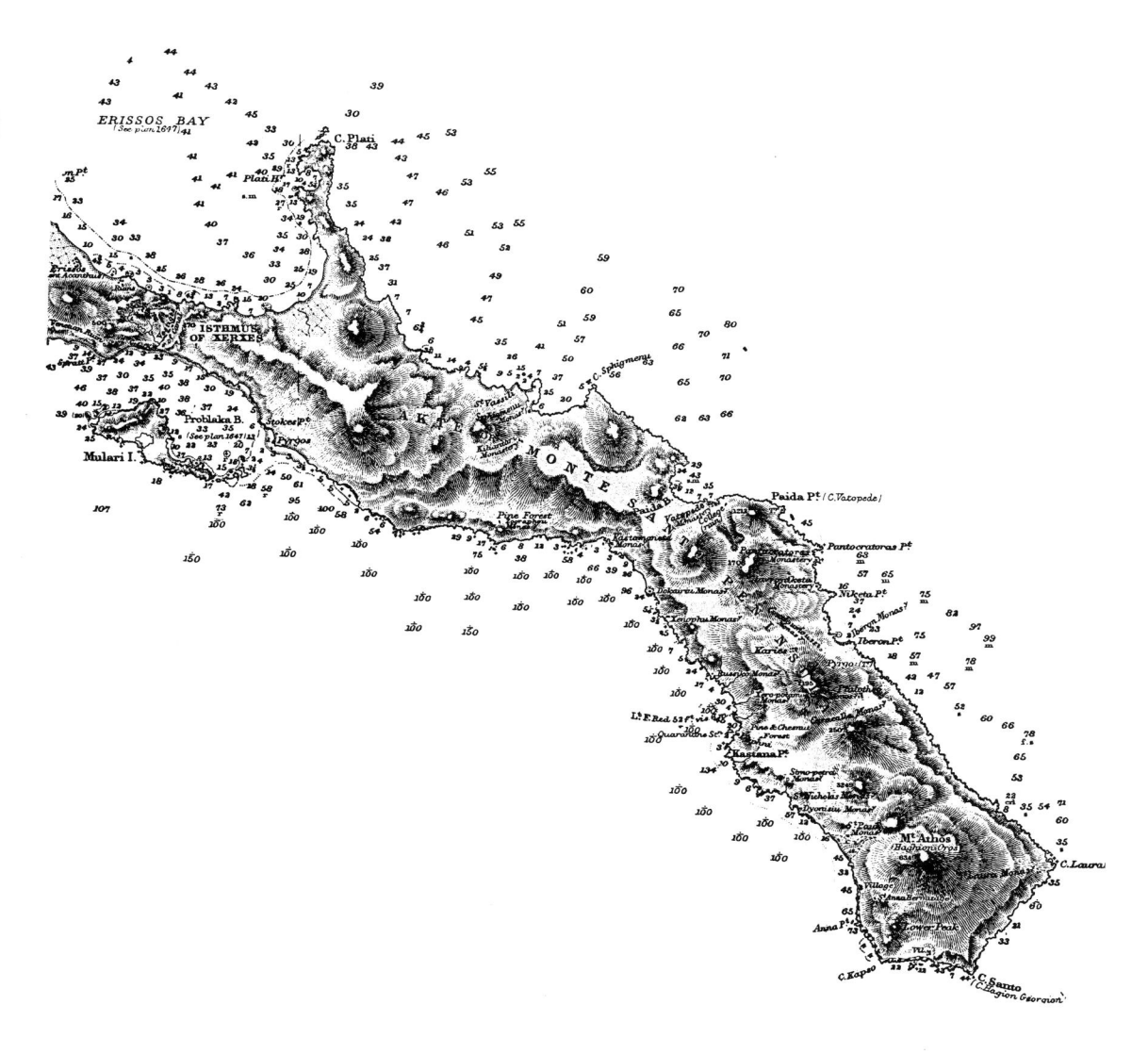

Textabb. 9. Karte des Heiligen Berges. Teil einer Karte der *Nordägäis*, hrsg. von der *Britischen Admiralität* im Jahre 1833. Einige Klöster (die größten) sind mit ihren Namen und fast genauen Ortsangaben festgehalten. Im 16. Jh. wurde begonnen, die Namen und entsprechenden Lokalisierungen von Klöstern sogar auf einfachen Karten des Heiligen Berges einzutragen, wie z. B. auf den Skizzen von PIERRE BELON DU MANS aus dem Jahre 1533 (s. MYLONÁS, *Alte Stiche*, Taf. 2, 3).

Zu den ersten gewissenhaft ausgeführten Kartographien der Halbinsel sollte die *Karte Makedoniens,* die auch den *Athos* miteinschließt und dabei sogar die Lage und die Benennung der Klöster berücksichtigt, gerechnet werden. Es handelt sich um einen Entwurf aus dem Jahre 1835, der im dritten Band von LEAKE, *Travels in Northern Greece,* mitaufgenommen ist. Dieser hatte den Heiligen Berg 1807 besucht und beschrieben. Vermutlich hat diese Karte viel von der *Karte der Britischen Admiralität über die Nordägäis*, die 1833 veröffentlicht wurde, übernommen (Textabb. 9).

Seit den vierziger Jahren des 19. Jhs. werden Karten der Athos-Halbinsel in Büchern über den *Heiligen Berg* abgebildet. Die meisten sind recht einfach, wie beispielsweise im Buch von ZACHARIÄ, 1840, oder von LANGLOIS, 1867 (s. Textabb. 10). Eine Karte des Heiligen Berges, wie sie ähnlich auch in anderen der Zeit vorkommt, ist im Reisebuch von BARSKIJ über den Heiligen Berg, BARSUKOW-Ausgabe, 1887 (s. Bibliographie und Textabb. 11)

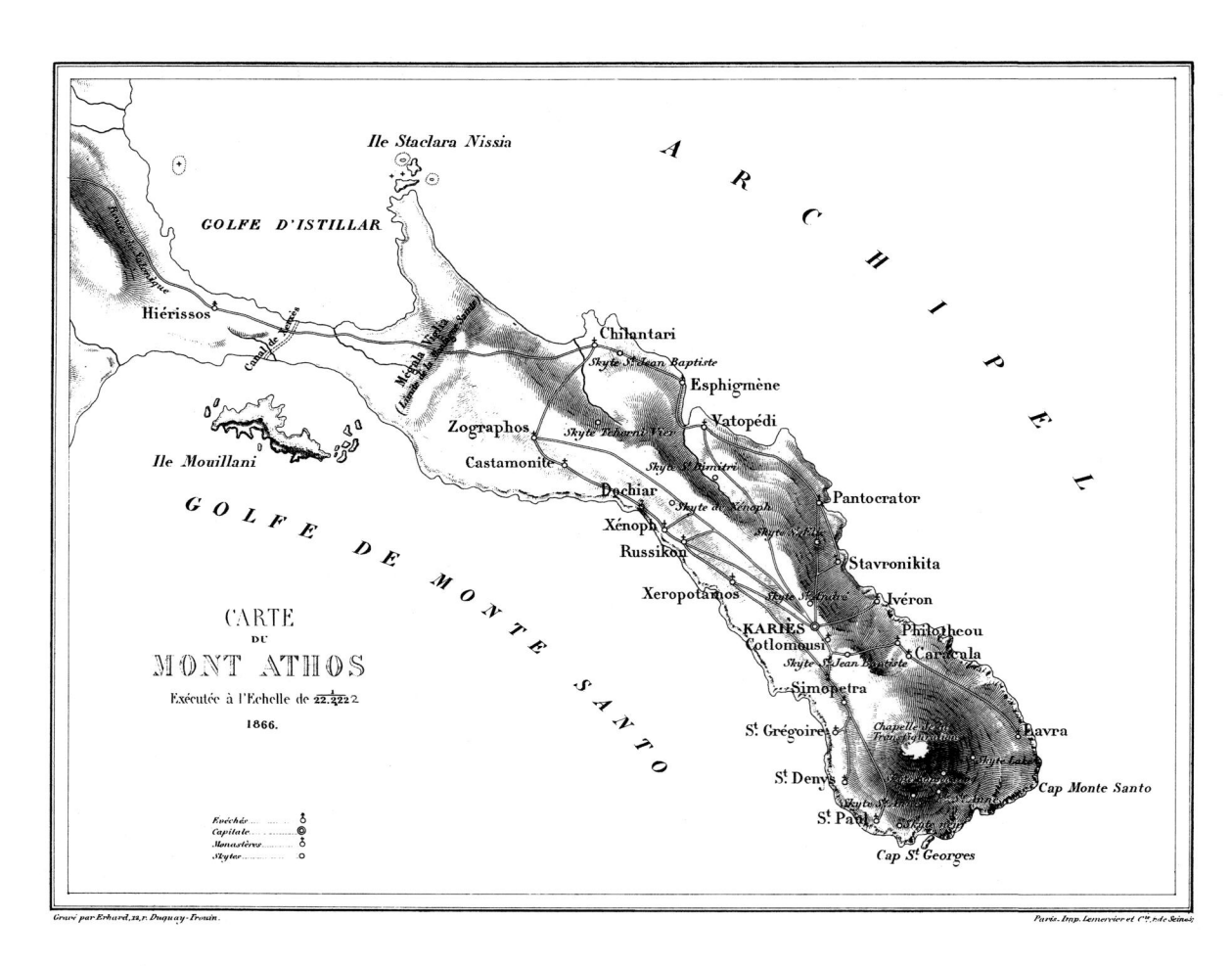

Textabb. 10. Einfache Karte des Heiligen Berges, enthalten im Buch von LANGLOIS, *Le Mont Athos et ses monastères*, Paris, 1867.

zu finden. Wir führen im folgenden einige Titel solcher Veröffentlichungen an, die das Interesse der Europäer für den Heiligen Berg bezeugen. Ähnlich und beinahe größer ist das Interesse Rußlands im letzten Viertel des 19. Jhs. bis zum Ersten Weltkrieg:

ZACHARIÄ, E., *Reise in den Orient ... mit einer Charte des B. A.*, Heidelberg, 1840; VESNIN, S. A., *Nynesnij Russkij ... Panteleimona monastyrj...*, St. Petersburg, 1866; VESNIN, S. A., *Pisjma Svjatogorca o Svjatoj Gore Afonskoj*, St. Petersburg, 1866; LANGLOIS, V., *Géographie de Ptolémée*, Paris, 1867; LANGLOIS, V., *Le Mont Athos et ses monastères*, Paris, 1867; VESNIN, S. A., *Biografija Svjatogorca,* usw., St. Petersburg, 1873; NEUMEYR, M., *Geologische Untersuchungen über ... Chalkidiki*, Wien, 1880; USPENSKIJ, P., *Vtoroe putesestvie po svjatoj gore Afonskoj 1858, 1859, 1860*, Moskau, 1880; BROCKHAUS, H., *Die Kunst in den Athos-Klöstern*, Leipzig, 1891, ²1924; SYRKU, P. A. (Hrsg.), *Kniga bytija moego. Dnevniki i autobiograficeskija zapiski episkopa Porfirija Uspenskago*, St. Petersburg, 1894; GELZER, H., *Vom Heiligen Berge und aus Makedonien*, Leipzig, 1904; PEČERSKAJA LAVRA, *Svgataja gora Afon* (Athos-Karte), 39 x 49 cm, Kiev, 1910, ²1912; VIVIELLE, J., »Le Mont Athos. Une escale à la Montagne Sainte en 1919«, *Revue des Etudes Historiques*, 90, 1924, S. 375–390; FELS (Hrsg.), *Vom Athos zum Ida*, Hamburg, 1930; FICHTNER, F., *Wandmalereien der Athos-Klöster*, Berlin, 1931; JUSTUS PERTHES' GEOGRAPHISCHE ANSTALT, 78, 1932, 133: Neuvermessung der Südküste des Athos; DÖLGER, F., *Mönchland Athos*,

München, 1943; THEUNISSEN, W. P. – HARTOG, J., *Der Heilige Berg*, Rotterdam, 1951; BIES, J., *Mont Athos (Itinéraires)*, Paris, 1963.

Während der zweiten Hälfte des 19. Jhs. fertigten Militär- und Marinestäbe sowie wissenschaftliche Gesellschaften vieler europäischer Länder ausführliche Kartographien der ganzen Welt an, darunter auch solche des *Balkans* und – umfassender – des *Heiligen Berges*. Wir führen hier die kartographische Abbildung der *Athos-Halbinsel* aus der *Karte der Nordägäis* an, angefertigt vom *Österreichischen Stab* 1879 (Textabb. 12).

Das moderne Griechenland gründete gleich nach der Bildung des freien Staates (1830) ein Kartographie-Amt. Große Geschichts- und Ethnographie-Karten wurden von Griechen jedoch schon vor der Befreiung zusammengestellt. Es sei kurz auf die *Karta des Rígas Feraíos* (Χάρτα τοῦ Ρήγα Φεραίου, s. MYLONÁS, *Alte Stiche*, Taf. 10), gedruckt in Wien 1797, und auf die *Geographische Tafel Griechenlands* (Πίναξ Γεωγραφικὸς τῆς Ἑλλάδος) von A. A. Gazis, gedruckt ebenfalls in Wien 1810, hingewiesen. Beide stellen die Halbinsel des Hl. Berges und ihre Klöster dar. Für eine informative Einführung in die moderne griechische Kartographie s. PAPUTSÁNIS, T., »Zusammenfassender Bericht zu einer Kartographierung des griechischen Küsten- und Inselraumes« (Συνοπτικὴ ἀναφορὰ στὴν χαρτογράφηση τοῦ Ἑλληνικοῦ Παράλιου καὶ Νησιωτικοῦ Χώρου), in: GRIECHISCHE KARTOGRAPHIE-GESELLSCHAFT, *Kartographierung des Griechischen Küsten- und Inselraumes*, 7. Internationales Symposion, Athen 1989, S. 12–77, und TÓLIAS, G., »1830–1930. Der Raum und die Menschen« (1830–1930, Ὁ Χῶρος καὶ οἱ Ἄνθρωποι), in: GRIECHISCHE KARTOGRAPHIE-GESELLSCHAFT – GESELLSCHAFT DES GRIECHISCHEN

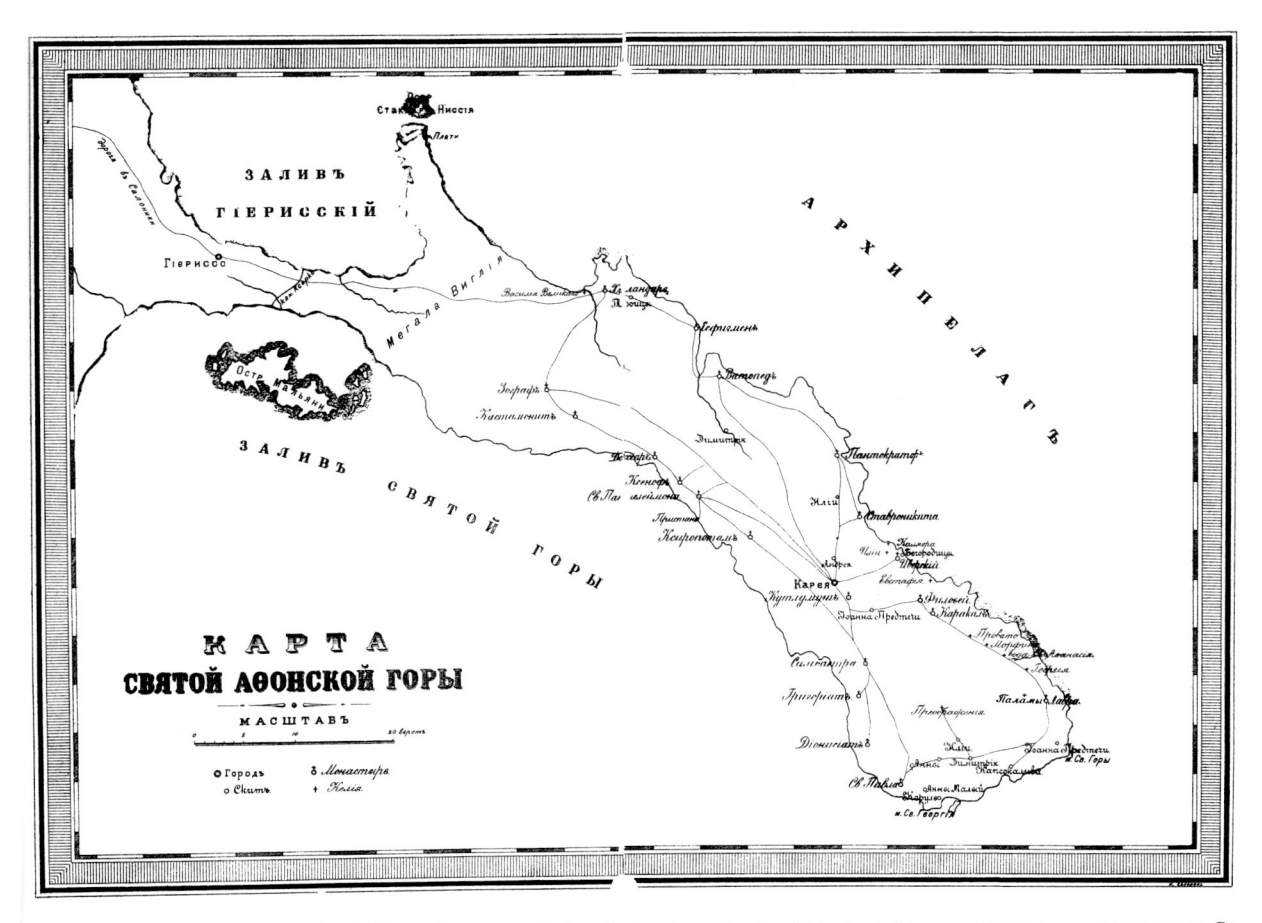

Textabb. 11. Einfache Karte des Heiligen Berges, enthalten in der Ausgabe des *Reiseberichts* von BARSKIJ, aus: BARSUKOW, St. Petersburg, 1887.

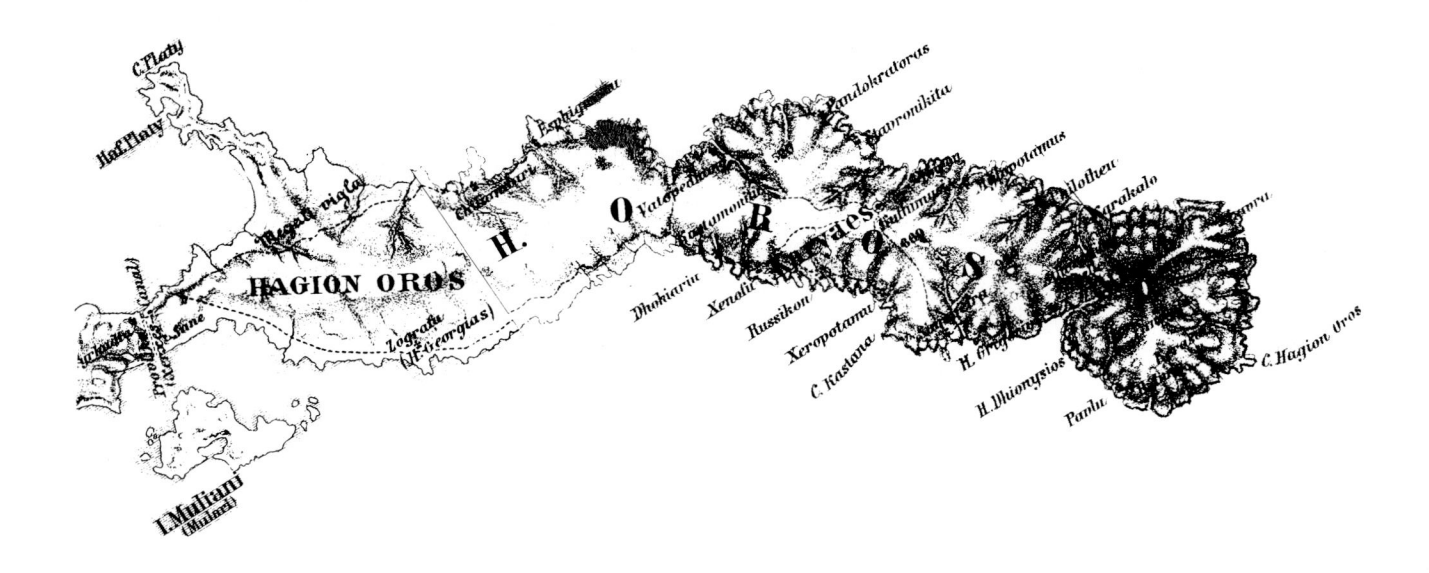

Textabb. 12. Karte der *Athos-Halbinsel*. Teil eines Blattes mit der kartographischen Abbildung der *Nordägäis*, zusammengestellt vom Österreichischen Regimentsstab 1879.

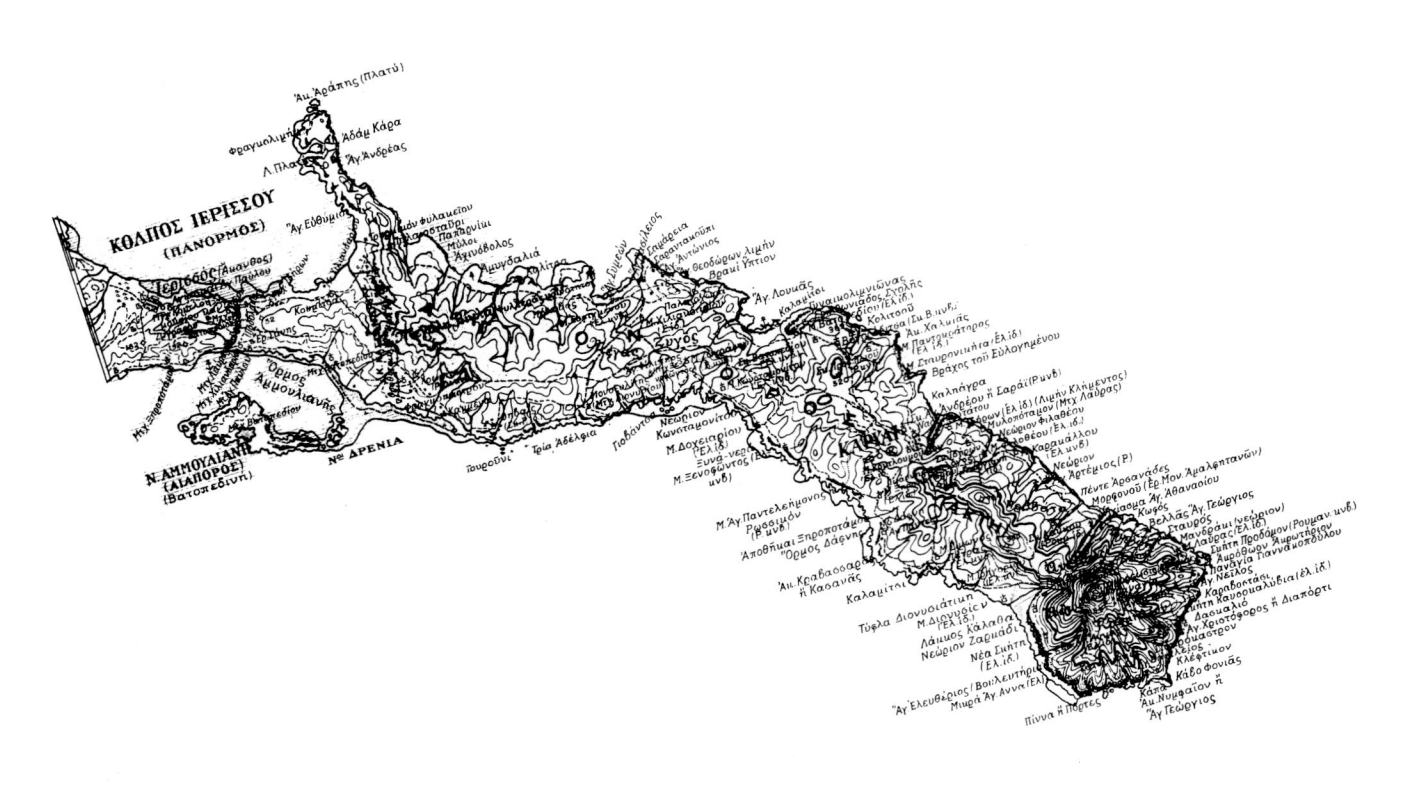

Textabb. 13. Karte der *Athos-Halbinsel*, Teil eines Blattes mit der kartographischen Abbildung der *Nordägäis*. Veröffentlicht in Griechenland 1914, d. h. nach der Vereinigung *Makedoniens* und des *Athos* mit Griechenland (1912).

LITERARISCHEN UND GESCHICHTLICHEN ARCHIVS – *Hundert Jahre Kartographierung des Griechentums, 1830–1930* (Ἑκατὸ χρόνια χαρτογραφίας τοῦ Ἑλληνισμοῦ, 1830–1930), Athen, 1992, S. 14–23.
Textabb. 13 zeigt eine Karte des Heiligen Berges (Teil einer Karte der Nordägäis im Maßstab 1 : 250.000), zusammengestellt in Griechenland 1914, d. h. nach der Vereinigung Makedoniens mit Griechenland (1912; Dank gebührt der Gesellschaft des Griechischen Literarischen und Geschichtlichen Archivs (E.Λ.I.A., *Ἑλληνικὸ Λογοτεχνικὸ καὶ Ἱστορικὸ Ἀρχεῖο*) für ihre Erlaubnis zur Veröffentlichung der Karten auf den Textabb. 9, 12 und 13).
Heutzutage gibt es ausgezeichnete Karten des Heiligen Berges vom (griechischen) Militärdienstamt in verschiedenen Maßstäben bis zum Maßstab 1 : 5.000.
Eine ausgezeichnete *Karte des Heiligen Berges* im Maßstab 1 : 100.000 mit sehr vielen Einzelheiten wurde von Gerasimos SMYRNÁKIS angefertigt und zusammen mit seinem Monumentalwerk *Der Heilige Berg* 1903 veröffentlicht. Die Textabb. 14, 15 und 16 (im Maßstab 1 : 150.000) geben mit geringen Verbesserungen bei den Gebirgszügen in verkleinertem Maßstab die Neuausgabe dieser Karte wieder, die in Thessaloniki im dritten Jahrzehnt des 20. Jahrhunderts veröffentlicht wurde.

ÜBER DIE SEWASTIANOW-EXPEDITION

Diese ausführliche Anmerkung könnte nicht als vollständig angesehen werden, wenn sie keinen Hinweis auf die *Bauaufnahme und topographische Aufnahme* einer Gruppe russischer Wissenschaftler auf dem Heiligen Berg in der Mitte des 19. Jhs. enthielte. Die erste *systematische Kartographierung der Athos-Halbinsel* wurde vom Mai 1859 bis zum September 1860 von der SEWASTIANOW-*Expedition* vorgenommen, wie es in schriftlichen Quellen bezeugt ist (s. DIDRON AINÉ, *Annales Archéologiques*, XXI, 1861, S. 173–179; UNBEKANNT, »Herr Sewastianow und die Handschriften des Heiligen Berges Athos« [Ὁ κ. Σεβαστιάνωφ καὶ τὰ χειρόγραφα τοῦ Ἁγίου Ὄρους Ἄθω], *Chryssalis* [Χρυσαλλίς], 4, 1866, S. 507–511; FLORINSKIJ, *Sevastianow*, 1880, und – am Rande – SMYRNÁKIS, S. 194, 431, 445 und 454; WLÁCHOS, S. 359 sowie das entsprechende Lemma bei M.E.E. oder im russischen BROCKHAUS).
DIDRON übersetzt einen im *Russischen Botschafter* (»Messager russe«) im Januar 1861 veröffentlichten Bericht. Der Bericht stammt von *Peter Iwanowitsch Sewastianow* (1811–1867), einem Staatsrat, und ist an die Prinzessin Maria, Präsidentin der Kunstakademie und Schwester des Zaren, gerichtet. In diesem Text werden die acht Mitarbeiter der Expedition – Maler, Architekten und Photographen – erwähnt, ebenso die intensive Betreuung durch den schon auf dem Heiligen Berg weilenden Archimandriten *Antoninos (Kapustin)*, den damaligen Priester der Sotíra Lykodímu (Russische Kirche) in Athen und bedeutenden Byzantinisten. [Über A. KAPUSTIN s. K. PAPULÍDIS, *Die griechische Welt von Antoninos Kapustin (1817–1894). Beitrag zur Politik Rußlands im christlichen Orient im 19. Jh.* (Ὁ Ἑλληνικὸς κόσμος τοῦ Ἀντωνίνου Καπούστιν [1817–1894]. Συμβολὴ στὴν πολιτικὴ τῆς Ρωσσίας στὴν Χριστιανικὴ Ἀνατολὴ τὸν 19ο αἰ.), Thessaloniki, 1993. Speziell über sein Zusammentreffen mit Sewastianow s. S. 97–99.] Die Expedition fertigte viele Kopien, Photos von Werken der Malerei und Abgüsse von Reliefs usw. an. In bezug auf die Architektur wurden zehn allgemeine topographische Pläne von älteren Klöstern, Querschnitte, Vorderansichten und Details von Baugliedern wiedergegeben. Daß diese Pläne durchgeführt worden sind, wird durch die Veröffentlichung der allgemeinen topographischen Pläne von *Megísti Lávra* bei KONDAKOV, *Christianskago Iskustva na Athone*, St. Petersburg, 1902, S. 22, sowie durch den Grundriß und den Querschnitt des *Chelandári-Katholikón* und den Grundriß des *Iviron-Katholikón* bei MILLET, G., *L'école grecque dans l'architecture byzantine*, Paris, 1916, London, ²1974, S. 54 und 61 bewiesen. Am Ende seines Berichtes schreibt DIDRON auf Seite 179, *Absatz V – Topographie,* daß »eine topographische Wiedergabe der *Athos-Halbinsel* auf neun Blättern angefertigt wurde«.
Dieses riesige Unternehmen der SEWASTIANOW-Expedition wurde mit Richtlinien und Mitteln durchgeführt, die man nach heutigen Maßstäben durchaus als *modern* bezeichnen könnte: ausführlich gemessene Wiedergaben, genaue Kopien und Photos auf Glasplatten von großem Format (Der Verfasser fand – und fertigte davon eine Abschrift an – unter den Schriften von SEWASTIANOW in der Lenin-Bibliothek in Moskau einen ausführlichen handschriftlichen Bericht auf französisch in der schönen Kalligraphie der Zeit, in welchem dieser erwähnt, daß

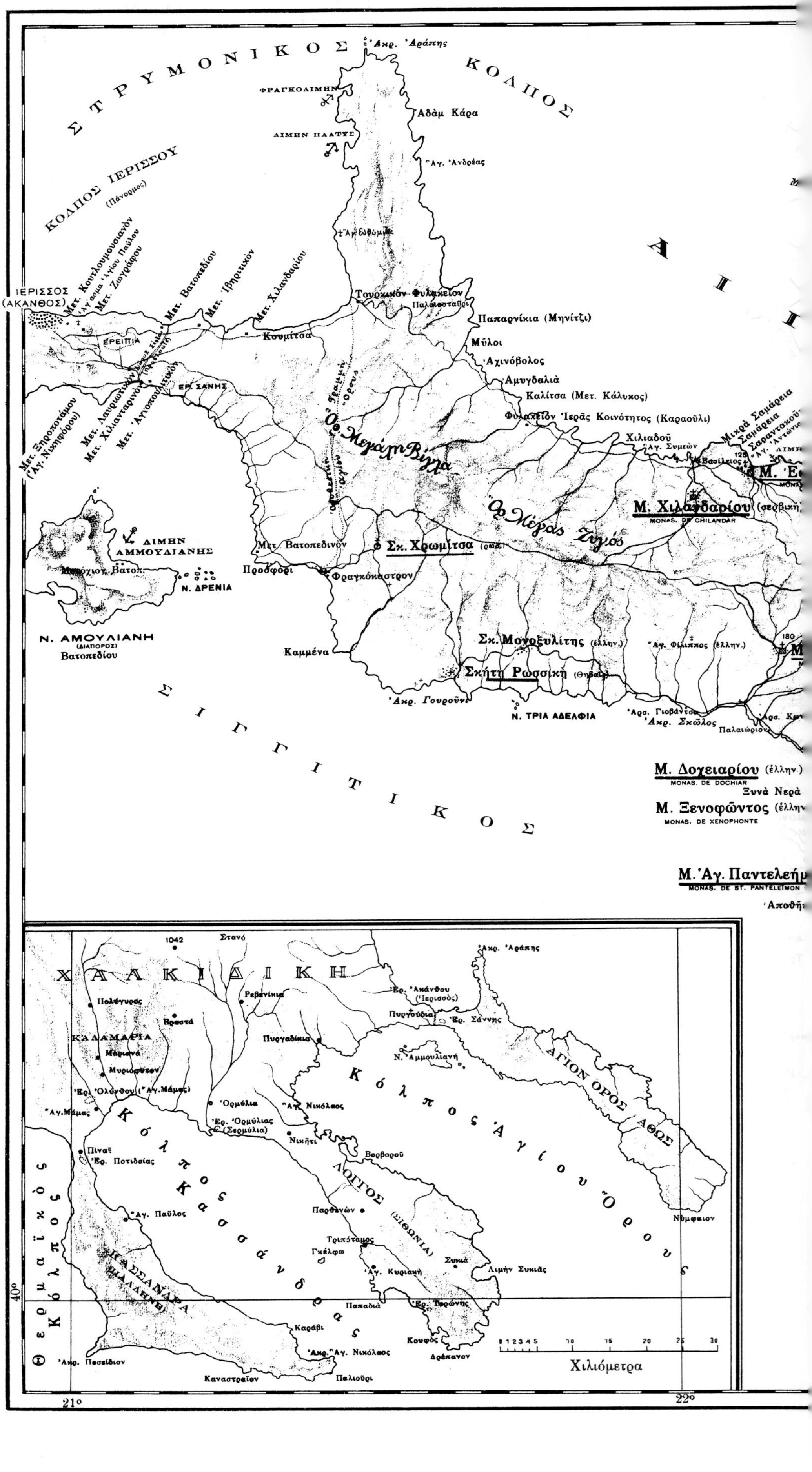

ΣΤΡΥΜΟΝΙΚΟΣ ΚΟΛΠΟΣ
Ἀκρ. Ἀράπης
ΦΡΑΓΚΟΛΙΜΗΝ
Ἀδὰμ Κάρα
ΛΙΜΗΝ ΠΛΑΤΥΣ
Ἀγ. Ἀνδρέας
ΚΟΛΠΟΣ ΙΕΡΙΣΣΟΥ
(Πάνορμος)
ΙΕΡΙΣΣΟΣ
(ΑΚΑΝΘΟΣ)
Μετ. Ζωγράφου
Μετ. Βατοπεδίου
Μετ. Ἰβηριτικὸν
Μετ. Χιλανδαρίου
ΕΡΕΙΠΙΑ
Κουμίτσα
ΕΡ. ΞΑΝΗΣ
Μετ. Ξηροποτάμου
(Ἀγ. Νικηφόρου)
Μετ. Χιλιανταρινὸν
Μετ. Ἀγνοστολιτικὸν
Τουρκικὸν Φυλάκειον
Παπαρνίκια (Μηνίτζι)
Μῦλοι
Ἀχινόβολος
Ἀμυγδαλιὰ
Καλίτσα (Μετ. Κάλυκος)
Φυλάκειον Ἱερᾶς Κοινότητος (Καραοῦλι)
Χιλιαδοῦ
Ἀγ. Συμεὼν
Μικρὰ Σαμάρεια
Σαμάρεια
Ὄρ. Μεγάλη Βίγλα
Ὄρ. Μέγας Ζυγὸς
Μ. Χιλανδαρίου (σερβική)
MONAS. DE CHILANDAR
ΛΙΜΗΝ ΑΜΜΟΥΛΙΑΝΗΣ
Μετόχιον Βατοπ.
Ν. ΔΡΕΝΙΑ
Μετ. Βατοπεδινὸν
Πρόσφορι
Φραγκόκαστρον
Σκ. Χρωμίτσα
Ν. ΑΜΟΥΛΙΑΝΗ
(ΔΙΑΠΟΡΟΣ)
Βατοπεδίου
Καμμένα
Σκ. Μονοξυλίτης (ἑλλην.)
Ἀγ. Φίλιππος (ἑλλην.)
Σκήτη Ρωσσική
Ἀκρ. Γουροῦνι
Ν. ΤΡΙΑ ΑΔΕΛΦΙΑ
Ἀκρ. Σκῶλος
Παλαιώριον
ΣΙΓΓΙΤΙΚΟΣ
Μ. Δοχειαρίου (ἑλλην.)
MONAS. DE DOCHIAR
Ξυνὰ Νερὰ
Μ. Ξενοφῶντος
MONAS. DE XENOPHONTE
MONAS. DE ST. PANTELEIMON
ΧΑΛΚΙΔΙΚΗ
1042
Στανό
Πολύγυρος
Βραστά
Ρεβένικια
ΚΑΛΑΜΑΡΙΑ
Μαριανά
Μυριόφυτον
Ἀκρ. Ἀράπης
Ἐρ. Ἀκάνθου
(Ἱερισσός)
Πυργούδια
Ἐρ. Ξάννης
Πυργαδίκια
Ν. Ἀμμουλιανή
ΑΓΙΟΝ ΟΡΟΣ
ΑΘΩΣ
Ἐρ. Ὀλύνθου (Ἀγ. Μάμας)
Ὀρμύλια
Ἀγ. Νικόλαος
Ἀγ. Μάμας
Ἐρ. Ὀρμύλιας
(Σερμύλια)
Νικήτι
Βορβοροῦ
Κόλπος Ἁγίου Ὄρους
Κόλπος Κασσάνδρας
Πίναξ
Ἐρ. Ποτιδαίας
ΛΟΓΓΟΣ
(ΣΙΘΩΝΙΑ)
Ἀγ. Παῦλος
Παρθενὼν
Νύμφαιον
Τριπόταμος
Γκέλφω
Συκιά
Λιμὴν Συκιᾶς
Ἀγ. Κυριακή
ΚΑΣΣΑΝΔΡΑ
(ΠΑΛΛΗΝΗ)
Θερμαϊκὸς Κόλπος
40°
Παπαδιά
Ἐρ. Τορώνης
Καράβι
Κουφὸς
Δρέπανον
Ἀκρ. Ἀγ. Νικόλαος
Ἀκρ. Ποσείδιον
Καναστραῖον
Παλιοῦρι
Χιλιόμετρα
0 1 2 3 4 5 10 15 20 25 30
21°
22°

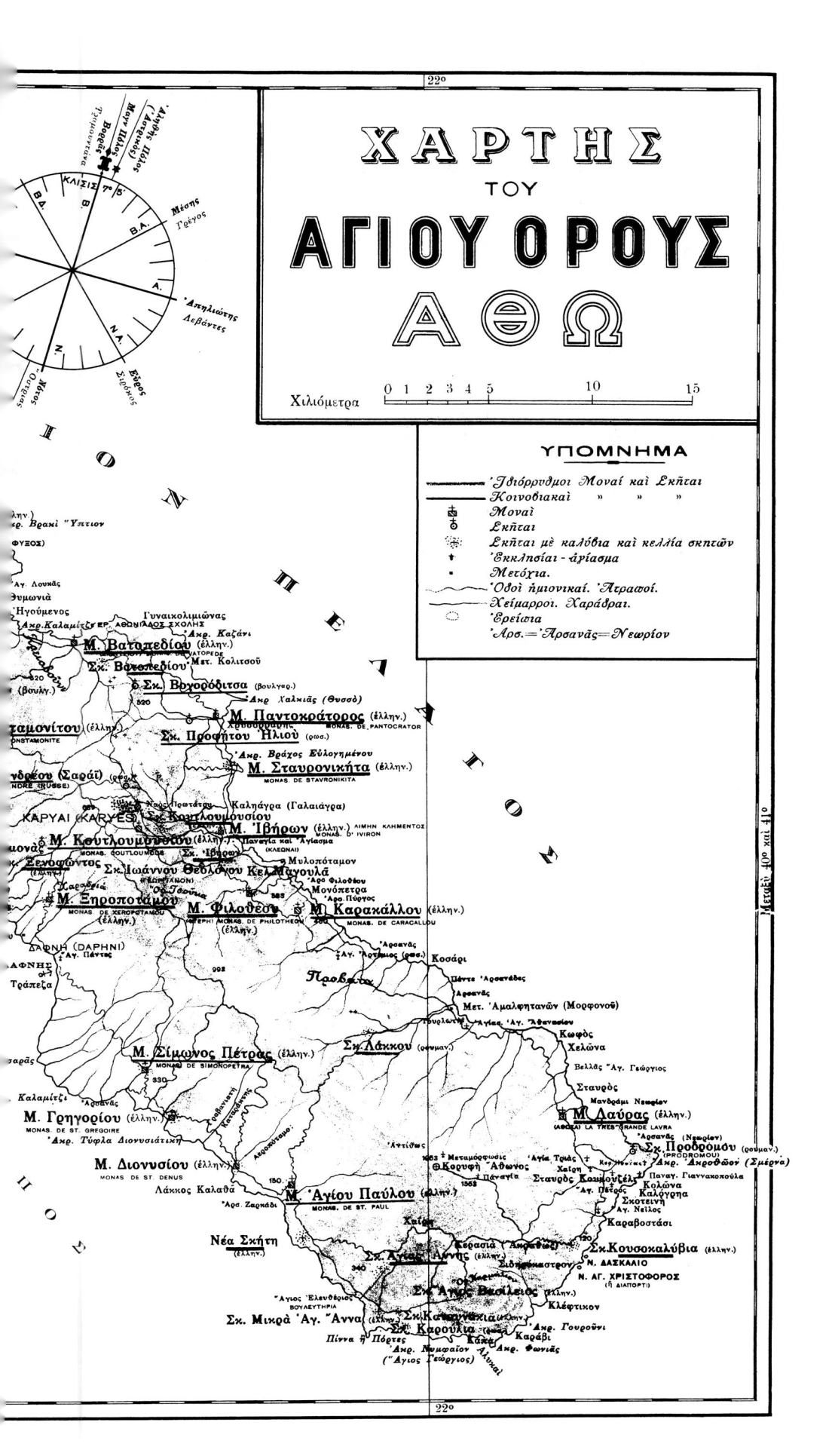

Textabb. 14, s. S. 92

ΟΡΟΣ ΑΘΩΣ Ναίδιον Μεταμορφώσεως   Β. Α. Π

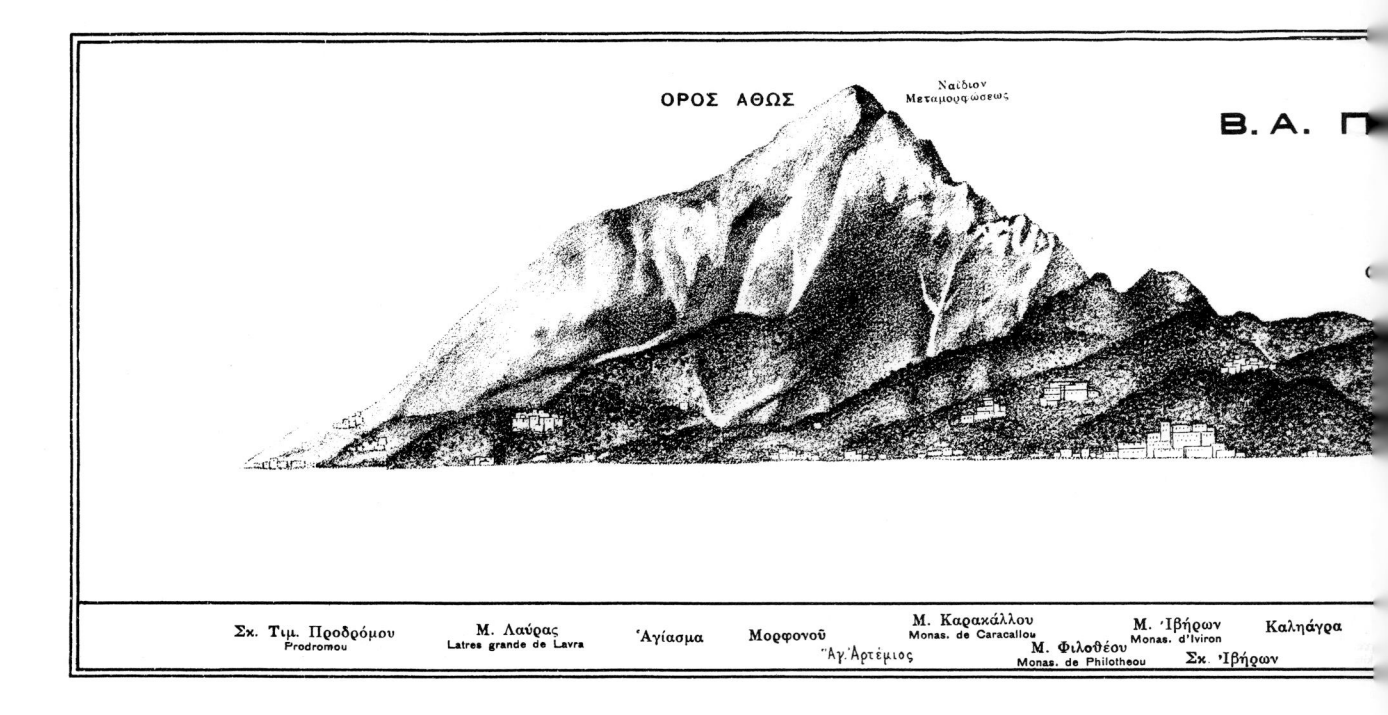

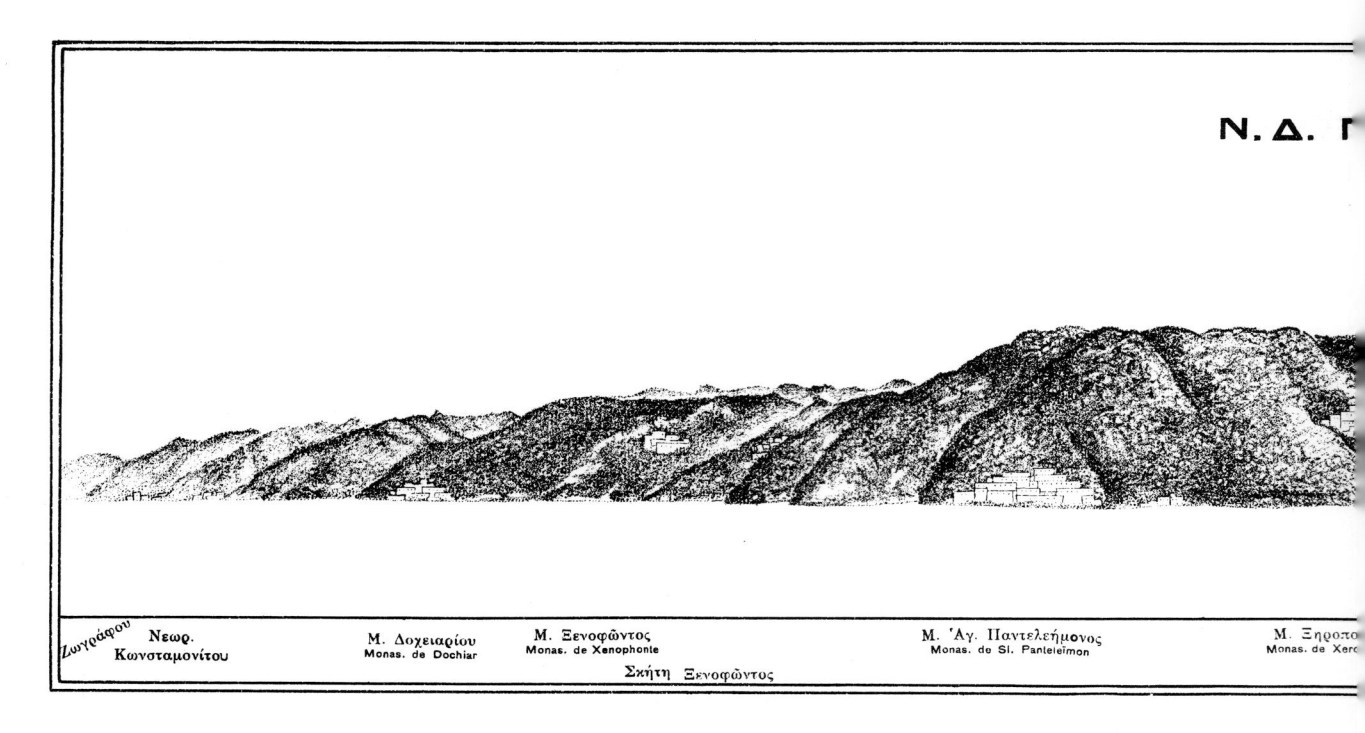

Σκ. Τιμ. Προδρόμου / Prodromou   Μ. Λαύρας / Latres grande de Lavra   Ἁγίασμα   Μορφονοῦ   Ἅγ. Ἀρτέμιος   Μ. Καρακάλλου / Monas. de Caracallou   Μ. Φιλοθέου / Monas. de Philotheou   Μ. Ἰβήρων / Monas. d'Iviron   Σκ. Ἰβήρων   Καλιάγρα

Ν. Δ. Γ

Ζωγράφου   Νεωρ. Κωνσταμονίτου   Μ. Δοχειαρίου / Monas. de Dochiar   Μ. Ξενοφῶντος / Monas. de Xenophonte   Σκήτη Ξενοφῶντος   Μ. Ἁγ. Παντελεήμονος / Monas. de St. Panteleimon   Μ. Ξηροπο / Monas. de Xero

Textabb. 14. 15. 16. Karte des Heiligen Berges im Maßstab 1 : 100.000, zusammengestellt von Gerasimos SMYRNÁKIS. Eine ausgezeichnete Arbeit, die viele Einzelheiten liefert und in seinem monumentalen Werk *Der Heilige Berg*, veröffentlicht 1903, enthalten ist. Auf Textabb. 14 wird ein Grundriß veröffentlicht, auf den Textabb. 15 und 16 werden zwei Seitenansichten, die eine aus Südwesten und die andere aus Nordosten, im verkleinerten Maßstab 1 : 150.000 wiedergegeben. Sie stammen aus einer späteren Ausgabe, die in den 30er Jahren in Thessaloniki ediert wurde. Diese letzte Ausgabe enthält nur geringe Abweichungen in bezug auf die Informationen zum Heiligen Berg.

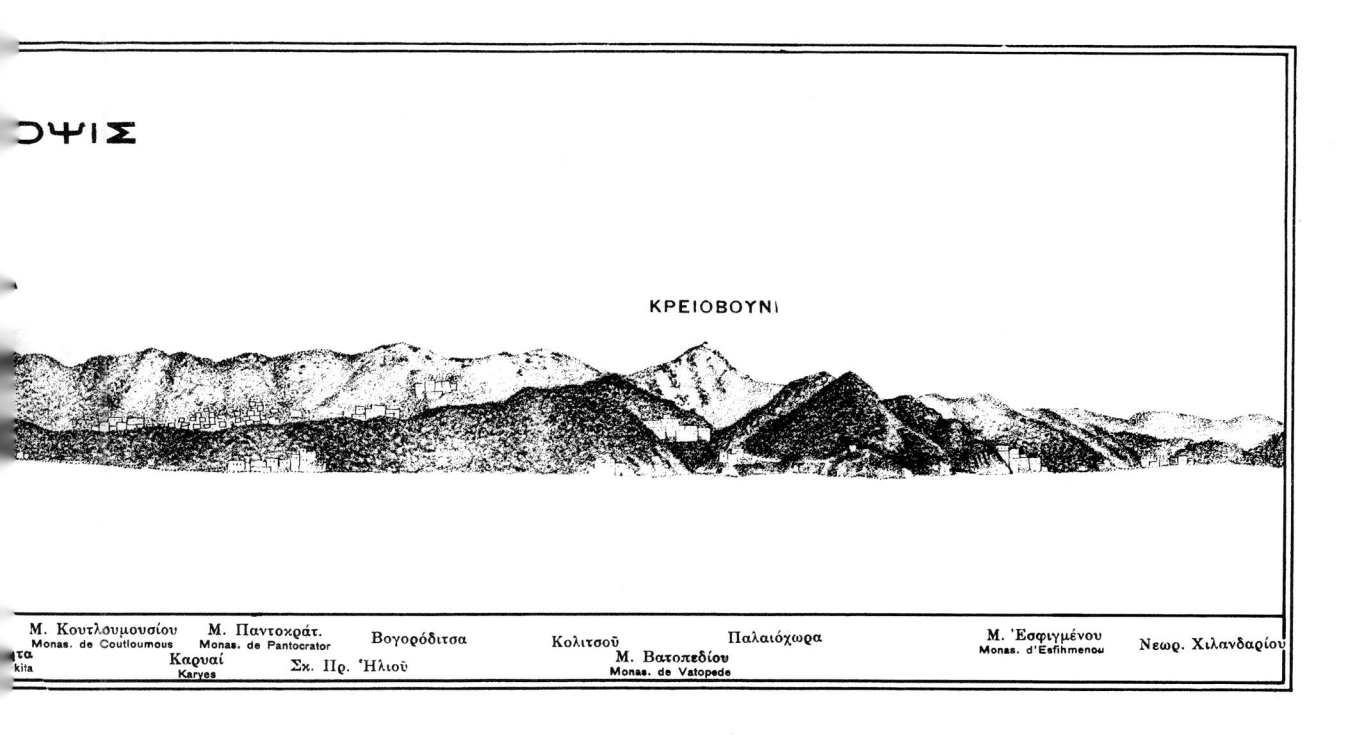

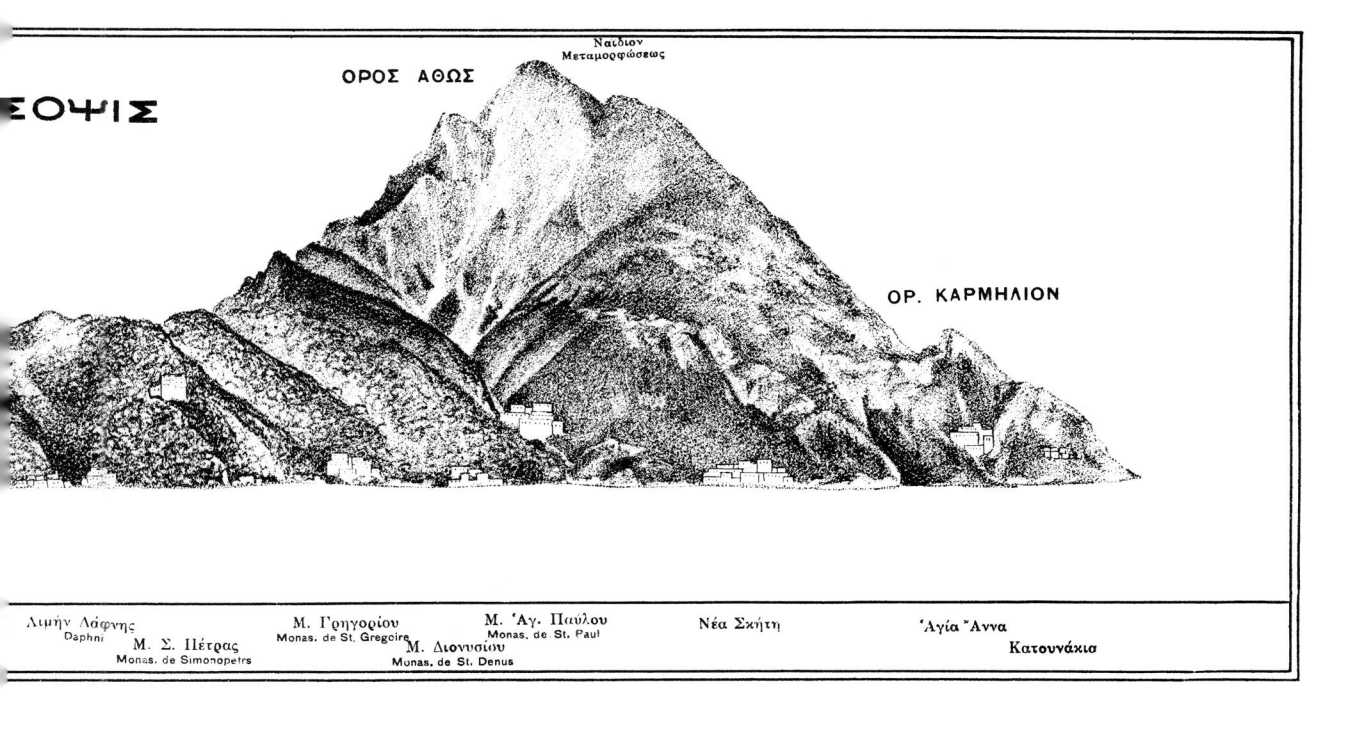

er seit 1855 in Paris wohne, um die Kunst der Photographie zu erlernen; er beschreibt die Photoapparate der Zeit, mit denen er nach Rußland zurückkehrte.) und v. a. eine hohe Geldsumme, die laut DIDRON 15.000 Rubel betrug.

Diese Sammlung wurde jedoch nie veröffentlicht und *gilt heute als verloren*. Während der Forschungen, die der Verfasser 1984 in Moskau und im damaligen Leningrad durchführte, wurden ihm manche große Umschläge zum Studium gegeben, die zahlreiche Notizen, einige schlecht erhaltene durchsichtige architektonische Pläne und einige stark vergilbte Papierphotos enthielten. Auf die Frage nach dem Verbleib der großen Pläne erhielt der Verfasser die enttäuschende Antwort: *Alle großen Umschläge der SEWASTIANOW-Expedition, die in der Kunstakademie von St. Petersburg aufbewahrt wurden, verschwanden während der Revolution 1917.*

Der Verfasser gab sich mit dieser mündlichen Information nicht zufrieden. Um den Lesern die Gewähr gesicherter Informationen zu bieten, erfragte er erneut Auskünfte über das Deutsche Archäologische Institut und das Deutsche Generalkonsulat im heutigen St. Petersburg. Die Antwort lautet: »Das Archiv der Repin-Kunsthochschule verfügt nach Auskunft seiner Leiterin Frau Alexejewa nicht über die von Ihnen erwähnten Bestände. Der Leiter des Archivs der Akademie der Wissenschaften, Herr Sokolew, gab an, sein Archiv verfüge ausschließlich über einige wenige Briefe des Fürsten Sewastianow an russische Priester. Kopien dieser Briefe stelle er auf Anfrage gern zur Verfügung.«

Der Verfasser hofft nichtsdestoweniger, daß dieses wertvolle Material durch kriegerische Vorgänge nicht vernichtet wurde und daß es irgendwann wieder auftaucht, zum Nutzen der byzantinischen Studien und zum Ruhm der russischen Wissenschaft.

SEWASTIANOW begnügte sich keineswegs mit der Wiedergabe von Denkmälern. Er sammelte nachbyzantinische Ikonen und Teile von Wandmalereien und brachte sie nach Rußland. Diese Sammlung befand sich 1984 in der *Ermitage* und wurde dem Verfasser von der unvergeßlichen Freundin und ausgezeichneten Wissenschaftlerin, der Direktorin des Museums, Alisia BANK, gezeigt.

54. – In bezug auf die *Ortsnamen* ist viel geschrieben worden. Wir führen als Beispiel an: PAPADÓPULOS, D. A., »Über die sprachlichen Idiome von Athos und Chalkidiki« (Περὶ τῶν γλωσσικῶν ἰδιωμάτων Ἄθω καὶ Χαλκιδικῆς), *Lexikographisches Archiv des Mittel- und Neugriechischen* (Λεξικογραφικὸν Ἀρχεῖον τῆς μέσης καὶ νέας Ἑλληνικῆς), 6, 1923, S. 125–141.

BEGLEITTEXTE
ZU DEN
TOPOGRAPHISCHEN TAFELN

1. – MEGÍSTI LÁWRA
(DIE GROSSE LÁWRA)

HEILIGER ATHANÁSIOS vom ATHOS – PATRONATSFEST: 5. / 18. JULI

(HEFT II, ABB. 5–7. 10–26 • HEFT III, TAF. 101.1–101.7)

Geographische Länge vom Meridian Athens aus (Außentorschwelle)	≅	00° 39′50[17″]
Geographische Breite (Außentorschwelle)	≅	40° 10′14[30″]
Höhe über dem Meeresspiegel (Außentorschwelle)[1]	≅	151,10 m
Fläche des gesamten Herrschaftsgebietes des Klosters	≅	5.970 ha
Fläche des Klosterbezirkes und des unmittelbar angrenzenden bebauten Gebietes	≅	8 ha
Gesamtfläche innerhalb der Außenmauern des Klosterbezirkes[2]	≅	15.687 m²
Gesamte bebaute Fläche innerhalb der Außenmauern (Gebäude)	≅	9.750 m²
Freiflächen innerhalb der Außenmauern des Klosters (Höfe)	≅	5.937 m²
Maximale Ausdehnung in Länge und Breite (auf 5 m gerundet)	≅	205 m x 105 m

Das Herrschaftsgebiet der *Megísti Láwra* nimmt den gesamten Südostteil der Halbinsel ein. Es grenzt im Westen zunächst an den *Singitischen Golf,* und zwar vom *Kap Nýmfaion*[3] bis zur Mündung des Baches *Sýnoro* (Σύνορο = Grenze) oder *Kamára* (Καμάρα)[4] oder *Chaíri*[5], welcher die *Néa Skíti* (Hagíu Páwlu) von der *Skíti Hagía Ánna* (Megísti Láwra) scheidet. Die Grenze zum *Kloster Hagíu Páwlu* folgt dem *Südwestkamm des Athos* (Wasserscheide) bis etwa zu der Höhenlinie, die auf der Baumgrenze unterhalb des felsigen *Athoskegels* liegt und kreisbogenförmig von Westen nach Norden um den Gipfel führt. Von dort zieht sich die Grenze auf dem *Nordrücken des Athos* bis östlich der *Skíti Hágios Dimítrios* oder *tú Lákku*[6] (τοῦ Λάκκου = des Flusses) hinunter und führt weiter bis zum Gebiet *Trióla* oder *Tsiflík*[7]. Hier wendet sie sich nach Norden und trifft im Gebiet *Marmarás* (Μαρμαρᾶς = Marmorgrube, 629 m) auf die Grenze zum *Kloster Karakállu*. Anschließend folgt sie der Gipfellinie nördlich des Gebietes *Prowáta*[8] und dann dem Bach *Tsiatáli* (Τσιατάλι) bis zu seiner Mündung an den Bootsanlegestellen, *Arsanadákia tís Prowátas*[9]. Die Nordost- und Südostgrenze schließlich wird vom *Thrakischen Meer* gebildet.

Das Kloster liegt auf dem natürlichen Plateau *Melaná*[10] – ostnordöstlich des Gipfels *Kúkos* (Κοῦκος = Kuckuck) oder *Tsiakmáki*[11] (1.344 m) –, das sich 0,5 km vom Meer entfernt zwischen zwei Bächen erhebt. Der Klosterbezirk hat die Form eines langgestreckten Rechtecks. Der lange, schmale Klosterhof läßt erkennen, daß der halbe südliche Abschnitt im wesentlichen den natürlichen Bodenverhältnissen folgt, während der nördliche aufgeschüttet wurde. Das bedeutet, daß der ganze Nordflügel nach Norden verschoben worden ist und der Nordabschnitt des Hofes in seiner früheren Form schmaler war. Gebäudereste unter dem *Lebensmittellager* ("M"), der *Kerzenherstellung* ("N") und der *Kanzlei* ("Z") bestätigen eine derartige ältere Anlage.

SMYRNÁKIS[12] zufolge war die Festungsmauer mit 15 Türmen bewehrt, von denen nunmehr noch neun zu sehen sind. Zu einer Kenntnis des früheren Zustandes fehlt uns leider ein Plan von BARSKIJ; dafür geben wir einen Kupferstich von 1810[13] (25 x 50 cm) wieder. Der Überlieferung nach wurde das Kloster nie durch Brand zerstört, sondern durch ständige Renovierungen verändert[14]. Der

Klosterbezirk wurde nach Norden und Osten hin erweitert, während Teile des Südflügels und die ursprünglichen Gebäude, so das *Katholikón* (Hauptkirche, Markierung "A" auf Taf. 101.1, s. auch Taf. 101.3, 101.4) und die *Trápeza* (Refektorium, Markierung "Γ" auf Taf. 101.1, s. auch Taf. 101.5, 101.6) noch aus der Zeit des *Hósios Athanásios* stammen[15].

Der Bootshafen des Klosters, der *Arsanás* ('Αρσανᾶς = Bootshaus und Hafen, Markierung ① auf Taf. 101.1 und Abb. 19), liegt in einer kleinen, natürlich geschützten Bucht, dem *Mandráki*[16], die durch zwei Befestigungswerke aus vielleicht byzantinischer Zeit, eine *Umgrenzung* und einen *Turm*, vervollständigt wird. Dem Kloster unterstehen die *Skíten Hagía Ánna, Hagía Triáda* oder *Kafsokalýwia*[17] und *Tímios Pródromos* sowie die Kellíenkomplexe *Prowáta* und *Morfonú*[18] an den nördlichen Abhängen des Athos, während die monumentale, schroffe Südseite des Berges, die über ideale Orte für ein asketisches Leben verfügt, von den Kellíenkomplexen *Mikrá Hagía Ánna, Karúlia* (Abb. 11. 13. 14)[19], *Katunákia*[20], *Hágios Wasílios* und *Kerasiá* (Κερασιά = Kirschbaum), von den *Askitíria Akráthonos*, den *Kellíen Hágios Nílos* und *Hágios Pétros* sowie der *Hósios-Athanásios-Grotte* eingenommen wird. Dieses Gebiet entdeckte im 8. oder 9. Jh.[21] *Hágios Pétros Athonítis*, der der Überlieferung als erster Ansiedler und Anachoret des christlichen Athos gilt. Schließlich gehört zur *M. Láwra* noch das *Káthisma Mylopotámu* am gleichnamigen Bach, eine Enklave im Gebiet der Klöster *Iwíron* und *Filothéu*[22], gegründet von heiligen Athanásios, mit einer der *Megalomártys Eustáthios*[23] geweihten Kirche. Das Territorium der Megísti Láwra umfaßt auch den *Gipfel des Athos* (2.026 m)[24] mit der Kapelle der *Metamórfosi tú Sotíros* (Μεταμόρφωση τοῦ Σωτῆρος = der Verklärung, Abb. 6)[25].

Das Kloster wird von verschiedenen Quellen und durch einen *Aquädukt* mit natürlichem Gefälle, ursprünglich von *Athanásios* selbst angelegt[26], mit Wasser versorgt. Das Wasser von den schroffen Nordhängen des Athos wird in einem kleinen Speichersee gesammelt, der heute noch als *Fiáli* (Φιάλη = Kegel) *des Hósios Athanásios* bezeichnet wird. Außerdem wird das Kloster durch einen im Jahre 1899 gebauten Kanal, der viel Wasser aus dem *Mégas Welás* (Μέγας Βελλᾶς = Großer Wellás) führt, mit Wasser versorgt[27]. Erwähnt sei ferner der *Brunnen des Hósios Athanásios*, der frisches Trinkwasser aus einer Tiefe von 20 m liefert. Er befindet sich zwischen dem *Katholikón* und der *Trápeza*, neben der südlichen *Zypresse*[28].

Das von seinem Gründer am entlegensten Ende der Halbinsel errichtete Kloster ist auch heute nur schwer zugänglich[29]. Alte steingepflasterte Wege führen in nördlicher Richtung zu den übrigen Klöstern und nach *Karyés* sowie in westlicher Richtung entlang der felsigen Südküste[30] zu den südlichen *Skiten* und den *Klöstern am Singitischen Golf*. Heute gibt es auch einen zwar unbefestigten, aber befahrbaren Forstweg von der *Megísti Láwra* über die *Prowáta* sowie die *Klöster Karakállu, Filothéu* und *Iwíron* nach *Karyés*. Ein ähnlicher Weg nach Süden erstreckt sich vom Kloster zur *Skíti Tímios Pródromos*. Im Bau befindet sich jetzt (1992) eine Autostraße zum *Kloster Iwíron*, die im wesentlichen der Trasse des alten steingepflasterten Küstenweges folgt.

ANMERKUNGEN ZUR MEGÍSTI LÁWRA

1. – SMYRNÁKIS, S. 383: H. ü. M. des Klosters ca. 40 m.

2. – SMYRNÁKIS, S. 383: Fläche 12.000–16.000 m².

3. – *Nýmfaion Ákron* (Νύμφαιον Ἄκρον) und nicht *Nymfaíon* (Νυμφαῖον): PTOLEMÄUS, Ὑφήγησις, Γ, ιβ', 9. LEAKE (Travels, III, S. 147) identifiziert es mit dem südlichsten Kap der Halbinsel *Hágios Geórgios*; LYKÚDIS (M.E.E.), sich auf STRABON (*Geographika*, Z', Fragm. 32) berufend, lokalisiert *Nýmfaion* im Gebiet *Kafsokalýwia*.

4. – Der Name rührt von dem tonnengewölbten Durchgang her, der den am Bach entlanglaufenden Abschnitt der Straße zwischen der *Néa Skíti* und der *Skíti Hagía Ánna* überdeckt (Schutz vor Überschwemmung und Geröll). Der Sturzbach wird über den Rücken des *Diawatikón* (Διαβατικόν = Gewölbtes) oberhalb des Pfades abgeleitet. Auf diese Weise werden die Passanten vor Wasserfluten und Steinschlag geschützt.

5. – SMYRNÁKIS, S. 407. *Chaíri* (Χαΐρι): türkischstämmiger Ortsname (hayır), der *Wohltat, Gedeihen* (ANDRIÓTIS), also *Schutz* bedeutet; vgl. Anm. 4.

6. – SMYRNÁKIS, S. 419.

7. – *Tsiflík* (Τσιφλίκ): türkischstämmiger Ortsname (çıft-lık), der *Landgut* bedeutet (ANDRIÓTIS).

8. – *Prowáta* (Προβάτα): nach SMYRNÁKIS, S. 418, vom lateinischen *privata*, ein besonderer Besitz, eine Art von *Skíti* (σκήτη = Einsiedelei) des benachbarten Klosters *tón Amalfinón*. Privata oder Priuata wurde bei den Byzantinern das private Vermögen eines Kaisers oder einer Stiftung genannt. GEDEÓN, *Ekklisiastikí Alítheia*, 24, 1904, S. 186, schlägt die etymologische Abstammung vom Familiennamen *Prowatás* (Προβατάς = Schafhirt) vor.

9. – Die Brücke an der Küste bildet die Grenze. Südlich davon liegen die *Arsanadákia* (Kleine Bootsanlegestellen) *tís Prowátas*, d. h. von *Hágii Archángeli* und *Hágios Artémios* (beide für den Linienverkehr) sowie von *Hágios Dimítrios*.

10. – *Melaná* (Μελανά = die Schwärzliche): Ortsname, der bei *Hósios Athanásios Diatýposis* erwähnt wird, MEYER, *Haupturkunden*, S. 123. Ursprünglich hieß das Kloster nach dem Namen des Standortes *Láwra tón Melanón* und nicht *Láwra der schwarzgekleideten Mönche*, wie LEAKE, *Travels*, III, S. 128, annimmt.

11. – SMYRNÁKIS, S. 383. *Tsiakmáki* (Τσιακμάκι) oder *Tsakmáki* (Τσακμάκι): das türkische çakmak, das *Feuerzeug*, im weitesten Sinne *spitz* und in unserem Fall *Bergspitze* bedeutet.

12. – SMYRNÁKIS, S. 383.

13. – MYLONÁS, *Alte Stiche*, Taf. 15.

14. – SMYRNÁKIS, S. 383.

15. – Siehe MYLONÁS, *Plan Initial*, und MYLONÁS, *Trapeza*.

16. – SMYRNÁKIS, S. 383: *Mandráki* (Μανδράκι) bezeichnet eine kleine, runde Schutzwand und bezieht sich in diesem Fall auf die Burg des Hafens.

17. – *Kafsokalýwia* (Καυσοκαλύβια): zusammengesetztes Wort aus καίω (verbrennen) und καλύβα (Hütte). Es stammt von *Máximos Kafsokalýwis*, einem Asketen aus dem 14. Jh. und Anhänger eines *rastlosen Umherschweifens* (συνεχὴς περιπλάνηση), der sich, nachdem er den vorherigen niedergebrannt hatte, ständig zu einem neuen Aufenthaltsort begab, um dadurch die Gewöhnung auch an die einfachste Bequemlichkeit zu vermeiden. Siehe HALKIN, *Maxime Kausokalyve*; s. auch PAPACHRYSSÁNTHU, *Athonikós Monachismós*, S. 43–44, zu den Mönchen, die gezwungen waren, diesem System des Umherschweifens zu folgen. Zu den Rundfahrten der Mönche s. ANGELÍDI, *Wege*.

18. – *Morfonú* (Μορφονού) oder *Amalfinú* (Ἀμαλφινού) oder *Molfinú* (Μολφινού): SMYRNÁKIS, S. 419. Entstellung des Namens des *Klosters Santa Maria degli Amalfitani*, das im vorletzten Jahrzehnt des 10. Jhs. von Mönchen aus der italienischen Stadt *Amalfi* gegründet wurde. Siehe PERTUSI, *Monasteri et Monachi*, S. 217–251; LEMERLE, *Archives, Amalfitains*, S. 548–566. Eine andere Meinung wird in dem Artikel von NASTASE, »Verborgenes Athos-Kloster aus dem 10. Jh.« (Λανθάνουσα Ἀθωνικὴ μονὴ τοῦ 10ου αἰ.), *Sýmmikta*, Bd. 5, Athen, 1983, S. 287–293, vertreten.

Textabb. 17. Schematische Karte der *Athos-Halbinsel* mit Angabe des Landbesitzes der *Megísti Láwra* im Mittelalter (Aus: *ACTES, Lavra* I, S. 62–63).

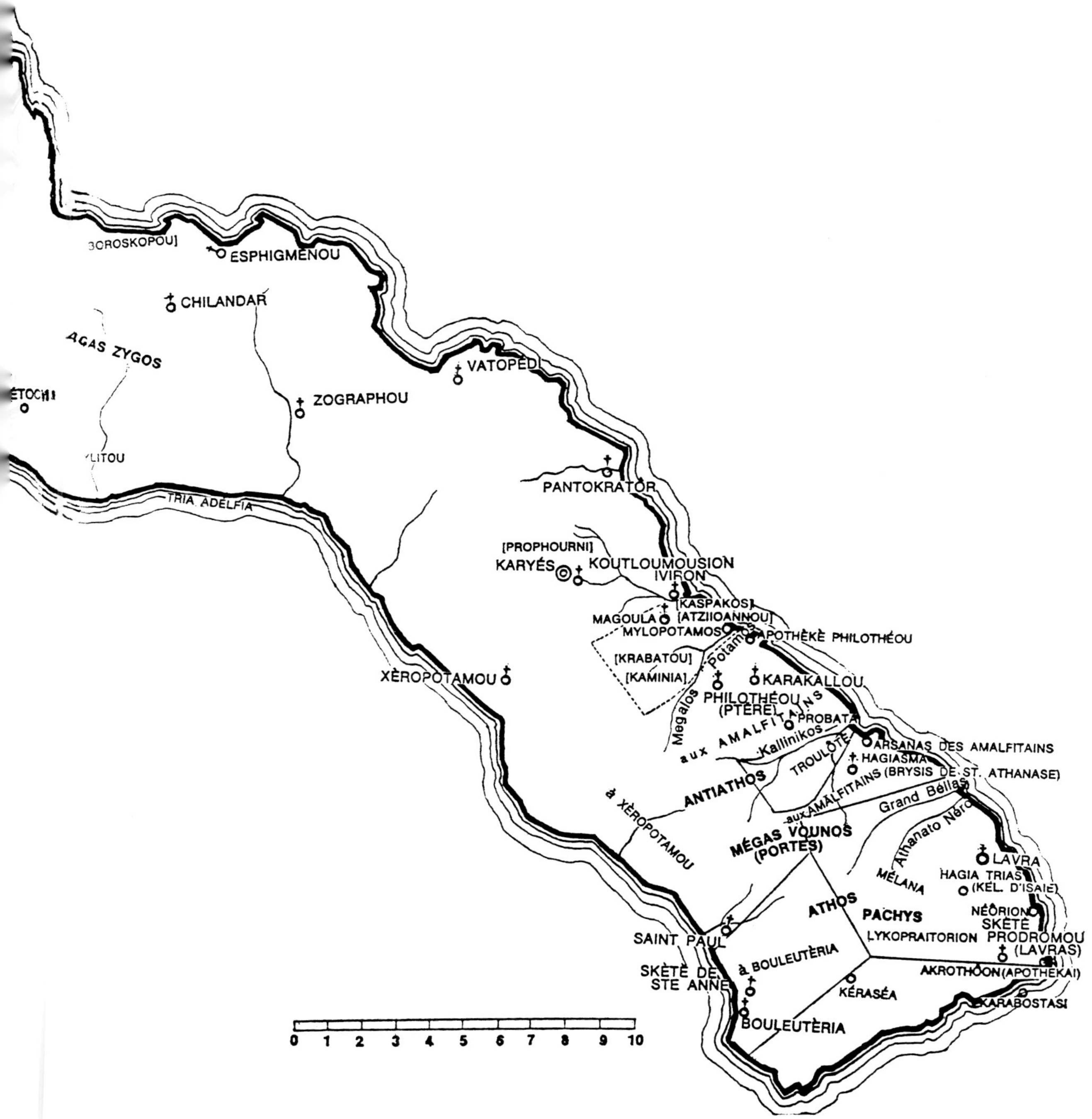

ESPHIGMENOU
CHILANDAR
ZOGRAPHOU
VATOPÉD
PANTOKRATOR
TRIA ADELFIA
[PROPHOURNI]
KARYÉS
KOUTLOUMOUSION
IVIRON
[KASPAKOS]
[ATZIIOANNOU]
MAGOULA
MYLOPOTAMOS
APOTHÈKÈ PHILOTHÉOU
[KRABATOU]
[KAMINIA]
KARAKALLOU
PHILOTHÉOU
(PTÈRE)
PROBATA
XÈROPOTAMOU
Megalos Potamos
aux AMALFITAINS
Kallinikos
ARSANAS DES AMALFITAINS
HAGIASMA
aux AMALFITAINS (BRYSIS DE ST. ATHANASE)
TROULOTÈ
ANTIATHOS
à XÈROPOTAMOU
Grand Béllas
Athanato Néro
MÉGAS VOUNOS
(PORTES)
LAVRA
HAGIA TRIAS
(KEL. D'ISAIE)
MÉLANA
NÉORION
ATHOS
PACHYS
SKÈTÈ
PRODROMOU
(LAVRAS)
LYKOPRAITORION
SAINT PAUL
à BOULEUTÈRIA
AKROTHOON (APOTHÈKAI)
SKÈTÈ DE
STE ANNE
KÉRASÉA
KARABOSTASI
BOULEUTÈRIA
0 1 2 3 4 5 6 7 8 9 10

19. – *Karúlia* (Καρούλια) oder *Karrúli* (Καρρούλι = die Rolle, die Zugwinde): nach SMYRNÁKIS, S. 416, wird diese Bezeichnung als ein Diminutiv vom antiken κάρυον = Flaschenzug (ANDRIÓTIS) abgeleitet. Der Name erklärt sich aus der Gewohnheit der dortigen Asketen, mithilfe eines Seiles und einer Rolle vom steilen Felsen einen Korb herabzulassen, in welchem vorbeikommende Fischer Lebensmittel und andere Gaben hinterlegten.

20. – *Katunákia* (Κατουνάκια): Es gibt ähnliche Namen von Dörfern, wie etwa *Katúna* (Ätolien) oder *Katúnia* (Euböa). Laut KRIARÁS ist das Wort vom italienischen *cantone*, das unter anderem auch *Ansiedlung* bedeutet, abzuleiten.

21. – An der Küste zwischen *Kafsokalýwia* und *Smérna* (Σμέρνα) bzw. *Smýrna* (Σμύρνα): großer Raubfisch (Länge bis 1.50 m) mit schrecklichen Zahnreihen, die μύραινα (mýraina) der Antike. Es sei ins Gedächtnis gerufen, daß HERODOT (*Geschichte*, Ζ´, 44) bei der Beschreibung des Untergangs der persischen Flotte, der genau in diesem Gebiet stattfand, erwähnt, daß Meerestiere die ertrinkenden Perser auffraßen. Es gibt eine felsige Stelle, die den Namen *Karawostásio* (des *Hl. Pétros des Athoníten*) trägt. Bei diesen Felsen blieb das Schiff, das den Heiligen an Bord hatte, von selbst stehen. Der Hosios verstand dies als einen Befehl der Gottesmutter, Mönch zu werden, sprang aufs Festland und kletterte bis zur *Höhle*, die seinen Namen trägt und in der er in völliger Einsamkeit mehr als fünfzig Jahre lebte und schließlich von vorbeikommenden Jägern tot aufgefunden wurde (s. SMYRNÁKIS, S. 404, und PAPACHRYSSÁNTHOU, *Pierre l'Athonite*). An der abschüssigen Stelle *Karawostásio* gibt es heute eine winzige, aber brauchbare Anlegestelle. Zum Begriff *Karawostásio* als einfache Hafeneinrichtung s. den *Begleittext* zum *Kloster Kutlumusíu*, Anm. 9.

22. – Siehe den *Begleittext* zum Kloster *Iwíron*, S. 111.

23. – HÓSIOS ATHANÁSIOS, *Typikón oder Kanonikón*, in MEYER, *Haupturkunden*, S. 105.

24. – SMYRNÁKIS, S. 407 f., gibt eine H. ü. M. von 1.953 m an. Diese Höhenangabe hat sich aufgrund verbesserter Methoden inzwischen verändert. Das Geographische Amt der Armee schätzt heutzutage eine Höhe von 2.026 m, während vor dreißig Jahren 2.033 m angenommen wurden. Am Ende des 19. Jhs. galt eine Höhe von 1.953 m, während auf der Karte der Britischen Admiralität aus dem Jahre 1833 die Höhe mit 6.349 englischen Fuß, d. h. 1.934 m, angegeben wird.

25. – Die Kirche muß mehrfach restauriert und wiederaufgebaut worden sein, da sie sehr dem Unwetter ausgesetzt ist. BARSKIJ, III, S. 54–55, beschreibt im Jahre 1744 den Bau als verlassen und bar jeglicher Ausmalung, die wegen der Feuchtigkeit und der Winde nicht zu erhalten sei. Der Bau wurde vor dem Jahre 1803 neu errichtet (DORÓTHEOS, I, S. 241). Die neue Kirche wurde in den Jahren 1894–95 unter Joakím III. (s. Photo bei SMYRNÁKIS, Titelblatt S. 407) erbaut. SMYRNÁKIS, S. 408, fand sie 1901 in schlechtem Zustand, ebenso der Verfasser am 6./19. August 1968. Die heutige Kirche mit häßlichem Satteldach aus Beton und ohne Kuppel (!) ist das Ergebnis einer Restaurierung des Jahres 1977.

26. – POMIALOVSKIJ, J., *Vita Athanasii*, St. Petersburg, 1895, S. 32–33.

27. – PROSKYNITÁRIO des Gerásimos, S. 10–11.

28. – Auf Taf. 101.1 ist der *Hósios-Athanásios-Brunnen* zwischen dem *Katholikón* und dem *Refektorium* eingezeichnet, aber nicht mit einem eigenen Buchstaben des griechischen Alphabets versehen. Zu alten Brunnen der Klöster s. den *Begleittext* zum *Kloster Chelandárí*, Anm. 18. Es sei ebenfalls angefügt, daß von den beiden Zypressen im Hof zwischen dem *Katholikón* und der *Trápeza* angenommen wird, daß sie Hósios Athanásios gepflanzt hat. Die nördliche ist riesig und könnte mit ihrem beachtlichen Durchmesser tatsächlich 1000 Jahre alt sein.

29. – HÓSIOS ATHANÁSIOS, *Typikón oder Kanonikón*, in MEYER, *Haupturkunden*, S. 105.

30. – GEDEÓN, *Athos*, S. 165, erwähnt Namen von Stiftern für die Erschließung von Wegen an der steilen Südküste.

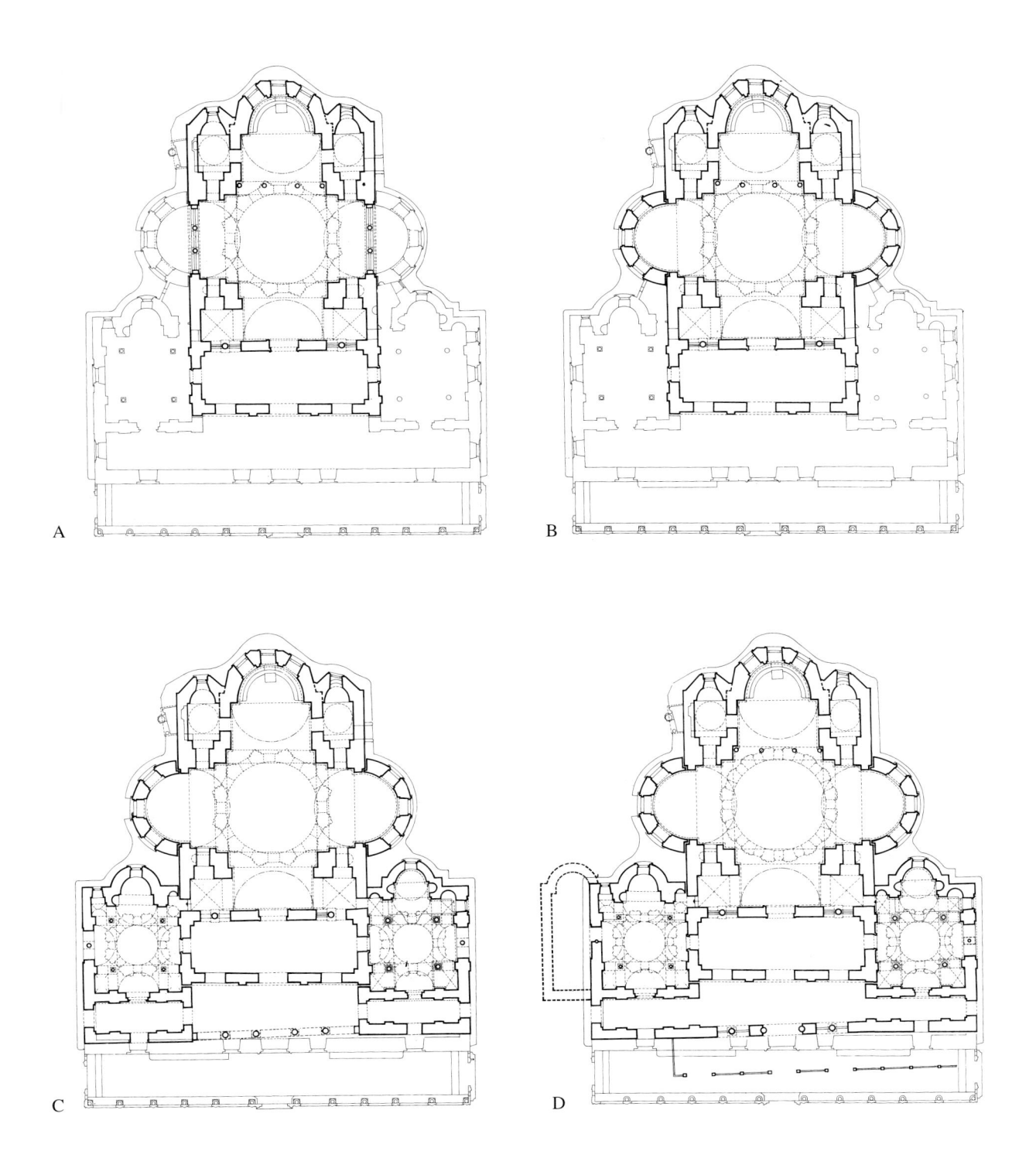

Textabb. 18. Phasen der Erweiterung des Láwra-Katholikón, gezeichnet in Schwarz über die heutige letzte Phase (1814). A. Die ursprüngliche Kirche des Hósios Athanásios (964). – B. Die Kirche nach dem Anbau der seitlichen Apsiden (1002). – C. Die Kirche in ihrem Zustand vor dem Jahre 1526. – D. Die Kirche nach den Informationen BARSKIJS (Entwurf des Verfassers, *Ca. Arch.*, 32, 1984, S. 94).

2. – KLOSTER WATOPÉDI
(DER BROMBEERSTRAUCHEBENE)

MARIÄ VERKÜNDIGUNG – PATRONATSFEST: 25. MÄRZ / 7. APRIL

(HEFT II, ABB. 2. 27–34 • HEFT III, TAF. 102.1)

Geographische Länge vom Meridian Athens aus (Außentorschwelle)	≅	00°29´34$^{17´´}$
Geographische Breite (Außentorschwelle)	≅	40°18´48$^{56´´}$
Höhe über dem Meeresspiegel (Außentorschwelle)	≅	29,55 m
Fläche des gesamten Herrschaftsgebietes des Klosters	≅	2.477 ha
Fläche des Klosterbezirkes und des unmittelbar angrenzenden bebauten Gebietes	≅	6,5 ha
Gesamtfläche innerhalb der Außenmauern des Klosterbezirkes[1]	≅	15.900 m^2
Gesamte bebaute Fläche innerhalb der Außenmauern (Gebäude)	≅	8.185 m^2
Freiflächen innerhalb der Außenmauern des Klosters (Höfe)	≅	7.715 m^2
Maximale Ausdehnung in Länge und Breite (auf 5 m gerundet)	≅	190 m x 145 m

Das gesamte Herrschaftsgebiet des *Klosters Watopédi* liegt im Nordostteil des Athos, an den Nordosthängen des zentralen Gebirges der Halbinsel. Im Südwesten grenzt es an die Gebiete der *Klöster Dochiaríu, Kastamonítu* und *Zográfu.* Die Grenze verläuft mit dem *Beïlídikos Drómos*[2] genannten alten *Hauptweg* des Athos, einem steingepflasterten Maultierweg, auf dem Gebirgskamm, und zwar vom Gipfel des *Kreiowúni*[3] (Κρειοβούνι, 588 m) zum Gebiet *Pezúla* (Πεζούλα = Steinbank), und von dort über die Kreuzung *Zografítiki Chéra*[4] (350 m, Abb. 84. 85) bis zum Gebiet *Amateró* (Ἀματερό, 405 m). Die Nordwestgrenze scheidet das Gebiet von dem des *Klosters Esfigménu* und führt von *Amateró* bis zur Küste des Gebietes *Palaiochóra* (Παλαιοχώρα = Altes Land, Alte Stadt). Die Nordostgrenze wird vom *Thrakischen Meer* gebildet. Die Südostgrenze läuft am Gebiet des *Klosters Pantokrátor* entlang, und zwar folgt sie von der *Bucht von Kolitsú*[5] dem Bach bis zum Gebirgskamm, östlich des Gebiets *Higuménu Skamní* (Ἡγουμένου Σκαμνί = Stuhl des Abtes) bis zum Beginn des *Bótsari-Baches* oder *Chrysorráris,* um dann gegen Südwesten bis zum Gipfel *Tsuknídi* (Τσουκνίδι = Nessel, 648 m) zu verlaufen. Die Südgrenze zum Gebiet des *Klosters Dochiaríu* führt vom *Tsuknídi* bis zum *Kreiowúni* den *Beïlídikos Drómos* entlang[6].

Das Kloster erhebt sich auf dem niedrigen Ausläufer einer Anhöhe rechts oberhalb der Mündung des Flusses *Platanára* (Πλατανάρα = Platanenhain) am Südostende des Sandstrandes der *Bucht von Watopédi.* Der Klosterbezirk hat die Form eines Dreiecks, dessen Seiten etwa 185 m, 175 m und 190 m (Seeseite) messen. Da es keine Zeichnung des *Klosters Watopédi* von BARSKIJ gibt, bilden wir zum Vergleich einen Kupferstich von 1792[7] ab (40 x 59 cm). Die Gliederung der Klosteranlage sowie die gedrängte Anordnung des *Katholikón* (Hauptkirche, "A"), des *Refektorium* ("Γ") und des *Glockenturms* ("A1") in der Nordostecke des Hofes lassen darauf schließen, daß der Klosterbezirk ursprünglich auf den Bereich um diese Gebäude herum beschränkt war. Bei den Ausgrabungen, die der Autor 1966 als Leiter bei der Rekonstruktion des abgebrannten Nordflügels ("H2") durchführte, fand sich nahe der Innenseite der Nordmauer eine zweite Mauer ("τ"), die vermuten läßt, daß die Anlage bei einem Wiederaufbau zum Meer hin erweitert wurde. Vielleicht beschränkte sich der ursprüngliche

Bezirk auf das Areal, dessen Grenze zwischen den Türmen "Eγ", "Eδ", "Eε", "Eζ" und entsprechenden Punkten westlich und südlich davon verlief, so daß es zu einem Viereck zu ergänzen ist. Für diese Ansicht sprechen die überlieferten Jahreszahlen der Westgebäude "E1", "M1", "Γ1", "Γ2", "Γ4", "Δ", "H" etc., die allesamt später entstanden sind.

Die Nordfassade des Klosters (Abb. 29) bietet einen eindrucksvollen architektonischen Anblick. Es handelt sich hier um eine bunte Zusammenstellung verschiedenartiger aneinandergereihter Gebäude, die noch dazu mit zahlreichen Türmen und Kuppeln versehen sind. So vermittelt sie den romantischen Eindruck eines Märchenpalastes. Von der *Krankenhauskapelle* ("✝τ") an ihrem Ostende bis zum *Torbaldachin* ("Δ1") am Westende hat diese Seeseitenfront eine Länge von etwa 190 m! (Fassade des ehemaligen Palastes und heutigen Parlamentsgebäudes in Athen: 95 m, Westminster Palace, London: ca. 270 m, Kremlmauer am Roten Platz in Moskau: ca. 600 m!) Neun Türme ("Eα" bis "Eχ") bewehrten einst und schmücken nun die Anlage. Sie sind auf dem Bild des Klosters zu sehen, das dem Wandgemälde im Narthex des *Katholikón* mit der Darstellung der *Gürtelweihung Mariä* entnommen ist (Abb. 31). Diesen Türmen ist noch der besonders hohe byzantinische *Glockenturm* ("A1") hinzuzuzählen. Der höchste *Turm* ("Eα") überragt den Meeresspiegel um 70 m.

Der *Arsanás* ('Αϱσανᾶς = Bootshaus und Hafen) des Klosters ("Ψ"), ein Gebäude mit einer Inschrift aus dem Jahre 1496, ist von Lagern und kleinen Bootshäusern umgeben. Nähert man sich diesem Komplex vom Meer her, so erweckt er mit dem erhaben gelegenen Kastell und den Häusern am Ufer den Eindruck einer mittelalterlichen Stadt. Westlich vom *Arsanás* steht ein großer, auffälliger *Kornspeicher*, der in zwei Phasen errichtet wurde: die beiden ersten Geschosse im Jahre 1820[8], das obere Geschoß im Jahre 1899[9].

Das Kloster wird von zwei Aquädukten mit natürlichem Gefälle mit Wasser versorgt. Der eine führt von der südwestlich gelegenen Anhöhe herab und überquert mit einer überirdischen Wasserbrücke den Bach *Platanára,* der andere führt von den Anhöhen der *Skíti des Hágios Dimítrios* herab und mündet bei der *Kríni tú Mylléru*[10] (Müllers Brunnen) innerhalb des Hofes ("B1"). Unter anderem befindet sich auf der südöstlich des Klosters gelegenen Höhe eine große Zisterne[11] mit einem Fassungsvermögen von rund 1000 m³. Darüber hinaus gibt es mehrere Brunnen, wie die mit einem eigenen Pavillon überdeckten, von denen einer südlich des *Katholikón* liegt ("B5") und ein weiterer, der die Jahresangabe 1877[12] trägt, außerhalb des Klosters, südlich vom *Haupteingang* (ebenfalls "B5"). Der erste, bekannt als *Kryológos* (Κϱυολόγος = Kälteschöpfer), stammt wahrscheinlich aus der Anfangszeit des Klosters[13].

Auf dem Hügel im Nordosten des Klosters (kleine Karte, Gebäude "AA") sind die Ruinen der *Athoniás-Akademie*[14] (Mitte des 18. Jhs., H. 117 m) und deren eleganter, länglicher, bogenförmiger Aquädukt zu sehen.

Dem Kloster unterstehen die *Watopediní Skíti Hágios Dimítrios*[15], die am östlichen Nebenlauf des Baches *Platanára* im SSO des Klosters liegt, und die *Skíti Hágios Andréas*[16], auch *Serái* (Σεϱάï = Palast) genannt, am Nordrand von *Karyés*.

Alte, steingepflasterte Küstenwege verbinden *Watopédi* mit den *Klöstern Esfigménu* und *Chelandári* im Nordwesten und dem *Kloster Pantokrátor* im Südosten, zu dem man entweder über *Kolitsú* (226 m) oder über die *Skíti Wogoróditsa* und die *Skíti des Profítis Ilías* gelangt. Außerdem führt ein Weg, der auf dem Paß *Zografítiki Chéra* den zentralen Gebirgskamm überquert, zum *Kloster Zográfu*. Nach *Karyés* gibt es eine alte Verbindung durch die Gebiete *Higuménu Skamní* und *Plakariá* (Πλακαϱιά = Plattenartig). Heutzutage verbindet eine breite Waldstraße das Kloster mit *Karyés*.

Weitere interessante Gebiete sind *Falakrú* und *Gyftádika*[17]. So auch bestimmte Orte, wie der *Fels Higúmenos* (Abb. 2)[18] im Nordwesten des Klosters, oder bestimmte *Kellía* mit Bedeutung für die Architekturgeschichte, wie z. B. das *Kellíon tú Prokopíu*[19].

Textabb. 19. Ansicht des Hofes des Klosters Watopédi, 1835. Zeichnung des Architekten EFYMOV, Vignette aus der DAVYDOV-Karte, 1839. Zu sehen sind das Katholikón, der byzantinische Glockenturm (links) und die sog. Kórda (Flügel) des Kaisers Kantakuzínos (rechts). Maße: 7 x 10,2 cm. (*Bibliothek der Bank von Griechenland*, Athen).

ANMERKUNGEN ZUM KLOSTER WATOPÉDI

1. – SMYRNÁKIS, S. 427: Fläche 18.000 m².

2. – *Beilídikos Drómos* (Μπεηλίδικος Δρόμος). Benennung der Hauptverkehrsader des Heiligen Berges, wie sie der Autor von Mönchen und Maultierführern mehrmals gehört hat: Der Béi-Weg (türkisch: bey), d. h. der Herrenweg. In der byzantinischen Zeit hieß er *Wasilikí Hodós* (Βασιλικὴ Ὁδός, ACTES, Chilandar, grecs, Nr. 111, Zeile 22, Urkunde aus dem Jahre 1326). In den fünfziger Jahren, als es Geronten (= alte, würdige Mönche) gab wie den strengen Anthimos von Láwra, kam dem Autor der Ausdruck *Wasilikós Drómos* (Βασιλικὸς Δρόμος = königlicher Weg) zu Ohren. Damals wurden, im Gegensatz zu den einfachen Landstraßen und Pfaden, alle gepflasterten Wege als *Herrenwege* bezeichnet, weil manche Dorfvorsteher offensichtlich die finanziellen Mittel für deren Bau aufbringen konnten.
Der Ausdruck *Wasilikí Hodós* (Königliche Straße) stammt aus der Antike, er findet sich z. B. bei HERODOT (*Geschichte*, E´52, usw.), wenn dieser die *Königliche Straße* von Sardis nach Susa beschreibt, d. h. die tatsächliche Verkehrsader des Orients, auf der man für eine Reise 90 Tage benötigte; s. auch Lemma *Via* bei DAREMBERG et SAGLIO, Bd. 5, S. 777, 817 und Karten; Lemma *Route* bei VIGOUREUX, Bd. 4, S. 1229–1237; auch Lemma *Viae Publicae* bei PAULY, Bd. 5, 1979, S. 1243–1244; s. weiterhin den byzantinischen Ausdruck *Dimósios Drómos* (öffentlicher Weg) bei ÁMANTOS, K., »Tachidromikón Simíoma« (Ταχυδρομικὸν σημείωμα), *HELLINIKÁ*, 8, 1955, S. 268–270. Der *Beilídikos Drómos* durchläuft die Halbinsel der Länge nach, dabei dem Hauptkamm folgend, so daß er Abzweigungen zu den verschiedenen Bestimmungsorten an beiden Küsten anbietet. Zwei Straßen, die von der Chalkidikí kommen – die eine an *Karaúli* (nördliche Küste) und die andere an *Frangókastro* (südliche Küste) vorbei –, führen bis zur *Megáli Wígla* hinauf. Von dort aus verläuft der Weg durch die Halbinsel bis nach *Pórtes* (Πόρτες = Tore, Paß) in der Gegend oberhalb des *Klosters Dionysíu*, wo er einerseits zum *Kloster Hagíu Páwlu* und zu den südlichen *Skíten*, andererseits zu der *Skíti tú Lákku-Morfonú-Láwra* abzweigt.

3. – SMYRNÁKIS, S. 427: Κρειοβούνι mit ει, wahrscheinlich von Κρεῖος oder Κρίος Τιτάν, Sohn von *Uranós* und *Gaía*, Bruder des *Krónos*. M.E.E. (St. E. LYKÚDIS), Bd. 2, 329a; M.E.E., Bd. 15, 227a, Lemma: Κρεῖος; auch EKDOTIKÍ ATHINÓN, *Griechische Mythologie* (Ἑλληνικὴ Μυθολογία), Athen, 1986, Bd. 2, S. 15 und 231. In mittelalterlichen Urkunden hingegen, die sich auf die Geschichte und die Topographie des Heiligen Berges beziehen, kommt, vielleicht aus Unwissenheit oder aus dem Versuch einer logischen Erklärung heraus, die Schreibweise »*Kryowúni*« (mit »y« = Kalter Berg) vor, z. B. ACTES, Kastamonítou, Nr. 2 (1310), Z. 23: »Wir brachen sofort von dem Herrenweg auf, der von dem *Kalten Berg* herunterführt.«

4. – SMYRNÁKIS, S. 448: Beschreibung der *Zografítiki Chéra* (Ζωγραφίτικη Χέρα = Hand d. Kl. Zográfu): *gemauerte Stele mit reliefierten Händen, die in Richtung der Klöster Zográfu, Watopédi, Esfigménu und Chelandári sowie nach Karyés zeigen.*

5. – *Kolitsú* (Κολιτσού): Heutige Benennung des alten *Klosters tú Kalétzi* (τοῦ Καλέτζη), von dem sich der zwar verwüstete, aber imposante byzantinische Turm und Reste der Ringmauer (PAPAZÓTOS, *Topographie*, S. 152 und Skizze 5) erhalten haben. Die Benennung *Kloster Kaléstru*, die bei SMYRNÁKIS, S. 308, erwähnt wird, beruht hingegen auf der falschen Lesung einer nachbyzantinischen Abschrift. Bei den byzantinischen Abschriften kommt der richtige Name *Kalétzi* oder *Kaletzí* (bekannt auch aus Originalen) vor, s. *Monomáchos-Typikon* bei ACTES, *Prôtaton*, Nr. 8, Z. 193.

6. – Die Beschreibung der Grenzen des Klosters im Jahre 1292 könnte interessant sein, wenn der Chrysóbullos Lógos des Andrónikos Paläológos nicht gefälscht wäre, s. GÚDAS, *Watopédi*, S. 224–5. Das Original, das gefälscht wurde, war das Chrysóbull des Jahres 1301 (REGEL, *Watopédi*, II), in welchem der *Periorismós* (d. h. die Beschreibung der Grenzen) nicht enthalten ist (GÚDAS, *Watopédi*, Z. 58–72, vgl. Z. 51–57). Die Fälschung wurde vorgenommen, um den *Periorismós* mitaufzunehmen und dürfte nicht vor dem 16. Jh. anzusetzen sein (DÖLGER, *Regesten*, 2142, 2239: *nicht vor dem 16. Jh.*, und ders., *B.Z.* 39, 335).

7. – MYLONÁS, *Alte Stiche*, Taf. 23.

8. – MILLET, *Inscriptions*, Nr. 141. Das Gebäude ist als *Kornspeicher* vermerkt; s. auch den *Begleittext des Klosters Iwíron* zur Scheune aus dem Jahre 1800, Anm. 18. Zur Form des Kornspeichers vor der Hinzufügung des Stockwerkes s. ZENTRUM DER GRIECHISCHEN TRADITION (P. I. GEROLYMÁTOS), *Der Heilige Berg in 30 Stichen. Das Zeugnis eines Künstlers aus dem 19. Jh.* (ΚΕΝΤΡΟ ΕΛΛΗΝΙΚΗΣ ΠΑΡΑΔΟΣΗΣ, Ἐπιμελ. Π. Ι. ΓΕΡΟΛΥΜΑΤΟΣ, Ἅγιον Ὄρος μέσα ἀπὸ 30 Λιθογραφίες, Ἡ μαρτυρία ἑνὸς καλλιτέχνη τοῦ 19ου αἰ.), Athen, 1993, Taf. 2.

9. – MILLET, *Inscriptions*, Nr. 142. Wegen Platzmangel konnte der betreffende Bau auf Taf. 102.1 leider nicht eingetragen werden; eine vollständige Bauaufnahme befindet sich aber im Archiv des Verf.

10. – SMYRNÁKIS, S. 441; MILLET, *Inscriptions*, Nr. 144.

11. – Die aus stabilem Steinmauerwerk erbaute, überdachte *Zisterne* trägt die Jahreszahlen 1904, 1905 und 1974.

12. – MILLET, *Inscriptions*, Nr. 146.

13. – Zu den alten Brunnen der Klöster s. den *Begleittext* zum *Kloster Chelandári*, Anm. 18.

14. – *Áthonos-Schule* oder *Akadimía* oder *Frontistírion* (Seminar) oder *Hierospudastírion* (Priesterseminar): DORÓTHEOS, Bd. 1, S. 109–113; siehe auch ANGÉLU, S. 84–103; KITROMILÍDIS, passim, Pläne, Abb. 4–7; DIMARÁS, *Die Schule*, S. 150.

15. – *Hágios-Dimítrios-Skíti* oder *tú Skylopodári* (»Hundefüßler« in Demotikí) oder *tú Kynópodos* (»Hundefüßler« in Katharéwoussa; GEDEÓN, *Athos*, S. 129–130): In der Gegend, wo früher das Kloster *tú Chalkéos* (Kupferschmied) lag (SMYRNÁKIS, S. 449). Das *Kyriakó* dieser *Skíti* muß wahrscheinlich ins 12. Jh. datiert werden; s. MYLONÁS, *Kyriaká* (3. Symposium *B.MB.A.T.*, 1983, S. 61–62).

16. – *Hágios-Andréas-Skíti* oder *Serágion* (SMYRNÁKIS, S. 452). Liegt an der Stelle des alten Klosters *tú Xýstu* (GEDEÓN, *Athos*, S. 130), wo 1652 die äußerst prunkvolle *Zelle des Hósios Antónios*, scherzhaft auch *Serái* (»saray« bezeichnet im Türkischen einen Palast, ANDRIÓTIS) genannt, errichtet wurde. Die Lesung *Xýstu* beruht allerdings auf einer falschen Abschrift des byzantinischen Namens des Klosters *tú Xýstri* (Ξύστρη), später *Xýstru* oder *Xéstru* (auf den Originalen; s. GEDEÓN, *Athos*, S. 185, 319). Das Kloster ist seit dem Jahre 1057 bekannt (*ACTES, Pantéléémon*, Nr. 5). Im Jahre 1768 wurde die neue Kirche des *Hágios Andréas* errichtet, ein ausgezeichnetes Beispiel für den Stil jener Zeit und eine von drei auf dem Heiligen Berg existierenden Kirchen im Trompenkuppel-Bautypus (siehe MYLONÁS, *Kyriaká*). In der zweiten Hälfte des 19. Jhs. wurde die Zelle schließlich den Russen übergeben, denen es gelang, sie als *Skíti* zu proklamieren, und die einen prächtigen Komplex im russischen Renaissance-Stil mit einem neuen *Kyriakón* bauten, das den Ruf der größten Kirche auf dem Balkan hat (siehe MYLONÁS, *Kyriaká*; SMYRNÁKIS, S. 452–459; DORÓTHEOS, S. 253–255).

17. – *Gyftádika* (Γυφτάδικα) oder *Aigyptiádika* (Αἰγυπτιάδικα): Gruppe von zwei Kellíen in der Nähe der Grenze des *Pantokrátor-Klosters*, die ihren Namen Mönchen, die als *Ägypter* oder *Zigeuner* bekannt waren, verdankt (SMYRNÁKIS, S. 451; DORÓTHEOS, S. 255). Vielleicht betrieben sie als Handwerk die Schmiedekunst, obwohl der auf dieses Thema spezialisierte Forscher und Architekt Dr. St. MAMALÚKOS bestätigt, daß er keine Anzeichen einer solcher Aktivität gefunden habe.

18. – *Higúmenos* (Ἡγούμενος = Abt): Im Nordwesten des Klosters und vor dem Gebiet des früheren *Klosters tón Kalamitsíon*, an der heutigen Stelle *Kalamítsi*; an der nordwestlichen Spitze des *Órmos Watopedíu* ragt eine Felsenklippe empor, der *Higúmenos*. Wie überliefert ist, entstand diese Benennung, nachdem die *Uniaten* den Abt von *Watopédi* und dessen Anhänger entführt und an eben dieser Stelle ertränkt hatten (SMYRNÁKIS, S. 452).

19. – *Prokópios-Kellíon*: Beinhaltet eine Kirche des 11. Jhs. ohne *seitliche Apsiden* (s. MYLONÁS, *Ravdouchos, Prokopios*) sowie in der Kapelle ausgezeichnete Malereien von *Antónios* (1537, s. MYLONÁS, *Formes*, 1974, Taf. 19, besonderer Hinweis von M. CHATZIDÁKIS).

Textabb. 20. Kloster Watopédi. Marmornes *opus sectile* im Zentrum des Mesonárthex (145 x 121 cm). Beispiel für einen dekorativen marmornen Fußboden des 11. Jhs. (*The Mylonas Archives*).

3 – KLOSTER IWÍRON

(DER IBERER ODER DER GEORGIER)

ENTSCHLAFUNG MARIÄ – PATRONATSFEST: 15. / 28. AUGUST

(HEFT II, ABB. 35–40 • HEFT III, TAF. 103.1)

Geographische Länge vom Meridian Athens aus (Außentorschwelle) ≅	00°34´40^{07´´}
Geographische Breite (Außentorschwelle) ≅	40°14´40^{71´´}
Höhe über dem Meeresspiegel (Außentorschwelle) ≅	19,40 m
Fläche des gesamten Herrschaftsgebietes des Klosters ≅	905 ha
Fläche des Klosterbezirkes und des unmittelbar angrenzenden bebauten Gebietes ≅	12 ha
Gesamtfläche innerhalb der Außenmauern des Klosterbezirkes ≅	13.450 m²
Gesamte bebaute Fläche innerhalb der Außenmauern (Gebäude) ≅	9.023 m²
Freiflächen innerhalb der Außenmauern des Klosters (Höfe) ≅	4.427 m²
Maximale Ausdehnung in Länge und Breite (auf 5 m gerundet) ≅	95 m x 135 m

Das gesamte Herrschaftsgebiet des *Klosters Iwíron* liegt etwa in der Mitte der Halbinsel, an den Nordwesthängen des zentralen Gebirges. Die Südwestgrenze, an das Gebiet des Klosters *Símonos Pétras* anschließend, folgt entlang dem *Hauptweg* des Athos, dem »*Beilídikos Drómos*«[1], dem Gebirgskamm. Sie verläuft im ersten Abschnitt von dem Ort *Tría Sýnora* (Τρία Σύνορα = Drei Grenzen, 732 m) bis zum Gipfel der *Iwirítiki Tsúka* (Ἰβηρίτικη Τσούκα = Hügel des Klosters Iwiron, 738 m)[2] am Gebiet des Klosters *Xiropotámu* immer dem *Beïlídikos Drómos* (Μπεηλίδικος Δρόμος) entlang und im folgenden Abschnitt von der *Iwirítiki Tsúka* bis zum Gebiet des Gipfels *Hágios Dimítrios*, der 639 m mißt und 800 m südöstlich des *Xiropotaminós Stawrós* (Ξηροποταμηνὸς Σταυρός = Kreuz von Xiropotámu) liegt. Im Norden und Nordwesten grenzt das Gebiet an das des *Klosters Kutlumusíu*, und zwar von der genannten Erhebung bis zur Küste etwa 300 m südöstlich von *Kaliágra*[3]. Die Ostgrenze wird vom *Thrakischen Meer* gebildet. Die Südgrenze, zum Gebiet des *Klosters Filothéu*, führt von dem erwähnten Ort *Tría Sýnora* die Wasserscheide des Berges *Kráwatos*[4] entlang und folgt dann von der sogenannten Skíti des *Magulás* (Μαγουλάς = der Pausbäckige) dem *Mylopótamos* (Μυλοπόταμος = Fluß der Mühle) bis zu dessen Mündung. Es sei angemerkt, daß der größte Teil des *Mylopótamos-Grundstückes*, das der *Megísti Láwra* gehört, im Gebiet des *Klosters Iwíron* liegt; einen Teil jedoch nehmen Felder der *Wotsaliá Filothéu* (Βοτσαλιά = Kieselsteinstrand von Filothéu) bis zur *Ampelikiá Filothéu* (Ἀμπελικιά = Weingarten von Filothéu) direkt im Süden ein.

Das Kloster erhebt sich nahe dem Kieselsteinstrand auf einer niedrigen Anhöhe, die der Trockenbach *Iwiritikós Lákkos* (Bach von Iwíron)[5] mit der letzten Windung vor seiner Mündung ins Meer von den umliegenden Bergen abschneidet. Der Klosterbezirk hat etwa die Form zweier tangierender Trapeze[6]. Wie der über das Hofniveau hinausragende Fels, auf dem der *Pýrgos* (Wehrturm, "E", Taf. 103.1) steht, schließen läßt, ruhten die Fundamente des Klosters ursprünglich auf dem gewachsenen Boden. Vermutlich war der Hof zum Meer hin geneigt und der Turmfels ragte im Süden als höchste Erhebung empor. Ermitteln läßt sich die Neigung des gewachsenen Bodens aus dem Unterschied zwischen dem Niveau des *Turmstandplatzes* und dem der alten *Pródromos-Kirche* (Markierung "✝α" und Abb. 38),

— 111 —

die zur Hälfte unter dem heutigen Hofniveau liegt und auf der die jüngere gleichnamige Kirche errichtet wurde[7] (siehe Plan: Längsschnitt der Pródromos-Kirche). Daß der jetzige Hof auf Aufschüttungen angelegt ist, wird durch seine horizontale Lage im Verhältnis zu der großen Höhe des heutigen *Osttraktes* über der Wiese an der Küste bezeugt und ebenso durch die relativ große Höhe des *Westtraktes* über den Gärten.

Am *Bootshaus des Klosters,* dem *Arsanás* (Ἀρσανᾶς, Markierung "Ψ" und Abb. 37), erhebt sich ein mächtiger Wehrturm (Markierung "Εα"). Wo am Südostende des Strandes die kleine Kapelle, das *Hagíasma tís Portaítissas*[8] (kleine Karte, "Βα"), steht, wurde der Überlieferung zufolge die wundertätige Ikone der *Panagía Portaítissa,* der Muttergottes als Torhüterin, aus dem Meer geborgen. Ihr zu Ehren wurde später auch die gleichnamige Kirche (Markierung "✝β", Grundriß und Schnitt) am Klostereingang (Markierung "Δ") errichtet sowie 1835 neben dem *Hagíasma* eine zweite Kapelle gleichen Namens, das *Káthisma tís Portaítissas* (Κάθισμα τῆς Πορταΐτισσας, kleine Karte, Markierung "✝ω").

Die abgebildete Zeichnung von BARSKIJ (22² x 38 cm) zeigt das Erscheinungsbild des Klosters im Jahre 1744. Die ganze westliche Hälfte kam nach dem Brand von 1804[9] neu hinzu, und zwar in etwas anderer Ausrichtung als der ältere östliche Bezirk. Auch der Osttrakt wurde zum Meer hin erweitert[10]. Unversehrt ist im nördlichen Flügel, östlich des heutigen *Eingangsportikus,* das alte *Klostertor* ("Δα") erhalten, das im 18. Jh. noch »drei Eisentüren«[11] hatte. Eine Abbildung der nördlichen Seite des Klosters aus dem Jahre 1859, d. h. vor der Errichtung der prachtvollen Propyläen im klassizistischen Stil (1867), gibt uns die Zeichnung von *Nikolas Blagowechenskij,* des Begleiters von Porphyrij Uspenskij (Abb. 39). Das ursprüngliche *Klímis-Kloster,* auch *Pródromos-Kloster*[12] genannt, das 979–980[13] von den Iberern übernommen wurde, muß sich auf die Nordostecke des heutigen Komplexes mit der *Pródromos-Kirche* (Markierung "✝α") als *Kyriakón* im Zentrum[14] beschränkt haben. Das bezeugen sowohl die Überlieferungen als auch die Anordnung der Kirche und der benachbarten Flügel (östlich) auf engem Raum.

Das Kloster wird von einem oberirdischen Aquädukt mit natürlichem Gefälle, der mit einer mehrbogigen Brücke den *Iwirítikos Lákkos* (Ἰβηρίτικος Λάκκος = Bach von Iwíron) überquert, mit Wasser versorgt. Die Leitung mündet in die dem Eingang gegenüberliegende Zisterne mit der Jahreszahl 1619[15]. Hinzuweisen ist weiterhin auf den *Brunnen des Pródromos,* gegenüber dem Eingang der heutigen *Pródromos-Kirche,* der noch in der ersten Phase des Klosters ausgehoben worden sein könnte – damals, als es noch *Klémens-* oder *Pródromos-Kloster* hieß, bis es dann im Jahre 979–980 den Iberern übergeben wurde[16].

Im hügeligen Gelände südwestlich des Klosters liegt die *Skíti Tímios Pródromos* (Johannes der Täufer) oder *Skíti Iwíron,* ungefähr eine halbe Stunde Fußweg entfernt.

Unter den Gebäuden außerhalb des Klosterbezirkes sind zwei Baudenkmäler seltener Art erhalten: das langgestreckte *Leprokomío* (Λεπροκομεῖο = Leprahospital) westlich des Klosters[17] und das *Orríon*[18] (aus dem Jahre 1800) oder *Kornspeicher* (Markierung "Φ") an der Küste, das 1988 in eine Schreinerei umgewandelt wurde.

Das Kloster ist durch einen alten, steingepflasterten und einen neuen, befahrbaren Weg mit *Karyés* verbunden. Vergleichbare Wege führen auch zu den Nachbarklöstern an der Küste. Ein schöner, alter, steingepflasterter Weg verläuft vom *Kloster* zur *Skíti Iwíron.*

ANMERKUNGEN ZUM KLOSTER IWÍRON

1. – *Beïlídikos Drómos* (Μπεηλίδικος Δρόμος): s. den *Begleittext* zum *Kloster Watopédi*, Anm. 2.
2. – SMYRNÁKIS, S. 464; Höhe der *Tsúka:* 980 m.
3. – *Kaliágra* (Καλιάγρα): s. den *Begleittext* zum *Kloster Kutlumusíu*, Anm. 6.
4. – Zu den Schreibweisen Kráwatos (Κράβατος = Bett) oder Kráwattos (Κράβαττος) oder Kréwwatos (Κρέββατος) s. ACTES, I, S. 71, Karte, S. 72, 198 und 200.
5. – DORÓTHEOS, Bd. 1, S. 257, nennt den Sturzbach *Áxion Estín*, ohne seine Quelle anzugeben. »Áxion Estí« sind die ersten zwei Worte einer Hymne auf die Gottesmutter: Ἄξιον ἐστίν ὡς ἀληθῶς μακαρίζειν Σε, τὴν Θεοτόκον = »Es ist wahrhaft angemessen, Dich, Gottesmutter, zu loben...« (DORÓTHEOS, Bd. 2, S. 13–14). Diese zwei Worte bilden jetzt zusammen eine Benennung, die auf Ikonen (Protáton), Kirchen usw. übertragen wird. Eine Zelle des Pantokrátor-Klosters, dem »Áxion Estí« gewidmet, befindet sich hinter der *Hágios Andréas-Skíti*, neben dem linken Ufer des gleichnamigen Sturzbaches.
6. – SMYRNÁKIS, S. 464: Länge der Trakte »ca. 200–300 Schritte«. BARSKIJ, III, S. 126: Umfang des damaligen Klosterbezirks 250 Klafter, das sind ca. 460 m.
7. – s. dazu THEOCHARÍDIS, *Iwíron*, S. 25–26. Die ursprüngliche *Kirche des Pródromos* war das *Kyriakón* des ältesten *Klosters von Klímis*, das den *Iberern* 979–980 überlassen wurde; s. PEETERS, *Histoires monastiques*. Es sei darauf hingewiesen, daß dieses älteste *Kyriakón* ein Gebäude des 9. oder 10. Jhs. ohne *seitliche Apsiden* ist, genau wie der heutige *Pródromos*; s. MYLONÁS, *Ravdouchos, Prokopios*.
8. – Hagíasma tís Portaítissas (Ἁγίασμα τῆς Πορταΐτισσας = Weihbrunnen der Torhüterin): PROSKYNITÁRIO, *Iwíron*, S. 14.
9. – GEDEÓN, *Athos*, S. 170; SMYRNÁKIS, S. 465. (Die Datierung in das Jahr 1860, entgegen dem korrekten Datum 1804 – SMYRNÁKIS, S. 464 – beruht auf einem Druckfehler). Siehe den östlichen, im Bau befindlichen Flügel in dem Album: ZENTRUM DER GRIECHISCHEN TRADITION (Ed. P. I. GEROLYMÁTOS), *Der Heilige Berg in dreißig Stichen. Das Zeugnis eines Künstlers aus dem 19. Jh.* (ΚΕΝΤΡΟ ΕΛΛΗΝΙΚΗΣ ΠΑΡΑΔΟΣΗΣ, Ἐπιμ. Π. Ι. ΓΕΡΟΛΥΜΑΤΟΣ, Ἅγιον Ὅρος μέσα ἀπὸ 30 Λιθογραφίες. Ἡ μαρτυρία ἑνὸς καλλιτέχνη τοῦ 19ου αἰ.), Athen, 1993, Taf. 3.
10. – SMYRNÁKIS, S. 465: Ausdehnung um 3 Klafter (3 x 1,83 = 5,49 m; unsere Messung: 5,60 m). THEOCHARÍDIS, *Iwíron* datiert diesen Anbau in das Jahr 1758. Vielleicht gilt dieses Datum nur für das Gebäude südlich der *Pródromos-Kirche*, das anschließend dem östlichen Flügel einverleibt wurde. Siehe Stich im Album und Anm. 9.
11. – BARSKIJ, III, S. 126.
12. – DÖLGER, *Ein Fall*, S. 6–9; ACTES, I, S. 11.
13. – s. Anm. 7.
14. – WLÁCHOS, S. 203; ACTES, I, S. 60, Skizze 2 und S. 61.
15. – MILLET, *Inscriptions*, Inschrift Nr. 282, aus der hervorgeht, daß »das Wasser von weitem hergebracht wird«. Es wäre folglich durchaus denkbar, daß der *Aquädukt*, dessen Mauerwerk dem Brunnen ähnelt, gleichzeitig mit diesem entstanden ist. In der *Diígisis* (Erzählung) des Theodósios (GEDEÓN, *Athos*, S. 176) wird aus den Jahren 1617–1619 vom »Leprabogen des alten Wassers« berichtet – dies ist ein Hinweis auf den Aquädukt, der sich beim Leprahaus befand und sich auch heute noch dort befindet. Dieselbe *Erzählung* jedoch erwähnt den Bau von *Wasserbögen bei den Leprakranken* im Jahre 1659; s. weiter unten, Anm. 17.
16. – Zu den *alten Brunnen* der Klöster s. den *Begleittext* zum *Kloster Chelandári*, Anm. 18.
17. – SMYRNÁKIS, S. 477, nennt es Λωβοκομεῖο. WLÁCHOS, S. 200, Anm. 1, datiert es ins 17. Jh. BARSKIJ, III, S. 155, lokalisiert es bei seiner Beschreibung des Gebietes an der Stelle des heutigen Leprakrankenhauses: »Dort ... sind auch die Zellen, die eigens für die leprösen Brüder geschaffen sind, falls es solche gibt, wo sie barmherzig versorgt

und verpflegt werden ...« Also gab es das Leprokomío als Zellenkomplex. Der einheitliche *Leprakrankenhausbau* muß ins 19. Jh. datiert werden, wie seine Architektur bezeugt.

18. – Ὀρρεῖον oder ὠρεῖον (Altgriechisch, *M.E.E.*) oder ὅρριον (LIDDELL – SCOTT) oder ὁρρίον (SOPHOCLES, *Lexicon*). Auch *horreum* (lateinisch): Lager, öffentlicher oder privater Natur, das vor allem zur Lagerung von Getreide, aber auch anderer Objekte verwendet werden kann. Bei den Byzantinern, folglich auch auf dem Athos, der Kornspeicher. GEDEÓN, *Athos*, S. 177, erwähnt in der *Theodósios-Erzählung* die Errichtung eines *Speichers* im Jahre 1622, in der Nähe des *Arsanás-Turmes*. Es ist anzunehmen, daß es sich hierbei um ein älteres Gebäude an derselben Stelle handelt, an der sich früher ein *Orríon* (Kornspeicher) befand und heute ein *Xylurgío* (Tischlerei, Schreinerei).

Textabb. 21. Ansicht des Iwíron-Klosterhofes, 1835. Zeichnung des Architekten EFYMOV. Vignette aus der DAVYDOV-Karte, 1839. Es sind links der Exonárthex des Katholikón und rechts ein prächtiger Brunnen zu sehen; weiter links die Gebäude, die durch die heutige Trápeza ersetzt wurden (1848), und im Hintergrund der Wachturm. (10,2 x 7,9 cm). (*Bibliothek der Bank von Griechenland*, Athen).

4. – KLOSTER CHELANDÁRI
(DES KAPITÄNS ODER BESITZERS EINES LASTKAHNES)

EINFÜHRUNG MARIÄ IN DEN TEMPEL – PATRONATSFEST: 21. NOV. / 4. DEZEMBER

(HEFT II, ABB. 41–46 • HEFT III, TAF. 104.1)

Geographische Länge vom Meridian Athens aus (Außentorschwelle)	≅	00°24′10⁸⁷″
Geographische Breite (Außentorschwelle)	≅	40°20′23²³″
Höhe über dem Meeresspiegel (Außentorschwelle)	≅	52,30 m
Fläche des gesamten Herrschaftsgebietes des Klosters	≅	8.220 ha
Fläche des Klosterbezirkes und des unmittelbar angrenzenden bebauten Gebietes	≅	2 ha
Gesamtfläche innerhalb der Außenmauern des Klosterbezirkes	≅	7.480 m²
Gesamte bebaute Fläche innerhalb der Außenmauern (Gebäude)	≅	4.618 m²
Freiflächen innerhalb der Außenmauern des Klosters (Höfe)	≅	2.862 m²
Maximale Ausdehnung in Länge und Breite (auf 5 m gerundet)	≅	145 m x 75 m

Das gesamte Gebiet des *Klosters Chelandári* erstreckt sich am Nordende der Halbinsel zwischen den beiden Golfen und umfaßt eine große Fläche, größer als die der *Megísti Láwra*, mit überwiegend kultivierbarem Boden[1]. Im Westen führt die Grenze an dem Gebiet *Monoxylítis* (Μονοξυλίτης = Kapitän eines pirogenartigen Bootes) entlang, das dem *Kloster Dionysíu* gehört, und entspricht in ihrem letzten Abschnitt der *Grenze der Mönchsrepublik*. Die Nordgrenze wird vom *Strymonischen Golf* gebildet. Die Ostgrenze scheidet das Gebiet sowohl von dem des *Klosters Esfigménu* als auch von dem des *Klosters Zográfu*. In dem Abschnitt, in welchem sie an das Gebiet des *Klosters Esfigménu* stößt, führt die Grenze den Hügel *Gribowítsa* (Γριμποβίτσα, 271 m) entlang und erreicht zwischen der *Mikrí* (Kleinen) *Samária* (101 m) und der *Megáli* (Großen) *Samária* (144 m) das Meer. Der Grenzabschnitt zum Gebiet des Klosters Zográfu erstreckt sich vom Sattel *Marmarénios Stawrós* (Μαρμαρένιος Σταυρός = Marmorkreuz, 386 m) zum Gebiet um die Quelle *Dimitríu Wrýsi* (Δημητρίου Βρύση = Dimitris-Quelle) in *Tawrokálywa* (Ταυροκάλυβα = Stierhütte, 352 und 341 m) und folgt dann dem Bach von *Hágios Spyrídon*. Die Südgrenze verläuft am *Singitischen Golf* oder *Golf des Hágion Óros* und anschließend an den Gebieten *Monoxylítis* und *Chrumítsa* entlang, wobei sie auf dem zentralen Gebirgskamm dem *Hauptweg* des Athos folgt, einem steingepflasterten Maultierweg, dem sogenannten *Beïlídikos Drómos* (Μπεηλίδικος Δρόμος)[2].

Das Kloster liegt, vom Meer aus nicht zu sehen, in einem Tal am rechten Ufer des Baches *Gerakofoliás Lákkos* (Γερακοφωλιάς Λάκκος = Falkennestbach), der an einem schönen Sandstrand zwischen dem *Monýdrion* (Klösterchen) *Hágios Wasílios*[3] (Tafel, Markierung »M.A.B.« und Abb. 46) und dem früher *Hágios Geórgios* genannten *Arsanás*, dem *Bootshafen* des Klosters[4], ins Meer mündet (Tafel, Markierung "Ψ"). Der Klosterbezirk hat die Form eines Dreiecks. Die Zeichnung des Klosters *Chelandári* von BARSKIJ ist verschollen, sie befindet sich auch nicht im Archiv der Akademie von Kiew, wo die übrigen Originale aufbewahrt werden. Statt dessen geben wir einen Kupferstich (25 x 31 cm) aus dem frühen 19. Jh.[5] wieder; die dargestellte Anordnung der Gebäude dicht um das *Katholikón* (Hauptkirche) läßt darauf schließen, daß die Klosteranlage ursprünglich viel kleiner war und später nach Norden erweitert wurde[6].

Auf einem Felsen am Meer erhebt sich, wie schon erwähnt, das *Monýdrion Hágios Wasílios* (kleine Karte, Markierung "M.A.B."), mit einen *Kyriakón* (Kirche) ohne seitliche Apsiden, was auf ein hohes Alter hindeutet[7]. Es ist mit einer Umfassungsmauer und einem Graben vor dem Eingang bewehrt, muß also früher eine hölzerne Zugbrücke besessen haben[8]. Auf halbem Weg zwischen dem *Arsanás* und dem Kloster steht der außergewöhnlich hohe *Milútin-Turm*[9] (Gebäude "Eγ") in der *Flur Hágios Sáwwas*[10]. Dieses Gebiet wird in einer Urkunde aus dem Jahre 1324 *Chrysía*[11] genannt. Im Südosten des Klosters liegt eine kleine Siedlung von *Kalýwen* sowie die *Skíti Hagía Triáda* (Ἁγία Τριάδα = Dreifaltigkeit, 278 m)[12] mit einer schönen Kirche, die mit Fresken des 18. Jhs. bemalt ist. Außerdem finden sich auf dem steilen Felsenhügel *Mikrí Samária* (101 m), der den *Arsanás* im Osten schützt, Ruinen von Befestigungsanlagen, die *Palaiókastro* (Παλαιόκαστρο = Alte Burg)[13] genannt werden.

Das Gebiet um das *Kloster Chelandári* war wegen seiner Nähe zum *Isthmus* und dem dortigen natürlichen Zugang zur Halbinsel besonders geeignet für die Errichtung der ersten *Askitíria* (Einsiedeleien) und Klöster, wie z. B. des *Zygú* (τοῦ Ζυγοῦ), des *Kalýka* (τοῦ Καλύκα), des *Melissurgíu*[14] (τοῦ Μελισσουργείου), des *Homologitú* (τοῦ Ὁμολογητοῦ), des *Skorpíu* (τοῦ Σκορπίου), der *Strowilaías* (τῆς Στροβιλαίας) usw.[15].

Das Kloster wird durch eine oberirdische Gefälleleitung mit Wasser versorgt, das von einer Sammelstelle in der Gegend *Spásova Vóda* (Wasser des Erlösers), südlich der sogenannten *Skíti Hagía Triáda* (Hl. Dreifaltigkeit), stammt. Zudem bringt eine weitere, aus Steinen erbaute und mit Platten abgedeckte Leitung, die mit einem zweibogigen Aquädukt den *Lákkos Gerakofoliás* überquert, Wasser aus dem Bach des *Hágios Spyrídon* bis an die Südostecke der Anlage[16]. Hinzuweisen ist auch auf den mit einem schönen Pavillon überdeckten Brunnen ("B5"), von dem angenommen wird, daß er dem ursprünglichen griechischen *Kloster des Geórgios Chelandáris* angehörte, das angeblich seit 985 oder 1015[17] bestand und dann 1198[18] an die Serben übergeben wurde.

Das Kloster ist mit der Außenwelt durch eine unbefestigte Autostraße verbunden, die anstelle des alten steingepflasterten Weges[19] entlang der Nordküste nach *Karaúli* (Καραούλι = Wache) oder *Skopós* (Σκοπός = Wächter) und weiter zur *Nordgrenze der Mönchsrepublik* an der Mündung des Baches *Wérku Lákkos* (Βέρκου Λάκκος = Bach des Wérkos) führt. Außerdem verlaufen alte steingepflasterte Maultierwege zu den *Klöstern Zográfu* und *Esfigménu* sowie nach *Karyés*. Das Kloster ist durch Wege, die bei *Zográfu-Arsanás* und *Monoxylítis-Arsanás* (Hagíu Páwlu) enden, auch mit der südlichen Küste verbunden.

Textabb. 22. Fußboden aus *opus sectile* im *Náos*. Beispiel für einen dekorativen marmornen Fußboden des 11. Jhs. (*The Mylonas Archives*).

ANMERKUNGEN ZUM KLOSTER CHELANDÁRI

1. – Das hat bereits WLÁCHOS, S. 212, festgestellt. Kürzlich wurde ein großer Teil des Gebietes von Chelandári zur Aufforstung mit Maschinen bearbeitet.

2. – *Beïlídikos Drómos* (Μπεηλίδικος Δρόμος): s. den *Begleittext* zum *Kloster Watopédi*, Anm. 2.

3. – Die Serben nennen das *Hágios-Wasílios-Monýdrion* »Hrusija«, s. NENADOVIĆ, *Chilandar*, S. 205 und ŽIVOJINOVIĆ, *Chryse*, S. 59–82.

4. – SMYRNÁKIS, S. 496.

5. – MYLONÁS, *Alte Stiche*, Taf. 31.

6. – Die Daten an den Gebäuden zeugen von einer etappenweisen Erweiterung nach Norden mit vielen Renovierungen.

7. – MYLONÁS, *Ravdouchos, Prokopios*.

8. – MYLONÁS, *Alte Stiche*, Taf. 34.

9. – SMYRNÁKIS, S. 497: »*Kawallárīs-Turm*« (Πύργος τοῦ Καβαλλάρη = Turm des Reiters); MYLONÁS, *Alte Stiche*, Taf. 33.

10. – BOGDANOVIĆ et al., S. 78, Legende, Abb. 56.

11. – *ACTES, Chilandar, grecs*, S. 210. SMYRNÁKIS, S. 10, erwähnt, daß sich im Gebiet von *Hágios Wasílios* die antike Küstenstadt *Chrysí* befand.

12. – MYLONÁS, *Alte Stiche*, Taf. 32 oben links.

13. – SMYRNÁKIS, S. 496.

14. – Siehe Grundriß des *Katholikón* des *Klosters Hágios Nikólaos tú Melissurgíu* bei PAPÁNGELOS, *Metóchia*, S. 1605 und Karte der Gegend *Hierissós – Hágion Óros*, S. 1600.

15. – GEDEÓN, *Athos*, S. 129; DORÓTHEOS, Bd. 1, S. 287.

16. – Dieses Wasser wird in der großen *Zisterne des Hágios Sáwwas* ("Βσα") gesammelt, die am *Theophanie-Tag* (6. Januar) gefüllt wird, wenn das Wasser am kältesten ist; es dient der Kelterung des Weines im September (Trygitós) und wird so lange aufbewahrt.

17. – ŽIVOJINOVIĆ, *Hilandar*; ACTES, *Iwiron*, I, S. 115; PAPACHRYSSÁNTHU, *Athonikós Monachismós*, S. 249.

18. – Zu betonen ist, daß alle Klöster mit Ausnahme derjenigen, die wie *Símonos Pétras* auf den Felsen gebaut sind, im Hof über Brunnen verfügen (s. *Láwra*: Brunnen des *Hósios Athanásios*; *Watopédi*: Brunnen *Kryológos*; *Iwíron*: Brunnen des *Pródromos* u. a.). Alle diese Brunnen sind in die früheste Phase des jeweiligen Klosters zu datieren und waren wohl auch ausschlaggebend für die Wahl des Standortes. Aus Sicherheitsgründen befanden sich alle diese Brunnen grundsätzlich innerhalb der Klostermauern.

19. – Dieser alte steingepflasterte Weg führt bei *Hágios Wasílios* vorbei und läßt das antike *Kloster Woroskópos* (Βοροσκόπος) rechts am Strand liegen; das Kyriakón dieses Klosters ist nur noch in Ruinen erhalten, dem *Hágios Symeón* geweiht und bildet wegen seines *Bautypus ohne seitliche Apsiden* ein wichtiges Denkmal (MYLONÁS, *Ravdouchos, Prokopios*). Der Weg führt weiter in Richtung Westen bis zum Gebiet *Kalítsa* (Καλίτσα) und läßt zur Linken die Ruinen des *Katholikón* des alten *Klosters Kalýkas* und zur Rechten, auf einer felsigen, am Meer liegenden Erhöhung, eine viereckige *Turm*-Ruine liegen. Die riesigen rechteckigen Ecksteine im Südosten, die Teil einer sich nach oben verjüngenden Mauer sind, werfen viele Fragen bezüglich ihrer Herkunft auf. Der Weg führt außerhalb des klösterlichen Staates weiter und läßt links, jedoch noch innerhalb der Grenzen zwischen den beiden Buchten, die Erhöhung liegen, auf der sich das *Kloster Zygós* befand (ŽIVOJINOVIĆ, *Hilandar*, S. 47–51). Dort gibt es heutzutage nur noch eine Steinhalde, während Fragmente der zugehörigen Bauplastik in den Hof des *Klosters Chelandári* transportiert wurden (NENADOVIĆ, *Métoque Zig*). Sie liegen in der nordöstlichen Ecke des Hofes und wurden dem Autor von dem seligen Higúmenos Moses im Jahre 1968 gezeigt. Einige hundert Meter südlich der Zygós-Ruine liegt die zerstörte Kirche des *Hágios Nikólaos tú Melissurgíu* (des Bienenstandes, s. den Plan bei ·PAPÁNGELOS, *Metóchia*,

S. 1604). Es sei angemerkt, daß Ioakím PAPÁNGELOS in einem kürzlich gehaltenen Vortrag (in der TU von Athen, am 21. 4. 1994) auf Grund einer im Archiv von *Watopédi* aufbewahrten Urkunde aus dem 11. Jh. die These aufgestellt hat, das *Kloster Zygós* sei identisch mit der Burgruine *Frangókastro*, die sich nahe dem *Arsanás Chrumítsas* befindet.

Textabb. 23. Westansicht des Chelandári-Katholikón. Der Hauptteil der Kirche mit der großen Faltkuppel, ein Werk des Jahres 1303 oder 1313. Die Lití mit den zwei kleinen Kuppeln stammt wahrscheinlich aus derselben Zeit. Der Exonárthex mit der kleinen Kuppel im Zentrum wurde 1375 hinzugefügt, das zentrale Portal entstand 1773 (*The Mylonas Archives*).

5. – KLOSTER DIONYSÍU
[DES HÓSIOS (SELIGEN) DIONÝSIOS VOM ÁTHOS]

GEBURT JOHANNES' DES TÄUFERS – PATRONATSFEST: 24. JUNI / 7.JULI

(HEFT II, ABB. 4. 47–56 • HEFT III, TAF. 105.1)

Geographische Länge vom Meridian Athens aus (Außentorschwelle)	≅	00°33′23⁴⁷″
Geographische Breite (Außentorschwelle)	≅	40°10′02⁷⁷″
Höhe über dem Meeresspiegel (Außentorschwelle)[1]	≅	58,60 m
Fläche des gesamten Herrschaftsgebietes des Klosters	≅	1.160 ha
Fläche des Klosterbezirkes und des unmittelbar angrenzenden bebauten Gebietes	≅	4 ha
Gesamtfläche innerhalb der Außenmauern des Klosterbezirkes	≅	2.018 m²
Gesamte bebaute Fläche innerhalb der Außenmauern (Gebäude)	≅	1.810 m²
Freiflächen innerhalb der Außenmauern des Klosters (Höhe)	≅	208 m²
Maximale Ausdehnung in Länge und Breite (auf 5 m gerundet)	≅	45 m x 60 m

Das gesamte Herrschaftsgebiet des *Klosters Dionysíu* liegt etwa in der Mitte der Halbinsel an den Südwesthängen des zentralen Gebirges, das hier im *Antíthon* (Ἀντὶ Ἄθων = Gegen-Athos, 1038 m) gipfelt. Die Nordwestgrenze fällt mit der Gebietsgrenze des *Klosters Grigoríu* zusammen und folgt dem Bach *Draganistís* (Abb. 56)[2] bis zum Gebiet des *Kellíon Panagía* (Κελλίον Παναγίας). Von dort führt sie den Bergrücken (Wasserscheide) hinauf, bis sie an dem Ort *Tripló Sýnoro* (Τριπλὸ Σύνορο = Drei Grenzen: Grigoríu – Hag. Páwlu – Dionysíu, 918 m) den Gebirgskamm erreicht, auf dem der *Hauptweg* des Athos, der sogenannte *Beïlídikos Drómos* (Μπεηλίδικος Δρόμος)[3], entlangläuft. Die Nordgrenze scheidet das Gebiet von dem des *Klosters Hagíu Páwlu*, wobei sie dem *Hauptweg* bis zum Sattel *Pórtes*[4] (Πόρτες = Türen, 849 m) folgt. Hier trifft sie auf den Weg zwischen dem Kloster *Hagíu Páwlu* und der *Skíti tú Lákku* (Σκήτη τοῦ Λάκκου = des Flusses). Die Südostgrenze zum Gebiet des *Klosters Hagíu Páwlu* folgt von dem Ort *Pórtes* zunächst dem Weg, der nach *Hagíu Páwlu* hinunterführt, und verläuft dann entlang des *Lákkos tú Kalathá*[5] (Λάκκος τοῦ Καλαθᾶ = des Korbflechters) bis zur Küste. Die Südwestgrenze wird vom *Singitischen Golf* gebildet.

Das Kloster liegt auf einem mächtigen Felsvorsprung am linken Ufer des Baches *Aeropótamos* (Ἀεροπόταμος = Luftbach), der am *Antíthon*[6] entspringt. Mit seinen Festungsmauern und den in Holzbauweise errichteten vorkragenden Obergeschossen zählte es bis vor kurzem zu den eindrucksvollsten Bauwerken des Heiligen Berges[7]. Das *Bootshaus*, der *Arsanás* (Plan, Gebäude "Ψ" und Ansicht "O.A."), des Klosters liegt unterhalb des Felsvorsprungs, links der Mündung des Baches.

Eine oberirdische, mit Platten abgedeckte Wasserleitung (Markierung "B₂") führt dem Kloster Wasser zu. Sie ersetzte eine ältere *Anlage mit Holzbecken* (Διὰ ξυλίνων γουρνῶν) und ist möglicherweise eine Stiftung des Woiwoden Neágoe Bassaráb[8].

Auf der hier wiedergegebenen Zeichnung von BARSKIJ (24 x 35⁸ cm) hat das Kloster etwa dasselbe Aussehen wie heute, da die Gebäude im wesentlichen bereits im 16. Jh. vollendet waren und nicht durch Brand, mit Ausnahme des Jahres 1534[9], zerstört worden sind. Die einzigen Erweiterungen wurden zwischen den Jahren 1552–1568 bzw. 1593–1636, im Jahre 1876[10] sowie im 20. Jh. vorgenommen.

Das Kloster verfügt weiterhin über das *Metóchion Monoxylítis* (Μονοξυλίτης = Kapitän eines pirogenartigen Bootes, Name eines alten Klosters, erwähnt schon in Texten vom Ende des 10. Jahrhunderts)[11] sowie über Weingärten von ungefähr 600 ha[12], die für ihren gleichnamigen Wein berühmt sind und zwischen dem *Kloster Chelandári* und dem *Gebiet Chrumítsa* liegen. Die Versorgung dieses Gebietes erfolgt vom Meer aus, über den Ort *Arsanás Monoxylítis* (Dionysíu), wo eine Mole und eine Kapelle des *Genésion tís Theotóku* (Γενέσιον τῆς Θεοτόκου = Geburt Mariä) liegen. Auf dem Gut befinden sich auch eine steingemauerte Fußgängerbrücke mit mehreren Bögen, oberhalb des Sturzbaches und mit dem Datum 1872 (SMYRNÁKIS, S. 516), sowie eine Kapelle der *Hágii Anárgyri* mit Fresken des 17. Jhs. Deren Bezeichnung wird vom *Kloster Hágii Anárgyri* des 11. Jhs. hergeleitet[13]. Die geltenden Grenzen des *Metóchion Monoxylítis* werden in einer Urkunde aus dem Jahre 1710 beschrieben[14].

Ein schwer begehbarer, steingepflasterter Weg, der in beeindruckender Höhe an den Felsen oberhalb der Steilküste entlangführt, verbindet das Kloster mit den *Klöstern Grigoríu* (Nordwestrichtung) und *Hagíu Páwlu* (Südostrichtung). In Richtung *Karyés* steigt ein gewundener, steingepflasterter Weg das linke Ufer des Baches *Aeropótamos* hinauf, bis er auf dem Sattel *Pórtes* oder *Sidirús Stawrós*[15] (Σιδηροῦς Σταυρός = Eisernes Kreuz) auf den *Hauptweg* der Halbinsel trifft. Von dieser Kreuzung aus läuft der *Hauptweg* weiter nach *Karyés*, während die eine Abzweigung zum *Kloster Hagíu Páwlu* führt, die andere hingegen über den Sattel zur *Skíti Hagíu Dimitríu* oder *tú Lákku* hinunter und dann weiter zur Nordostküste und den dortigen Klöstern.

Textabb. 24. Skizze des Klosters Dionysíu von Nordwesten, Federzeichnung (1937) des rumänischen Malers Georg-Alexander MATHÉY (1884–1968). Maße: 44 x 33 cm. (*Sammlung von Herrn Alexander Mathéy*, Athen).

ANMERKUNGEN ZUM KLOSTER DIONYSÍU

1. – GAWRIÍL, *Dionysíu*, S. 9: Höhe des Felsvorsprungs 80 m. Wiederholt in: OIKONOMIDÈS, *ACTES*, S. 3.
2. – Dieser Fluß kommt mit starkem Gefälle vom *Antíthon* herab und bildet mehrere Wasserfälle, den letzten kurz vor der Mündung ins Meer. Der Name *Draganistís* gibt sein starkes Tosen lautmalend wieder. SMYRNÁKIS, S. 505: *Grawanistís* oder *Drywanísta;* S. 515: *Traganistís;* GAWRIÍL, *Dionysíu*, S. 212: *Druwanistís*.
3. – *Beïlídikos Drómos* (Μπεηλίδικος Δρόμος): s. den *Begleittext* zum *Kloster Watopédi*, Anm. 2.
4. – Von hier aus überschaut man die Halbinsel und das Meer nach beiden Seiten, den *Singitischen Golf* im Südwesten und das *Thrakische Meer* im Nordosten.
5. – GAWRIÍL, *Dionysíu*, S. 212; OIKONOMIDÈS, *ACTES*, S. 14, Anm. 49: unrichtig ist die Bezeichnung *Lákkos tís Rácheos tú Kalathá* (Fluß der Bergkette von Kalathá). Richtig ist vielleicht *Ráchi tú Lákku tú Kalathá* (Ufer des Flusses Kalathá).
6. – Namen, die bereits in der Goldbulle Aléxios' III. Komninós (1375) auftauchen. GAWRIÍL, *Dionysíu*, S. 92: »unterhalb des kleinen Athos, am dort fließenden *Aeropótamos;* das Gebiet dort heißt *Wuleftíria* (Parlament)...«. In der Vita des Hósios Máximos Kafsokalýwis (HALKIN, *Maxime Kausokalyve*, S. 49, 56, 95), wird erwähnt, daß es vor der Errichtung des *Klosters Dionysíu* das Kloster des *Pródromos tú Mikroathonítu* (Einwohner des Mikros, d. h. des Kleinen Athos) gab; die dortige Bezeichnung »Mikroathonítis« bezieht sich nicht auf Pródromos, sondern auf die geographische Lage der Stiftung unterhalb der Spitze *Mikrós Áthos* oder *Antíthon*: Es gibt heutzutage den Ort *Palaiós Pródromos* (Alter Prodromos) oben im Wald, vermutlich ein 'Nachkomme' dieses ursprünglichen Komplexes des *Hósios Dionýsios* (LAÚRDAS, S. 50–57). Interessant ist auch der Artikel von EWLÓGIOS KURÍLAS LAWRIÓTIS: »Der Ruheplatz des Hágios Onúfrios auf dem kleinen Athos oder Antiathos; bei den Grenzen des Hag. Dionysiu-Klosters, Hauptkern des heutigen großen Klosters«. *Hagioritikí Bibliothíki*, 19, Wólos, 1954, S. 83–90.

   Das Kloster der *Theotókos* (Gottesmutter) *tón Wuleftiríon* (des Parlaments) wird in einer Urkunde aus dem Jahre 1012 erwähnt (*ACTES, Lawra*, I, Nr. 16, 7). Heutzutage wird das *Gebiet tón Wuleftiríon* mit dem lawriotischen *Káthisma des Hl. Elefthérios* südlich der *Skíti der Hagía Ánna* identifiziert.
7. – s. Abb. bei MYLONÁS, *Forms*, 1964, Taf. 2.
8. – *ACTES*, S. 12, Anm. 41.
9. – GAWRIÍL, *Dionysíu*, S. 15: »... seitdem durch göttliche Gnade kein Brand ausgebrochen ist ...« Der Brand des Jahres 1534 (*ACTES*, S. 19, Anm. 60) war der Anlaß für Restaurierungsarbeiten im 16. Jh.
10. – GAWRIÍL, *Dionysíu*, S. 15; THEOCHARÍDIS, *Dionysíu, Ochírosi*, S. 445 und Skizze S. 446.
11. – GEDEÓN, *Athos*, S. 129; *ACTES, Lawra*, I, Nr. 12, Zeilen 4–5.
12. – GAWRIÍL, *Dionysíu*, S. 120.
13. – Es wird im *Monomáchos-Typikón* (*ACTES, Prôtaton*, Nr. 8, Zeile 195) erwähnt.
14. – *ACTES, Chilandar, grecs*, Urkunde aus dem Jahre 1710, Nummer 169, S. 356, Zeilen 53–59.
15. – GAWRIÍL, *Dionysíu*, S. 18.

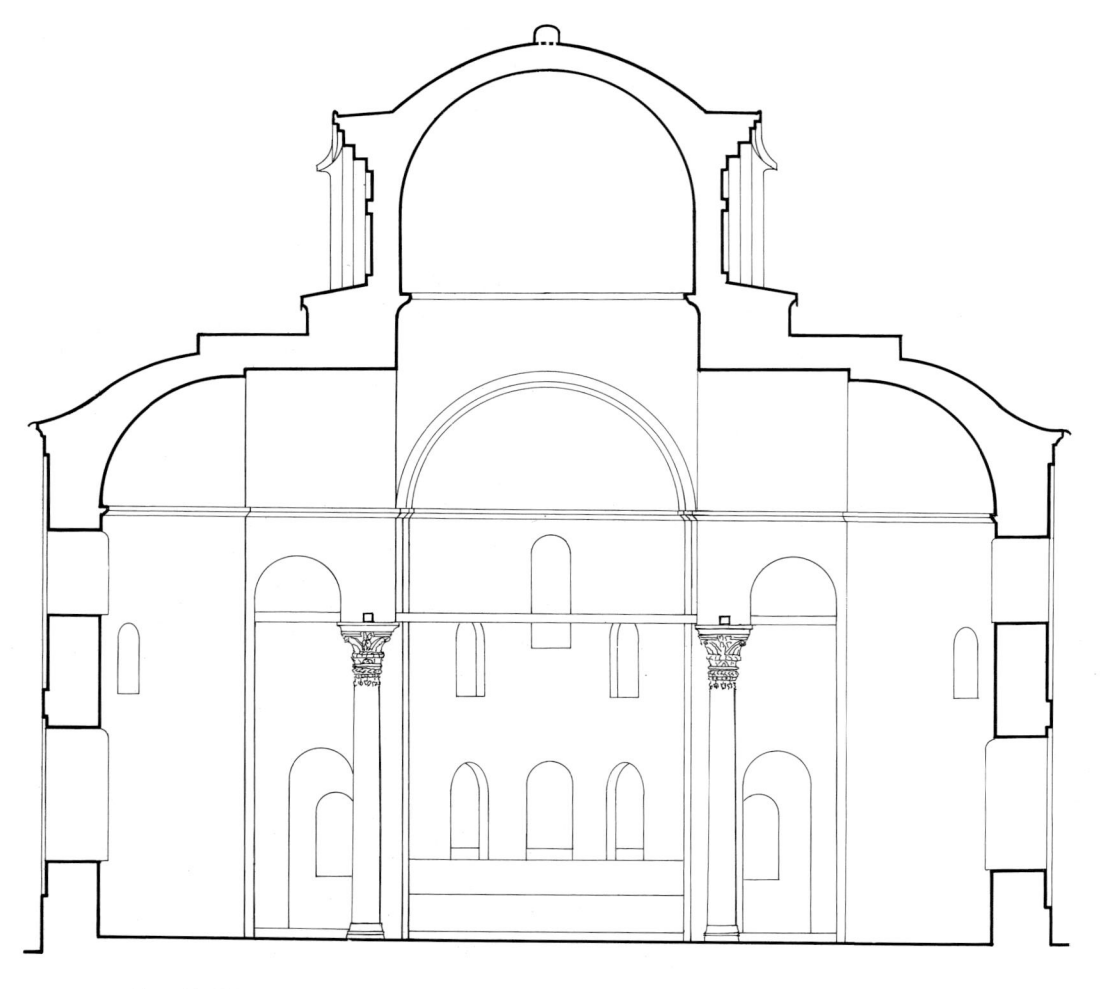

Textabb. 25. Katholikón des Klosters Dionysíu, Schnitt durch die Choroi (*The Mylonas Archives*).

6. – KLOSTER KUTLUMUSÍU

(DES KUTLUMÚS = NAME DES GRÜNDERS AUS KLEINASIEN)

VERKLÄRUNG CHRISTI – PATRONATSFEST: 6. / 19.AUGUST

(HEFT II, ABB. 1. 57–62 • HEFT III, TAF. 106.1)

Geographische Länge vom Meridian Athens aus (Außentorschwelle)	≅	00°31′46⁵³″
Geographische Breite (Außentorschwelle)	≅	40°15′10⁰²″
Höhe über dem Meeresspiegel (Außentorschwelle)	≅	320,60 m
Fläche des gesamten Herrschaftsgebietes des Klosters	≅	628 ha
Fläche des Klosterbezirkes und des unmittelbar angrenzenden bebauten Gebietes	≅	2 ha
Gesamtfläche innerhalb der Außenmauern des Klosterbezirkes	≅	4.385 m²
Gesamte bebaute Fläche innerhalb der Außenmauern (Gebäude)	≅	2.966 m²
Freiflächen innerhalb der Außenmauern des Klosters (Höfe)	≅	1.419 m²
Maximale Ausdehnung in Länge und Breite (auf 5 m gerundet)	≅	65 m x 70 m

Das gesamte Herrschaftsgebiet des *Klosters Kutlumusíu* liegt etwa in der Mitte der Halbinsel, an den Osthängen des Kettengebirges. Es grenzt im Südwesten zunächst an das *Kloster Xiropotámu*, entlang der Kammlinie, die die Halbinsel wie ein Rückgrat durchzieht und der auch der zentrale öffentliche Weg – bekannt als *Beïlídikos Drómos* (Μπεηλίδικος Δρόμος)[1] – folgt: vom *Gipfel* des *Hl. Dimítrios* (639 m) bis zu einer Stelle an der Straße, die etwa in der Mitte zwischen *Xiropotaminós Stawrós* (Ξηροποταμηνός Σταυρός = Kreuz des Klosters Xiropotámu, 560 m) und dem *Kátsaris* (Κάτσαρις)-*Gipfel* (678 m) liegt. In der Folge grenzt das Territorium dann an die Gegend *Anapapsiá*[2], bis zur dreifachen Grenze mit den *Klöstern Xiropotámu* und *Hágios Panteleímon*. Im Westen grenzt das Territorium an das des *Klosters Hágios Panteleímon*, das sich entlang der Gegend *Anapapsiá* erstreckt; im Anschluß daran verläuft die Grenze wieder entlang dem zentralen Gebirgskamm, vorbei an der Gegend *Plakariá*[3] des *Klosters Pantokrátor*. Die Nordgrenze zum Gebiet des *Klosters Pantokrátor* folgt dem Bach *Liwadogénis* (Λιβαδογένης = der bärtige Mann von der Wiese)[4], der die *Áno Kapsála* (Άνω Καψάλα = die obere versengte Gegend) durchfließt, und führt dann die Höhenzüge nördlich von *Burazéris* (Μπουραζέρης)[5] entlang. Im weiteren Verlauf scheidet die Nordgrenze das Gebiet von dem des *Klosters Stawronikíta*, wobei sie von den Höhenzügen zur Küste hinunterläuft, entlang dem Bach, der nördlich von *Nerantzóna* (Νεραντζώνα = Pomeranzenhain) im *Kaliágra*[6]-Gebiet, fließt. Die Nordostgrenze wird vom *Thrakischen Meer* gebildet. Die Südgrenze zum Gebiet des *Klosters Iwíron* führt von einem 300 m südlich der *Kaliágra* gelegenen Ort an der Küste die Wasserscheide des Höhenzuges *Rachóni* (Ραχώνι = Kette)[7] entlang zum *Hauptweg* des Athos und zum Gipfel *Hágios Dimítrios* (639 m) hinauf.

Das Kloster ist auf verhältnismäßig ebenem Gelände am östlichen Fuß des zentralen Gebirgskammes errichtet. Wie im ganzen halbrundförmigen Tal von *Karyés* (Abb. 1) ist auch an dieser Stelle der Boden nicht fest, und da er unter den Fundamenten des Klosters abrutscht, entstehen in den Gebäuden Risse. Zudem leiden die Klostergebäude wegen des hohen Grundwasserspiegels unter der Feuchtigkeit[8].

Die hier wiedergegebene Zeichnung von BARSKIJ (23⁵ x 37⁴ cm) zeigt die Anlage im Zustand der Mitte des 18. Jhs. Aus der Darstellung geht hervor, daß außer dem *Katholikón* (Hauptkirche, Markierung "A"), dem *Pýrgos* (Wehrturm, Markierung "E") sowie den unteren Geschossen des *Glockenturms* ("A₁"), des *Nordwestbaus* und des südlichen *Zellenflügels* alle Gebäude in späterer Zeit wiederaufgebaut oder neu hinzugefügt worden sind. Bemerkenswerterweise gab es bereits 1744 einen *Torbaldachin*, der zwar einfacher war als der heutige, aber den selben Standplatz und ein ähnliches Schema hatte. Auf der Zeichnung von BARSKIJ ist unten rechts die alte Friedhofskirche *Hágios Nikólaos* genau wiedergegeben, wo sich heute eine jüngere Kirche des Jahres 1799 (Gebäude "☦μ", Grundriß – Schnitt) befindet.

Der *Arsanás* (Ἀρσανᾶς = Bootshaus und Hafen) des Klosters, die *Kaliágra* (Καλιάγρα, s. Taf. 106.1, Markierung ① und Abb. 61–62), liegt am Südende der gleichnamigen Bucht an der Nordostküste; es handelt sich hier um den besten Naturhafen dieser Küste[9].

Dem Kloster untersteht die idiorrhythmische *Skíti Hágios Panteleímon* oder *Skíti Kutlumusíu*. Enklaven im Herrschaftsgebiet des Klosters sind die Ortschaft *Karyés*[10] und die zu *Watopédi* gehörende *Skíti Hágios Andréas* oder *Serái* (Abb. 1)[11].

Ein alter steingepflasterter Weg und eine neue unbefestigte Autostraße verbinden das Kloster mit *Karyés* und dem *Kloster Iwíron*. Außerdem führt an der Südwestecke der Ringmauer des *Klosters Kutlumusíu* der alte Weg von *Karyés* zum *Kloster Filothéu* vorbei.

Textabb. 26. Kloster Kutlumusíu, Westansicht des Katholikón. Der Exonárthex zeigt den ursprünglichen Zustand vor den Ergänzungen des Jahres 1978 (*The Mylonas Archives*).

ANMERKUNGEN ZUM KLOSTER KUTLUMUSÍU

1. – *Beïlídikos Drómos* (Μπεηλίδικος Δρόμος): s. den Begleittext zum *Kloster Watopédi*, Anm. 2.

2. – *Anapapsiá* (Ἀναπαψιά): das ehemalige Kloster (des Mannes) Anapafsás (der Ruhende, *ACTES, Lawra*, I, Nr. 59, 62), das 1329 vom *Kloster Kutlumusíu* übernommen wurde (*ACTES, Kutlumus*, ²1988, S. 70–76). S. 75–76: Grenzverlauf von *Anapafsíu* (sic) oder *Anapapsías* von 1333. Die entstellte Form *Anapapsiá* war also schon damals gebräuchlich. Bezüglich der Grenze mit dem *Kloster Xiropotámu* in der Umgebung von *Anapapsiá* s. *ACTES*, S. 218, Urkunde des Jahres 1809, wo die gültigen Grenzen ausführlich beschrieben werden. Auch GUNARÍDIS, *Athoniká Sýmmikta*, 3, 1993, Archiv des *Xiropotámu-Klosters*, Zusammenfassungen von byzantinischen Urkunden (Ἀθωνικὰ Σύμμεικτα, 3, 1993, Ἀρχεῖον τῆς Ἱ. Μ. Ξηροποτάμου, Ἐπιτομὲς βυζαντινῶν ἐγγράφων), Nr. 169, 172, 178.

3. – SMYRNÁKIS, S. 536, erwähnt *Liwádion tú Plákari* (Λιβάδιον τοῦ Πλάκαρη = Wiese des Plákaris) und den Ort *Plákari*.

4. – SMYRNÁKIS, S. 538; *ACTES, Kutlumus*, ²1988, S. 181, Urkunde Nr. 59 (1586): Grenze zwischen *Kutlumusíu* und *Stawronikíta*, S. 181: *... wir kamen herunter zu dem großen Bach, der dem Liwadogénis entströmt, ... fanden an seinen Ufern zwei große Platten; auf diesen haben sie die Grenze markiert.*

5. – *Burazéri*: siehe den *Begleittext* zum *Kloster Pantokrátor*, Anm. 4.

6. – Καλιάγρα (Kaliágra), mit einem λ: erste Erwähnung in einer Urkunde von 985 als Γαλεάγρα (*ACTES, Iwiron*, I, S. 150, Zeile 50), wo »der Ankerplatz die Reede von Mési genannt wird, d. h. ein Ort für uns alle, die auf dem Heiligen Berg wohnen«. *ACTES*, S. 55; auch *ACTES*, Index Général, S. 281, die verschiedenen Entstellungen des Namens Καλιάγρα zu Καλή Ἄγρα, Καληάγρα, Καλλιάρα, Καλλή Ἄγρα, Καλλιάγρα etc. Bemerkenswerterweise sind bei KRIARÁS, IV, S. 220, γαλεάγρα (*ACTES, Lawra* 24¹², 59³⁹) und γαλιάγρα (*ACTES, Xirop*. 9A³¹, 9B⁴⁷) verzeichnet, das als Wort heute noch gebräuchlich ist und eine Presse für Oliven, Bienenwaben oder Wein bezeichnet. Das Toponym rührt also offenbar von einer Weinpresse her, die nahe jenen Weingärten gestanden haben mag, die in unmittelbarer Nachbarschaft zur *Kaliágra* lagen (*ACTES*, S. 39, 56 etc.). PAPÁNGELOS, *Geschichte des griechischen Weines*, Actes, Athen, 1992. Nach PROSKYNITÁRIO, *Komninós*, S. 53, war *Kaliágra* zu seiner Zeit der wichtigste Hafen am Heiligen Berg.

7. – *ACTES*, Urkunde Nr. 67 (1625): Grenzziehung im Gebiet *Kaliágra* zwischen *Kutlumusíu* und *Iwíron*, S. 194: *... wir begaben uns zum Strand ... Zwei verwurzelte Steine* (das heißt unerschütterlich fest im Boden) *sind im Meer, der eine rot und der andere klein. ... von dort gerade hinauf ... zum Rachóni* (Kette) *... Die beiden Steine gibt es heute noch, und zwar bei den Fischhäusern, 300 m südlich der Kaliágra, und sie markieren die Grenze zwischen Kutlumusíu und Iwíron.*

8. – Α. Δ., 31, 1976, Β΄-2, *Chronika*, 1984, S. 274.

9. – In einer Urkunde von 1012 (*ACTES, Iwiron*, I, 198) und einer von 1422 (*ACTES, Pantéléémon*, Nr. 4 und 19), die erwähnt ist in: *ACTES, Kutlumus*, ²1988, S. 57, erscheint der Begriff καραβοστάσιο, der sowohl einfache Anlagen einer Schiffs- oder Bootsanlegestelle als auch eine Mole, einen Kai, einen Ankerplatz bedeuten kann.

10. – *Karyés*, ehemals auch *Kinón* (Κοινόν), *Mési* (Μέση), *Protáton* (Πρωτάτον), *Protíon* (Πρωτεῖον), *Láwra tón Kareón* oder *Káthisma tón Kareón* genannt (s. PAPACHRYSSÁNTHU, *Athonikós Monachismós*, S. 308, und KTENÁS, *Megáli Mési*), entwickelte sich nach dem Jahre 883 (Sigillium des Kaisers Basileios I.) und wahrscheinlich zu Beginn des 10. Jhs. zu einem Mittelpunkt des Mönchsrates mit der städtebaulichen Anordnung einer idiorrhythmischen *Skíti* (s. MYLONÁS, *Alte Stiche*, Taf. 13, gezeichnete Darstellung von Karyés, Wandmalerei im Exonárthex des *Katholikón von Megísti Láwra*. Werke von Zacharías Chrístu, 1852 und hier S. 124). Karyés liegt etwa in der Mitte der Halbinsel in Richtung Nordosten. Dort gibt es die *Hierá Kinótis* (Ἱερὰ Κοινότης = Heilige Gemeinde), d. h. das Parlament der Vertreter eines jeden Klosters, die p*olitische Verwaltung*, die s*taatlichen Dienste* (Gendarmerie, Post, Telephonamt usw.) sowie *Geschäfte*. (BARSKIJ I, III passim, erwähnt mehrmals Mönche, die *zum Markt* gehen und meint damit nach *Karyés*). Dort befindet sich auch das älteste christliche Gebäude auf dem Heiligen Berg, die

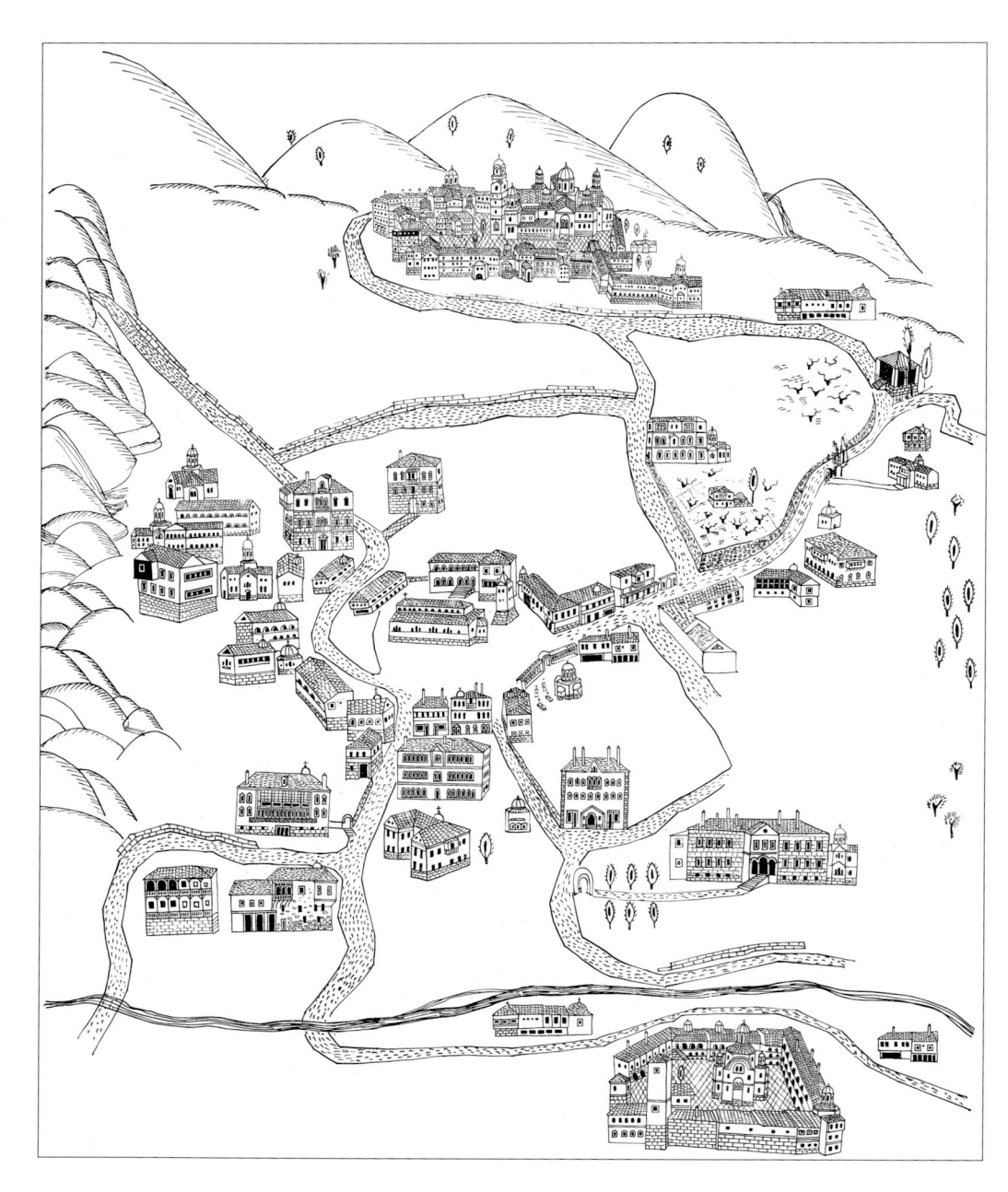

Textabb. 27. Perspektivische Skizze von Karyés, 1956 vom Verfasser gezeichnet (Aus: MYLONÁS, *Alte Stiche*, Taf. 13).

Protáton-Kirche (siehe MYLONÁS, *Protaton*) mit prachtvollen Malereien aus dem 14. Jh., die dem Maler *Manuel Pansélinos* zugeschrieben werden (siehe MILLET, G., *Monuments de l'Athos, I, Les Peintures,* Paris, 1927; XYNGÓPULOS, A., *Manuel Panselinos*, Athen, 1956; MYLONÁS, *Formes,* 1974). Erwähnenswert ist auch das erste Auftreten von drei farbigen Darstellungen der Pansélinos-Malereien bei GEORGIEVSKIJ, *Freski Panselina u Protate na Afone. Aljbom s 32 tablicami fototipii i 3 cvetnymi snimkami po sposubu Ljumera.* Ausgabe der kaiserlichen Archäologischen Gesellschaft, St. Petersburg, 1915.

11. – *Serai*: siehe den *Begleittext* zum *Kloster Watopédi*, Anm. 16.

7. – KLOSTER PANTOKRÁTOR
(DES ALLMÄCHTIGEN)

VERKLÄRUNG CHRISTI – PATRONATSFEST: 6. / 19. AUGUST

(HEFT II, ABB. 9. 63-70 • HEFT III, TAF. 107.1)

Geographische Länge vom Meridian Athens aus (Außentorschwelle)	≅	00°32′51⁴⁴″
Geographische Breite (Außentorschwelle)	≅	40°16′57²⁴″
Höhe über dem Meeresspiegel (Außentorschwelle)[1]	≅	22,85 m
Fläche des gesamten Herrschaftsgebietes des Klosters	≅	1.090 ha
Fläche des Klosterbezirkes und des unmittelbar angrenzenden bebauten Gebietes	≅	4 ha
Gesamtfläche innerhalb der Außenmauern des Klosterbezirkes	≅	3.829 m²
Gesamte bebaute Fläche innerhalb der Außenmauern (Gebäude)	≅	2.765 m²
Freiflächen innerhalb der Außenmauern des Klosters (Höfe)	≅	1.064 m²
Maximale Ausdehnung in Länge und Breite (auf 5 m gerundet)	≅	55 m x 90 m

Das gesamte Herrschaftsgebiet des *Klosters Pantokrátor* liegt etwa in der Mitte der Halbinsel, an den Nordosthängen des zentralen Gebirges. Im Westen und Norden grenzt das Gebiet an das des *Klosters Watopédi*, wobei die Grenze am Gipfel *Tsuknídi* (Τσουκνίδι = Nessel, 648 m) beginnt, danach das Gebiet *Higuménu Skamní* (Ἡγουμένου Σκαμνί = Stuhl des Abtes) von Südosten umschließt und endlich den Bach entlang zur *Kolitsú-Bucht* (Ὅρμος Κολιτσοῦς)[2] führt. Die Nordostgrenze wird vom *Thrakischen Meer* gebildet. Die Südostgrenze scheidet das Gebiet von dem des *Klosters Stawronikíta*, indem sie sich, ausgehend von der Küste, den Höhenrücken nördlich des kleinen Kellíen-Komplexes *Profítis Ilías*[3] bis zum Gebiet *Burazéri* (Μπουραζέρη)[4] hinaufzieht. Die Südwestgrenze zum Gebiet des *Klosters Kutlumusíu* führt den *Bach Liwadogénis* (Λιβαδογένης = Der bärtige Mann von der Wiese)[5] bis zu seinen Quellen hinauf. Die Westgrenze folgt dem *Hauptweg* des Athos, dem sogenannten *Beïlídikos Drómos* (Μπεηλίδικος Δρόμος)[6], entlang den Territorien der *Klöster Panteleímon* und *Xenofóntos*.

Das Kloster wurde oberhalb des Meeresufers auf einem steilen Felsvorsprung errichtet. Südlich davon liegt der *Bootshafen* des Klosters, der *Arsanás* (Abb. 68–69), eine kleine, von einer Klippe und einer Mole geschützte Bucht an der Mündung des Baches. Nördlich des Nordflügels bildet eine große Felskluft einen natürlichen Wehrgraben und erklärt die Errichtung des Flügels an dieser Stelle. Auf der Westseite des Klosters neigt sich das Gelände vom Fuß des Felsens aus sanft zum Bach *Wromonérgia* (Βρωμονέργια = Stinkendes Wasser) oder *Réma Bótsari* (Ρέμα Μπότσαρη = Bach des Bótsaris), ehemals *Chrysorrári* (Χρυσορράρης)[7], hinab. Im Mündungsgebiet liegen die Gärten des Klosters.

Trinkwasser wird dem Kloster von Norden und Westen über je einen Aquädukt mit steingemauerten Arkaden zugeleitet. Der nördliche ist bereits auf den Plänen von BARSKIJ eingezeichnet und folglich vor 1744 entstanden, während der westliche, wie die Konstruktionsweise zeigt, in die Mitte des 19. Jhs. zu datieren ist.

Die Photographie (Heft II, S. 24 Abb. 4), die zwei Aquarelle des Pantokrátor-Klosters aus dem Jahr 1726 wiedergibt, beweist zusammen mit der Zeichnung von BARSKIJ (20¹ x 31³ cm) und den Baudaten aus dem Generalplan von Tafel 107.1, daß die Fläche des Klosterkomplexes während des 18. und 19. Jhs. praktisch verdoppelt wurde; die größte Erweiterung fand in Richtung Süden statt[8].

Wie auf unseren Plänen befindet sich auch auf der Zeichnung von BARSKIJ am Rand des nordwestlichen Felsvorsprungs die *Kapelle des alten Friedhofs* ("✝κ"), die dem *Hósios* (seligen) *Athanásios* geweiht ist. Das Vorkommen gerade dieses Heiligennamens in diesem Gebiet, der Standort der Kapelle auf dem Felsvorsprung sowie die älteren skulptierten Bauglieder (Marmorpfeiler und das Gesims des alten *Témplon*, gewöhnliche flache marmorne Fensterstützen) als Schmuck des Innenraumes könnten Hinweise sein auf eine eventuelle ältere Bauphase der Kapelle, die noch vor der Gründung des Klosters anzusetzen ist[9].

Dem Kloster untersteht die könobitische *Skíti Profítis Ilías*, im westlichen Hügelgelände seines Herrschaftsbereiches gelegen, mit einem riesigen *Kyriakón* im russischen 'Renaissance-Stil', das in der Zeit zwischen 1882 und 1900 vollendet wurde. Im Nordwestteil des Gebietes liegt die könobitische, dem *Kloster Hágios Panteleímon* unterstehende *Skíti Kimíseos Theotóku* (Entschlafung Mariä) oder *Wogoróditsa* (Βογοϱόδιτσα = Entschlafung Mariä auf Russisch). Diese Skíti gilt als Nachfolgerin des ehemaligen Klosters der »über alles heiligen Muttergottes des Schreiners«, *Hyperagía Theotókos tú Xylurgú*. Diese Annahme wird bestätigt vom architektonischen Typus des alten *Kyriakón* und von der hohen Kuppel, die heute ohne Öffnung ist[10]. Nach SMYRNÁKIS[11] lag das alte Kloster in geringer Entfernung östlich der Skíti zwischen *Falakrú* (Φαλαϰϱοῦ)[12] und dem *Pantokrátor-Kloster* an einem Ort, wo er auch Ruinen entdeckt hat.

Vom *Kloster Pantokrátor* verläuft eine unbefestigte Autostraße, die den früheren steingepflasterten Weg ersetzt hat, nach *Karyés*. Alte Steinpflasterwege führen zu den beiden Skíten sowie über *Falakrú* zum *Kloster Watopédi*. Weiterhin gibt es einen Küstenweg zum *Kloster Stawronikíta*.

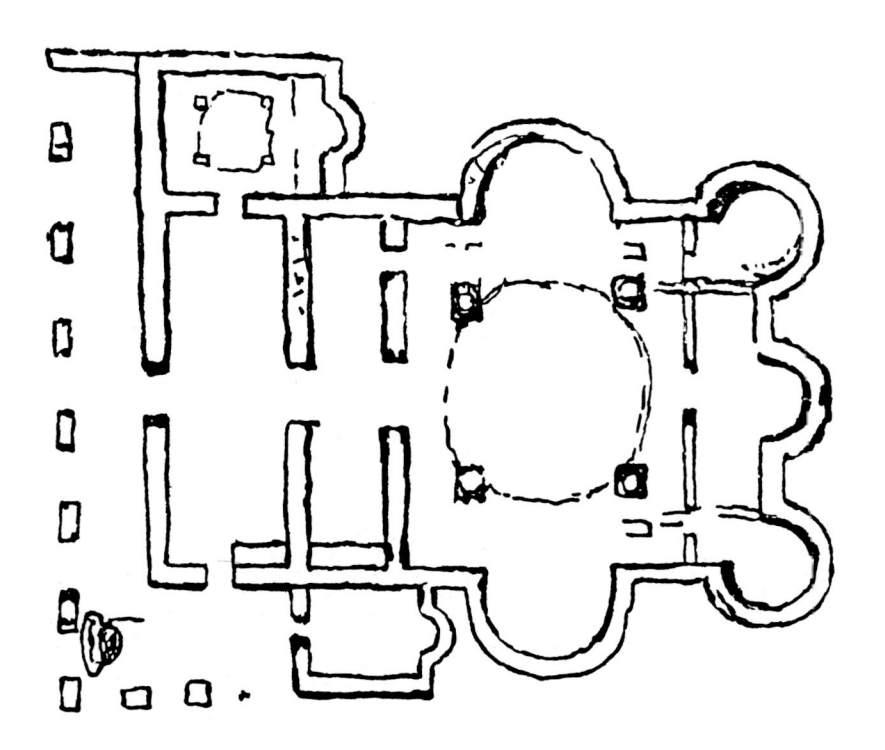

Textabb. 28. Grundriß des Pantokrátor-Katholikón. Skizze von BARSKIJ, 1744 (Bd. III, S. 185).

ANMERKUNGEN ZUM KLOSTER PANTOKRÁTOR

1. – SMYRNÁKIS, S. 529: H. ü. M. 120 m.
2. – *Kolitsú* (Κολιτσού): siehe den *Begleittext* zum *Kloster Watopédi*, Anm. 5.
3. – *Profítis Ilías* (Προφήτης Ἠλίας): siehe den *Begleittext* zum *Kloster Stawronikíta*.
4. – *Burazéri* (Μπουραζέρη): Chelandár-Kellíon des *Hágios Nikólaos Burazéri*, einen Kilometer nordöstlich von *Karyés*. Das Kellíon war ursprünglich dem *Hágios Nikólaos Plakíon* geweiht. Nachdem es von den Russen übernommen wurde, wurde es in Belij ozero (белый озеро = Weißer See) bzw. Burazéri umbenannt.
5. – *Liwadogénis* (Λιβαδογένης): siehe den *Begleittext* zum *Kloster Kutlumusíu*, Anm. 4.
6. – *Beïlídikos Drómos* (Μπεηλίδικος Δρόμος): siehe den *Begleittext* zum *Kloster Watopédi*, Anm. 2.
7. – SMYRNÁKIS, S. 529: es werden zwei alte Klöster, des *Großen* und des *Kleinen Chrysorrári*, im Gebiet des *Klosters Pantokrátor* erwähnt (*ACTES, Pantéléémon*, App. II).
8. – Der Ostflügel wurde zum größten Teil nach dem Brand im Jahre 1948 durch den Archäologischen Dienst rekonstruiert. Es sei darauf hingewiesen, daß mit dem Ostflügel damals auch die *Hágios-Geórgios-Kapelle* niederbrannte und bis heute nicht wiederaufgebaut wurde.
9. – A. Δ. 31, 1976, Β΄-2, *Chroniká* (1984), S. 280, datiert diese Friedhofskapelle in die zweite Hälfte des 14. Jhs.

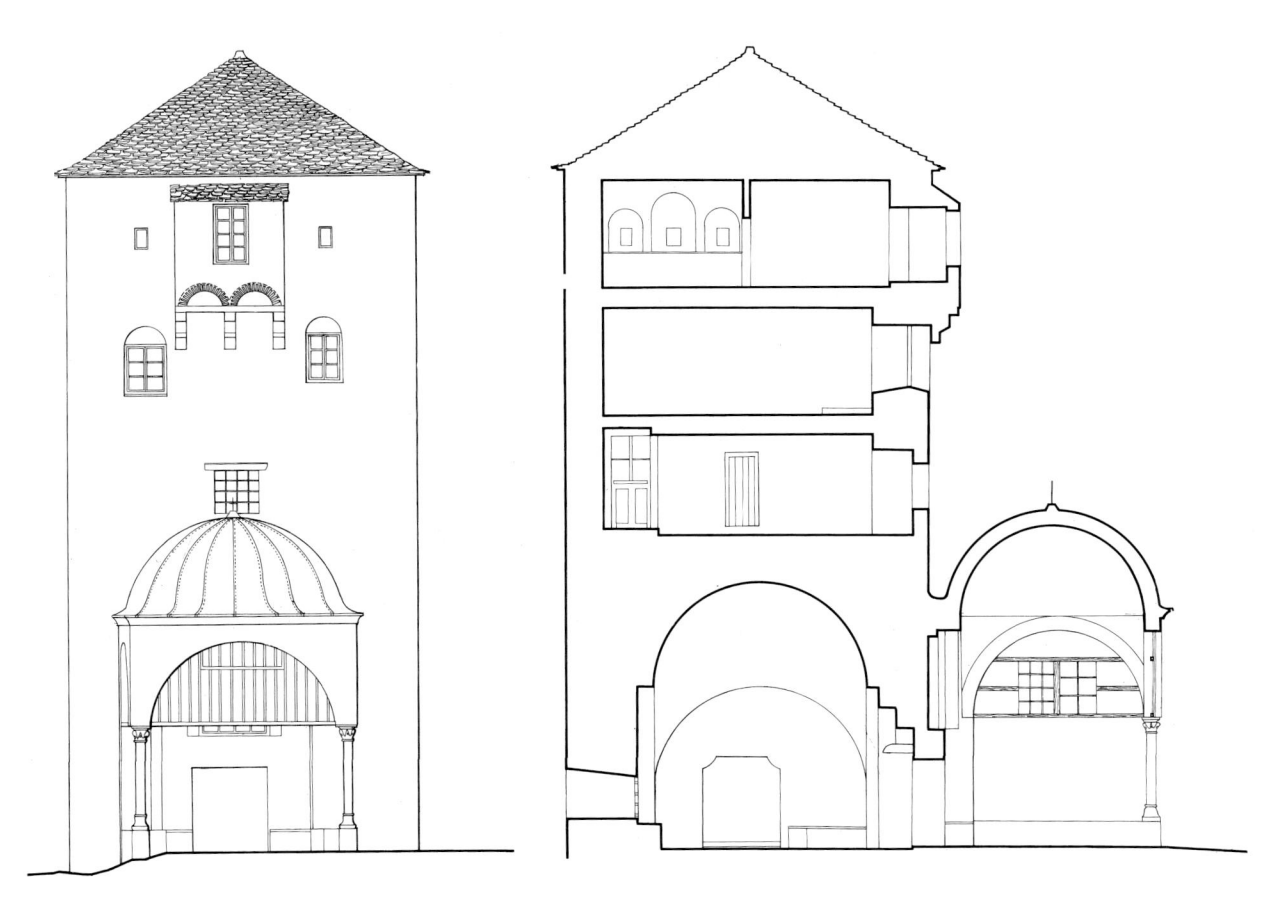

Textabb. 29. Turm und Eingangsbaldachin des Klosters Pantokrátor, Schnitt und Aufriß (*The Mylonas Archives*).

10. – Siehe MYLONÁS, *Kyriaká*; auch MYLONÁS, »The Kyriakón of Skíti Wogoróditsa on mt Athos«, *Iskusstrr Rusi i Stran Wyzantiiskago Mira XII Weha*, St. Petersburg, 1995, S. 4.

11. – SMYRNÁKIS, S. 675.

12. – *Falakrú* (Φαλακροῦ): Die Ruinen des antiken Klosters *tú Asomátu tú Falakrú* (Körperlos und Kahlköpfig), das erstmals in einer Urkunde aus dem Jahre 991 (*ACTES, Lawra*, I, Nr. 9, bei den Unterschriften der fünfzigste Name, S. 122), in einer weiteren Urkunde aus dem Jahre 996 (*ACTES, Lawra*, I, Nr. 12, Zeile 30) als *tú Faraklú*, im *Monómachos-Typikón* (1045, *ACTES, Protaton*, Nr. 8, Z. 192) sowie in anderen Urkunden bis zum Ende des 14. Jhs. (1392) erscheint. Die letzte Erwähnung des »Falakrú-Klosters« stammt aus dem Jahre 1294 (*ACTES, Chilandar, grecs*, Nr. 9 [überprüftes Datum], Zeile 16–17, 143, 162). Im Jahre 1392 gehört es schon dem *Kloster Pantokrátor* (s. *ACTES*, S. 3–4, 17, Urkunde Nr. 14, Zeile 17). Es liegt in der Nähe der Grenze des *Klosters Pantokrátor*, neben der *Skíti Wogoróditsa*. Erhalten sind Ruinen eines Turmes und einer Kirche (PAPAZÔTOS, *Topographie*, S. 158–160 und Skizze 13, 14), von der man wegen ihres länglichen Bautyps annehmen könnte, daß sie vom Ende des 10. Jhs. stammt (s. MYLONÁS, *Ravdouchos, Prokopios*, Grundriß des ursprünglichen Filothéu-Katholikón).

Textabb. 30. Trápeza (Refektorium) des Klosters Pantokrátor, Abtsnische mit Fresken (*The Mylonas Archives*).

8. – KLOSTER XIROPOTÁMU
(DES TROCKEN-BACHES)

VIERZIG MÄRTYRER – PATRONATSFEST: 9. / 22. MÄRZ

(HEFT II, ABB. 8. 71–78 • HEFT III, TAF. 108.1)

Geographische Länge vom Meridian Athens aus (Außentorschwelle)	≅	00°30′12$^{23″}$
Geographische Breite (Außentorschwelle)	≅	40°13′38$^{49″}$
Höhe über dem Meeresspiegel (Außentorschwelle)[1]	≅	192,00 m
Fläche des gesamten Herrschaftsgebietes des Klosters	≅	1.100 ha
Fläche des Klosterbezirkes und des unmittelbar angrenzenden bebauten Gebietes	≅	3 ha
Gesamtfläche innerhalb der Außenmauern des Klosterbezirkes	≅	6.615 m^2
Gesamte bebaute Fläche innerhalb der Außenmauern (Gebäude)	≅	4.147 m^2
Freiflächen innerhalb der Außenmauern des Klosters (Höfe)	≅	2.468 m^2
Maximale Ausdehnung in Länge und Breite (auf 5 m gerundet)[2]	≅	85 m x 85 m

Das gesamte Herrschaftsgebiet des *Klosters Xiropotámu* liegt etwa in der Mitte der Halbinsel, an den Südhängen des Kettengebirges. Die Nordwestgrenze zum Gebiet des *Klosters Panteleímon* folgt dem Bach, der anschließend westlich des *Kellíon* (Zelle) *des Hágios Athanásios von Alexándria*[3] weiterfließt. Die Grenze zum Territorium des *Klosters Kutlumusíu* im Norden führt am Gebiet *Anapapsiá* (Ἀναπαψιά)[4] vorbei und folgt dann dem *Hauptweg* des Athos, dem *Beïlídikos Drómos* (Μπεηλίδικος Δρόμος)[5], einem steingepflasterten Maultierweg auf dem zentralen Gebirgskamm. Auch die Grenze zum Gebiet des *Klosters Iwíron* im Nordosten zieht sich den *Hauptweg* entlang. Die Südostgrenze scheidet das Gebiet von dem des *Klosters Símonos Pétras* und folgt dem großen Bach *Lákkos Dontá* (Λάκκος Δοντᾶ)[6], welcher der *Iwirítiki Tsúka* (Iwíron-Hügel, 738 m) entspringt und in den Hafen *Dáfni* (Δάφνη) mündet. Die Südwestgrenze wird vom *Singitischen Golf* oder *Golf des Hágion Óros* gebildet.

Das Kloster liegt auf einem ausgedehnten Plateau oberhalb des rechten Ufers des Baches *Cháradros* (Χάραδρος = Sturzbach)[7], der im Gebiet *Xiropotaminós Stawrós* (Ξηροποταμηνὸς Σταυρός = Kreuz des Klosters Xiropotámu) entspringt und in den *Xiropótamos* (Ξηροπόταμος = Trocken-Bach)[8] fließt, kurz bevor dieser südlich des Klosters ins Meer mündet.

An der Stelle, an der die beiden Bäche zusammenfließen, führt der steingepflasterte Weg von *Dáfni* (Δάφνη) zum *Kloster Xiropotámu* über eine gewölbte steinerne *Brücke* aus dem Jahre 1898. Diese Datierung im Zusammenhang mit der Datierung der Gebäude von *Dáfni* (Abb. 77)[9] führt zu dem Ergebnis, daß auch der Weg von *Dáfni* nach *Xiropotámu* erst in dieser Zeit angelegt wurde[10]. Die Brücke von 1898 wurde während der Bauarbeiten an der neuen Straße von *Dáfni* nach *Karyés* für die Tausendjahrfeier im Jahre 1963 von einer neuen Betonbrücke zugedeckt und erweitert.

Die jetzigen Klostergebäude sind alle durch Wiederaufbau im 18. und 19. Jh. entstanden[11]. Die hier abgebildete Zeichnung von BARSKIJ (29 x 39^5 cm) zeigt die Gebäude in ihrer vorherigen, wahrscheinlich vom 14. bis zum 16. Jh. währenden Phase, die den ursprünglichen, noch früheren Zustand abgelöst haben muß. Die Reliefplatte mit der Darstellung des Klosters (Abb. 73), die in den Säulenring der *Fiáli* (Weihbrunnen) eingelassen ist, zeigt den baulichen Zustand um 1762 mit dem *alten Katholikón* (Hauptkirche)[12]. Es handelt sich hier um eine hervorragende und seltene Darstellung von Architektur auf einem Marmorrelief. Das *Neue Katholikón* (Markierung "A"), erbaut in den Jahren 1762–1764, stellt ein bedeutendes Beispiel für den neuen nachbyzantinischen Stil dar[13].

Der östliche Teil des Südflügels (siehe Heft III, Tafel 108, Zeichnung "N.O.") wurde 1976 durch Feuer zerstört.

Das Kloster wird aus Quellen von den Hängen nördlich des Gartens mit Wasser versorgt. Die Wasserleitung endet in einem schönen überirdischen Aquädukt nordöstlich der Klosters, der die Jahreszahl 1876 trägt und die *Mühle* mit Wasser versorgt (Markierung "B3").

Der *Bootshafen* des Klosters, der *Arsanás* (Ἀρσανάς), liegt links der Mündung des *Xiropótamos* (kleine Karte, Gebiet ②, Abb. 76). In dessen weitläufigem *Delta* wurden Arbeiter- und Lagerhäuser, ein Sägewerk und eine Holzdarre errichtet. Rechts oberhalb des *Deltas* befindet sich die Ruine des *Hágios-Andréas* (Πύργος Ἁγίου Ἀνδρέου)- oder *Kontéssa-Turmes* (Πύργος τῆς Κοντέσσας, Karte ②, Gebiet "E", Kapelle "✝π")[14], auch bekannt als *Hagía-Pulchería-Turm* (Πύργος τῆς Ἁγίας Πουλχερίας)[15].

Der Hafenort *Dáfni* (Δάφνη, kleine Karte ①, Gebiet "3", Abb. 77)[16] liegt auf dem Territorium des *Klosters Xiropotámu*, im Mündungsbereich des *Lákkos Dontá*. Jenseits des Flusses erstreckt sich das Gebiet des *Klosters Símonos Pétras*, wo sich dessen eigene Hafenanlagen befinden[17].

Alte steingepflasterte und neue Wege verbinden *Xiropotámu* mit den Klöstern an der Küste. Der alte steingepflasterte Weg von *Dáfni* über das *Kloster Xiropotámu* nach *Karyés* wurde 1963 im Zuge der Vorbereitungen für die Tausendjahrfeier durch eine Autostraße ersetzt, die jetzt zementiert ist, um sich der Farbgebung des Geländes besser anzupassen.

Textabb. 31. Trápeza (Refektorium) des Klosters Xiropotámu, Abtsnische mit Fresken (*The Mylonas Archives*).

ANMERKUNGEN ZUM KLOSTER XIROPOTÁMU

1. – EWDÓKIMOS, *Xiropotámu*, S. 9, schätzt die Höhe auf 140 m.
2. – EWDÓKIMOS, *Xiropotámu*, S. 138, schätzt die allgemeinen Abmessungen auf 78 x 90 m.
3. – In bezug auf die Grenzen zum *Kloster Panteleímon* erwähnt EWDÓKIMOS, *Xiropotámu*, S. 136, einen im Jahre 1897 geschlossenen Kompromiß sowie eine *Grenzlinie durch den Sturzbach und durch dreizehn gebaute Grenzmarkierungen*.
4. – Zu *Anapapsiá* siehe den *Begleittext* zum *Kloster Kutlumusíu*, Anm. 2.
5. – *Beïlídikos Drómos* (Μπεηλίδικος Δρόμος): s. den *Begleittext* zum *Kloster Watopédi*, Anm. 2.
6. – Außer in dem Bereich des *Kellíon tú Dontá* (Κελλίον τοῦ Δοντᾶ = Zelle des Dontás), das am rechten Ufer des Flusses liegt und zu dem *Kloster Símonos Pétras* gehört; s. den *Begleittext* zum *Kloster Símonos Pétras*, Anm. 2.
7. – *Cháradros*: Vielleicht steht die Benennung in Zusammenhang mit der antiken Stadt *Charádria*, welche die antiken Schriftsteller in diesem Gebiet lokalisieren (EWDÓKIMOS, *Xiropotámu*, S. 9). Siehe auch BOMPAIRE et GUILLOU, S. 172–192.
8. – *Xiropótamos* kann auch *Chímarros* (Χείμαρρος = Sturzbach) heißen, und entsprechend wurde das Kloster manchmal *Chímarros-Kloster* (Μονὴ τοῦ Χειμάρρου) genannt. EWDÓKIMOS, *Xiropotámu*, S. 9.
9. – EWDÓKIMOS, *Xiropotámu*, S. 127.
10. – Auf der entsprechenden Zeichnung von BARSKIJ führt der Weg, der vom *Kloster* herunterkommt, um den *Turm des Hág. Andréas* herum bis zum *Arsanás*, ohne sich mit *Dáfni* zu verbinden.
11. – EWDÓKIMOS, *Xiropotámu*, S. 138–139, gibt mehrere Datierungen von Gebäuden. BINON, *Origines légendaires*, S. 176–182, 211–212, untersucht die wahren und unwahren Angaben der Inschriften und der eingemauerten Skulpturen in bezug auf die Gebäude.
12. – BINON, *Origines légendaires*, S. 179, weist nach, daß das Relief zwar von 1783 stammt, aber nach dem Kupferstich *Dapóntes'* (Δαπόντες) von 1762 das alte *Katholikón* wiedergibt. Das alte *Katholikón* wurde 1761–1764 durch das jetzige ersetzt.
13. – M. POLYWÍU behandelt in seiner Dissertation mit dem Titel »Τὸ Καθολικὸ τῆς Μονῆς Ξηροποτάμου«, Athen, 1999, die historische Entwicklung und den Baustil des Katholikón.
14. – *Kontéssa* (die Gräfin) ist dieselbe Person, die dem *Akánthios-Golf* den Namen gab: MYLONÁS, *Alte Stiche*, Taf. 9. Auf der Coronelli-Karte heißt es: *Golfo della Contessa* und Taf. 10, Rígas-Charta: *Golf der Kontessa*; s. auch *ACTES*, ²*Kutlumus*, Kommentar auf S. 153.
15. – *Hagía-Pulchería-Turm*: gehört gleichfalls zur Mythenbildung in bezug auf die Vorgeschichte des Klosters.
16. – *Dáfni*: Bezeichnung des Haupthafens am Heiligen Berg, mit Hafenanlagen und den entsprechenden staatlichen Einrichtungen wie Hafenamt, Gendarmerie, Zollamt, Post usw., die in Gebäuden aus den letzten zwanzig Jahren des 19. Jhs. (EWDÓKIMOS, *Xiropotámu*, S. 127) untergebracht sind. Diese Benennung stammt vielleicht vom *Lorbeerbaum* (δάφνη) oder vom *Oleander-Busch* (πικροδάφνη), der in dieser Gegend gedeiht. SMYRNÁKIS, S. 552, leitet die Benennung von dem Tempel des *lorbeerbekränzten Apollon* (Ἀπόλλων δαφνηφόρος) her, den es vielleicht dort gab, während THEODÓRITOS (GEDEÓN, *Athos*, S. 311) einen *Opferaltar* für *Dáfni* (Δάφνη = Tochter der Göttin Gi – Γῆ = die Mutter Erde –, die in einen *Lorbeerbaum* verwandelt wurde, um Apollo zu entgehen) annimmt. *ACTES*, S. 235, Z. 47, wird erwähnt: »Der Rücken dieses Berges bildet gleichzeitig die Grenze der zwei heiligen Klöster, des Xiropotámu-Klosters und des Símonos-Klosters«; Z. 48: »Sein Ende liegt bei *Dáfni*, im Gebiet des heiligen Dochiaríu-Klosters.«

Dáfni wurde zum Hafen nach dem Jahre 1881 (EWDÓKIMOS, *Xiropotámu*, S. 127) oder im Jahre 1891 (GEDEÓN, M.E.E., Lemma *Dáfni*) wegen der großen Zahl vor allem russischer Pilger. Boote der russischen Dampfschiffsgesellschaft legten seit dem Jahre 1857 (WLÁCHOS, S. 241, Anm. 1) beim *Kloster Hágios Panteleímon* an. Es ist anzunehmen, daß das Gebiet von *Dáfni* vorher kein Hafen, weder von *Karyés* noch von einem anderen Kloster, war. KOMNINÓS (Besuch im Jahre 1698), BARSKIJ (1725/6 und 1744) und GEDEÓN (Besuche bis einschließlich zum Jahre 1881, wie man der kurzen Einführung zu seinem Buch »Der Athos« mit dem Titel »Nachricht« [Εἴδησις] entnehmen kann) sprechen noch nicht von Dáfni. Im Mittelalter wird *Dáfni* nur als Ortsname erwähnt (gefälschtes Chrysobullon von Ugleš, s. SMYRNÁKIS, S. 94; KASIĆ, *Despot Ugljesa*, S. 29-63). Auf einer handgeschriebenen Karte von *Dáfni* (aus dem *Kloster Símonos Pétras*) aus dem Jahre 1878 ist nur ein kleines Gebäude, von der Küste entfernt, eingezeichnet (*ETBA*, *Simonópetra*, S. 85 und Skizze 32, S. 357). Siehe auch oben, Anm. 10, in bezug auf das Nichtvorhandensein eines Weges vom *Arsanás Xiropotámu* bis zum heutigen *Dáfni*-Gebiet.

17. – In *MELÉTI*, Bd. I, Kapitel 3: *Vorschläge für Häfen,* wird neben anderen Verbesserungen für alle Molen und Ankerplätze der Halbinsel vorgeschlagen, den *Hafen von Dáfni* dadurch zu verbessern, daß man das *Delta* des Sturzbaches ausgräbt und starke Hafenarme nach außen hinzufügt.

Textabb. 32. Trápeza (Refektorium) des Klosters Xiropotámu, Fresken mit Tür und Inschrift (*The Mylonas Archives*).

9. – KLOSTER ZOGRÁFU

(DES MALERS)

HEILIGER GEORG – PATRONATSFEST: 23. APRIL / 6. MAI

(HEFT II, ABB. 79–87 • HEFT III, TAF. 109.1)

Geographische Länge vom Meridian Athens aus (Außentorschwelle)	≅	00°26′71⁰⁴″
Geographische Breite (Außentorschwelle)	≅	40°18′20³⁴″
Höhe über dem Meeresspiegel (Außentorschwelle)	≅	152,00 m
Fläche des gesamten Herrschaftsgebietes des Klosters[1]	≅	2.006 ha
Fläche des Klosterbezirkes und des unmittelbar angrenzenden bebauten Gebietes	≅	4,5 ha
Gesamtfläche innerhalb der Außenmauern des Klosterbezirkes	≅	8.270 m²
Gesamte bebaute Fläche innerhalb der Außenmauern (Gebäude)	≅	5.000 m²
Freiflächen innerhalb der Außenmauern des Klosters (Höfe)	≅	3.270 m²
Maximale Ausdehnung in Länge und Breite (auf 5 m gerundet)	≅	120 m x 75 m

Das gesamte Herrschaftsgebiet des *Klosters Zográfu* liegt etwa in der Mitte der Halbinsel, an den Südwesthängen des zentralen Gebirges. Seine Westgrenze, die das Gebiet von dem des *Klosters Chelandári* scheidet, läuft den Bach von *Hágios Spyrídon* entlang, überquert dann den großen Weg im Gebiet der Quelle *Dimitríu Wrýsi* (Δημητρίου Βρύση = Quelle des Dimítrios) und folgt dem Kamm bis zum Gipfel *Marmarénios Stawrós* (Μαρμαρένιος Σταυρός = Marmorkreuz, 386 m). Im Norden grenzt der Herrschaftsbereich, der sich vom *Marmarénios Stawrós* bis zum Gebiet *Amateró* (᾿Αματερό, 405 m) erstreckt, an das Territorium des *Klosters Esfigménu*. Die Nordostgrenze zum Gebiet des *Klosters Watopédi* führt mit dem *Hauptweg* des *Athos*, dem »*Beïlídikos Drómos*« (Μπεηλίδικος Δρόμος)[2], einem steingepflasterten Maultierweg, den Gebirgskamm entlang; hier befindet sich die Kreuzung *Zografítiki Chéra* (Ζωγραφίτικη Χέρα = Hand des Klosters Zografu, Abb. 84–85)[3], die durch einen kleinen, hübschen Bau gekennzeichnet ist. Im Südosten stößt das Gebiet an das des *Klosters Kastamonítu*, und zwar an dem Ort *Palaiópyrgos* (Παλαιόπυργος = Alter Turm), um dann anschließend entlang dem Bach im Norden von *Kastélli* (Καστέλλι = Kastell, 303 m) und dem *Zografítikos Lákkos* (Ζωγραφίτικος Λάκκος = Bach von Zográfu) bis zu seinem Abfluß zu verlaufen. Die Südgrenze wird vom *Singitischen Golf* oder *Golf des Hágion Óros* gebildet.

Das Kloster liegt auf einem Plateau am Hang eines Hügels und wird von den umliegenden Erhebungen überragt (Abb. 79), so daß es vom Meer aus nicht zu sehen ist. Diese Lage weist auf das hohe Alter der Anlage hin[4]. Das Plateau erhebt sich über der tiefen Schlucht des Baches *Zografítikos Lákkos*, der oberhalb des Klosters *Wagenokamáres* (Βαγενοκαμάρες)[5] heißt. Wie aus der abgebildeten Zeichnung von BARSKIJ (23⁵ x 37⁴ cm) hervorgeht, haben sich Form und Anordnung der Klosteranlage durch den Wiederaufbau im 19. Jh. vollkommen verändert. Aber auch dem abgebildeten Zustand des 18. Jhs. müssen weitere Bauphasen vorangegangen sein, in welchen der Komplex kleinere Ausmaße hatte, wie sie für die Athos-Klöster in der spätbyzantinischen und noch in den ersten Jahrhunderten der nachbyzantinischen Zeit charakteristisch waren[6].

Der *Arsanás* des Klosters, *die Anlegestelle mit ihren Baulichkeiten*, bildet einen großen Komplex mit *Wehrturm, Kirche* und *Windmühle*[7] sowie Lager- und Arbeiterhäusern (Karte des *Arsanás* ①, "Εα" und "✝μ" und Textabb. 33 sowie Abb. 83 in Heft II).

Westlich des Klosters, auf der anderen Seite der Schlucht, liegt auf einem ringsum sichtbaren Hügel das jetzt verfallene *Káthisma Hágios Geórgios* (Κάθισμα Ἁγίου Γεωργίου)[8], ein kleiner klosterähnlicher Bezirk mit Zellen (kleine Karte, Markierung "Α.Γ."). Außerdem finden sich 1 km westlich des *Arsanás* oberhalb der Küste die Ruinen von Gebäuden, die der Überlieferung zufolge *Próti Athoniádа* (Πρώτη Ἀθωνιάδα = Erste Athoniás-Akademie) und *Hellinikó Skolió* (Ἑλληνικὸ Σκωλειό = Hellenische Schule, Abb. 86)[9] genannt werden. Unweit nördlich des Klosters, links der Schlucht des *Zografítikos Lákkos* (Bach von Zográfu) am sogenannten *Gerakofoliá* (Falkennest), wurde in der *Höhle des Hósios (seligen) Kosmás tú Zografítu* (Σπήλαιο Ὁσίου Κοσμᾶ τοῦ Ζωγραφίτου, gestorben 1422) ein *Askitírio* (Einsiedelei) eingerichtet (Abb. 87)[10].

Das Kloster wird aus Quellen von den Hügeln östlich des Klosters mit Wasser versorgt. Im Exonárthex des *Katholikón* gibt es einen zugedeckten alten Brunnen[11]. Ein anderer zugedeckter Brunnen außerhalb des Klosters läßt sich links auf der Zeichnung BARSKIJS erkennen.

Das Kloster war ehemals durch einen jetzt nicht mehr begehbaren steingepflasterten Küstenweg mit dem *Frangókastro* (Φραγκόκαστρο = Fränkische Burg, Westgrenze der Mönchsrepublik, wo auch der *Arsanás* der »Skíti« *Chrumítsa* liegt) sowie mit *Uranúpolis* (Οὐρανούπολις) und den Klöstern an der Südostküste verbunden. Ein weiterer steingepflasterter Weg führt durch die Schlucht zum Sattel *Marmarénios Stawrós;* von dort geht eine Abzweigung zum *Kloster Chelandári* hinunter, eine zweite führt in Nordwestrichtung zur Quelle *Dimitríu Wrýsi* und von dort ebenfalls nach *Chelandári*; eine dritte verläuft Richtung Westen zur Stelle *Próto Neró* (Πρῶτο Νερό = Erstes Wasser), wo sie auf den langen *Hauptweg* zur Westgrenze der *Mönchsrepublik* trifft.

Textabb. 33. Arsanás (Bootshaus und Hafen) des Klosters Zográfu, Südansicht (*The Mylonas Archives*).

ANMERKUNGEN ZUM KLOSTER ZOGRÁFU

1. – BARSKIJ, III, S. 261, schätzt die Grundfläche des Klosters »eine Stunde in die Länge laufend und auch eine Stunde in die Breite (laufend)« ein, d. h. 4 bis 5 km in jeder Richtung, oder etwa 2.000 ha.
2. – Hauptweg auf dem Heiligen Berg = *Beïlídikos Drómos*, s. den *Begleittext* zum *Kloster Watopédi*, Anm. 2. BARSKIJ, III, S. 260, erwähnt, daß der *große Weg* am Kloster vorbeiführt.
3. – s. die Beschreibung von *Zografítiki Chéra* im *Begleittext* zum *Kloster Watopédi*, Anm. 4.
4. – Diese geschützte Lage hinderte der Überlieferung zufolge die *Uniaten* nicht daran, das Kloster niederzubrennen (SMYRNÁKIS, S. 557); s. das Denkmal ("Ω1"). Es liegt an der Stelle des alten antiken Wehrturmes, von dem aus sich die Mönche verteidigten. Als der Hof des Klosters im Jahre 1873 nach Norden verbreitert wurde, wurde der Turm niedergerissen.
5. – *Wagenokamáres*: Es handelt sich wahrscheinlich um *halbzylindrische* (walzenförmige) *Kuppeln*.
6. – Auf dem Luftbild (Heft II, Abb. 79) sieht man den südlichen Flügel nach dem Brand im Jahre 1974.
7. – BARSKIJ, III, S. 260, erwähnt »zwei Windmühlen« außerhalb des Klosters, zwischen den Bergen und nicht allzu weit entfernt.
8. – BARSKIJ, III, S. 260, erzählt, daß der *Maulesel*, der die Ikone transportierte, an der Stelle innehielt, an der sich heute das *Káthisma Hágios Geórgios* befindet. SMYRNÁKIS, S. 559, berichtet, daß der Maulesel unter göttlicher Leitung den Streit zwischen dem *Kloster Watopédi* und dem *Kloster Zográfu* um den Besitz der wundertätigen Ikone, die aus Arabien gekommen war, beendete. Um dieses Ereignis zu feiern, errichtete man dort das besagte *Káthisma*.
9. – SMYRNÁKIS, S. 555, beschreibt die Topographie der Ruine, sichtet Spuren des *Katholikón* und erkennt »Ruinen einer uralten Mühle und Aquädukte« in der Umgebung.
10. – SMYRNÁKIS, S. 562; BOJKOF et al., Abb. 164.
11. – Dieser Brunnen wäre allein im Hof und in unmittelbarer Nachbarschaft zu dem alten *Katholikón* aus dem Jahre 1502 (SMYRNÁKIS, S. 557). Bezüglich der antiken Brunnen von Klöstern s. den *Begleittext* zum *Kloster Chelandári*, Anm. 18.

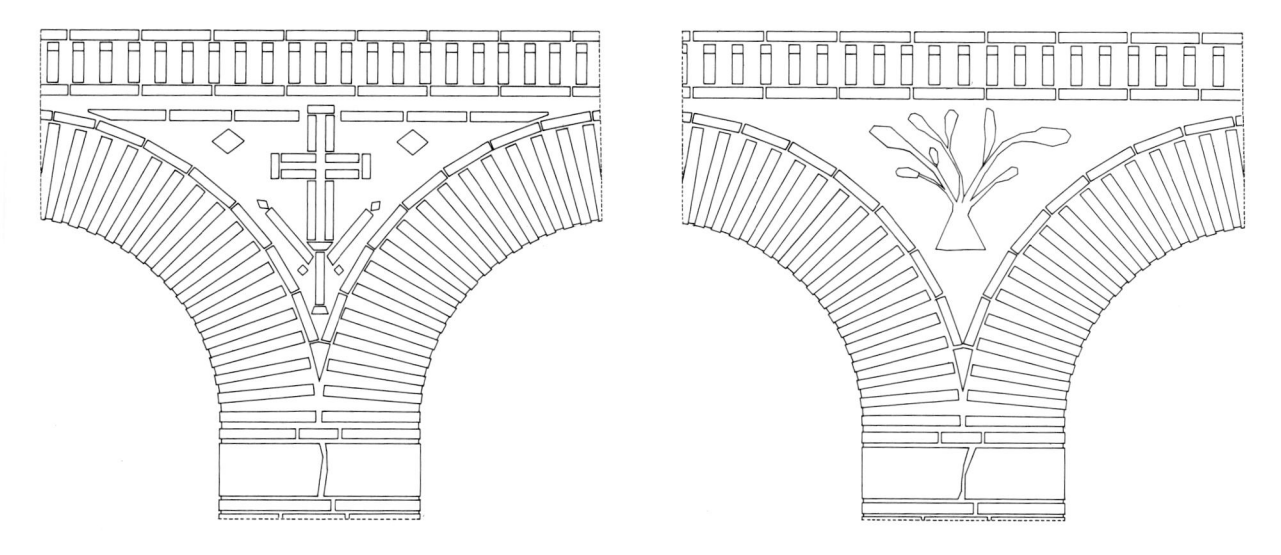

Textabb. 34. Östliche Kórda (Flügel) des Klosters Zográfu, Details der Keramikdekoration (*The Mylonas Archives*).

Textabb. 35. Östliche Kórda (Flügel) des Klosters Zográfu, Glockenturm und Teilansicht (*The Mylonas Archives*).

10. – KLOSTER DOCHIARÍU
(DES RECHNUNGSFÜHRERS)

VERSAMMLUNG DER ERZENGEL – PATRONATSFEST: 8. / 21. NOVEMBER[1]

(HEFT II, ABB. 88–94 • HEFT III, TAF. 110.1)

Geographische Länge vom Meridian Athens aus (Außentorschwelle)	≅	00°27′17[16″]
Geographische Breite (Außentorschwelle)	≅	40°15′56[39″]
Höhe über dem Meeresspiegel (Außentorschwelle)	≅	22,60 m
Fläche des gesamten Herrschaftsgebietes des Klosters	≅	795 ha
Fläche des Klosterbezirkes und des unmittelbar angrenzenden bebauten Gebietes	≅	6 ha
Gesamtfläche innerhalb der Außenmauern des Klosterbezirkes	≅	4.380 m²
Gesamte bebaute Fläche innerhalb der Außenmauern (Gebäude)	≅	3.447 m²
Freiflächen innerhalb der Außenmauern des Klosters (Höfe)	≅	933 m²
Maximale Ausdehnung in Länge und Breite (auf 5 m gerundet)	≅	90 m x 55 m

Das gesamte Herrschaftsgebiet des *Klosters Dochiaríu* liegt etwa in der Mitte der Halbinsel, an den Südwesthängen des zentralen Gebirges. Die Südwestgrenze wird vom *Singitischen Golf* oder *Golf des Hágion Óros* gebildet. Im Norden stößt das Gebiet an das des *Klosters Kastamonítu* sowie an das des *Klosters Watopédi*. Die Grenze zu *Kastamonítu* zieht sich den Höhenrücken zum Berg *Kreiowúni*[2] (588 m) hinauf, während die Grenze zu *Watopédi* dem *Hauptweg* des *Athos*, dem »Beïlídikos Dromos« (Μπεηλίδικος Δρόμος)[3], einem steingepflasterten Maultierweg, folgt und den Gebirgskamm bis zum Gipfel *Tsuknídi* (Τσουκνίδι = Brennessel, 648 m) entlangläuft. Die Südgrenze führt am Gebiet des *Klosters Xenofóntos* vorbei, und zwar vom Gipfel *Tsuknídi* auf der Wasserscheide durch das Gebiet *Tsaúsi Déndro* (Τσαούσι Δένδρο = Baum des Tsaúsi, des Unteroffiziers) und über die Anhöhe *Chaïri* (Χαΐρι = Protektion) bis zum Meer.

Das Kloster liegt auf einem niedrigen Hügel an der Küste und breitet sich in Form eines langgezogenen Rechtecks vom Ufer den Hang hinauf aus. Durch seine stufenartige Anlage, die die etappenweise Erweiterung des Komplexes im Laufe der Zeit erkennen läßt (Abb. 88–90), paßt es sich hervorragend dem Gelände an.

Die abgebildete Zeichnung von BARSKIJ (23² x 37⁹ cm) zeigt das Kloster in seiner Form um die Mitte des 18. Jhs., wie sie sich im Laufe des 16. und 17. Jhs. herausgebildet hatte, mit dem neuen *Katholikón* (Καθολικόν = Hauptkirche, Markierung "A"), dem *Pýrgos* (Πύργος = Wehrturm, Markierung "E" und Abb. 91) und der *Trápeza* (Τράπεζα = Refektorium, Markierung "Γ"). Allerdings gab es mit Sicherheit eine noch frühere Bauphase, die durch die Reste eines älteren *Refektorium* (Markierung "Γα") unter dem heutigen[4] sowie eines älteren *Katholikón*[5] belegt ist.

Das Kloster wird aus hochgelegenen Quellen, die zu einen oberirdischen Aquädukt mit natürlicher Strömung fließen[6], sowie aus jüngst vorgenommenen Bohrungen und Sammelgängen auf den östlichen Berghängen mit Wasser versorgt. Das Trinkwasser des Klosters stammte aus einem auch heute noch verwendeten 22 m tiefen Brunnen, bekannt unter dem Namen *Hagíasma tón Archangélon* (Ἁγίασμα τῶν Ἀρχαγγέλων = Weihung der Erzengel), der sich in der rechteckigen Säulenhalle der *Fiáli*[7] (Φιάλη =

Weihbrunnen) im Norden des *Katholikón* befindet. Das ursprüngliche Kloster war dem *Hágios Nikólaos*[8] geweiht und wurde *Dáfni* (Δάφνη) genannt, mit dem Beinamen *Dochiaríu*[9]. Es lag südöstlich des *Dáfni-Hafens* auf einem Hügel oberhalb des *Simopetrítiko Ikonomío* (Σημοπετρίτικο Οἰκονομεῖο = Aufsichtshaus), auf einem Gelände, das seit 1880 dem *Kloster Simópetra* gehört[10]. Dieser Ort wird *Dáfni tú Dochiaríu* (Δάφνη τοῦ Δοχειαρίου) oder *Dafnodochiári* (Δαφνοδοχειάρι) genannt[11]. Das ursprüngliche Kloster wurde von den Sarazenen[12] zerstört, die Ruinen bildeten bis ins letzte Jahrhundert hinein einen Wallfahrtsort[13].

Ein steingepflasterter Küstenweg verbindet *Dochiaríu* mit den Nachbarklöstern. Ein weiterer Weg führt in steilen Windungen den Kamm des *Chaïri* entlang, südlich an *Hágios Módestos* vorbei und trifft auf dem Berg *Kreiowúni*[14] auf den *Hauptweg* des *Athos*. Heute ersetzt den gepflasterten Weg nach Karyés eine moderne Straße.

Textabb. 36. Südansicht des Klosters Dochiaríu. Zeichnung des Architekten EFYMOV, 1835 (Aus dem DAVYDOV-Atlas, St. Petersburg, 1839). H. 70 mm, B. 102 mm. (*Bibliothek der Bank von Griechenland*, Athen).

ANMERKUNGEN ZUM KLOSTER DOCHIARÍU

1. – SMYRNÁKIS, S. 571: Zwei Patronatsfeste werden hier begangen, am 8. November das der Erzengel (Hágii Archángeli) und am 6. Dezember das des Hl. Nikolaus, dem das Kloster ursprünglich geweiht war. *ACTES*, S. 7: Noch 1083 war das Kloster dem Hl. Nikolaus geweiht.
2. – SMYRNÁKIS, S. 427: Κρειοβούνι mit ει; s. den *Begleittext* zum *Kloster Watopédi*, Anm. 3.
3. – *Beïlídikos Drómos* (Μπεηλίδικος Δρόμος): s. den *Begleittext* zum *Kloster Watopédi*, Anm. 2.
4. – THEOCHARÍDIS, *Dochiaríu, Palaiá Trápeza*, S. 29–30.

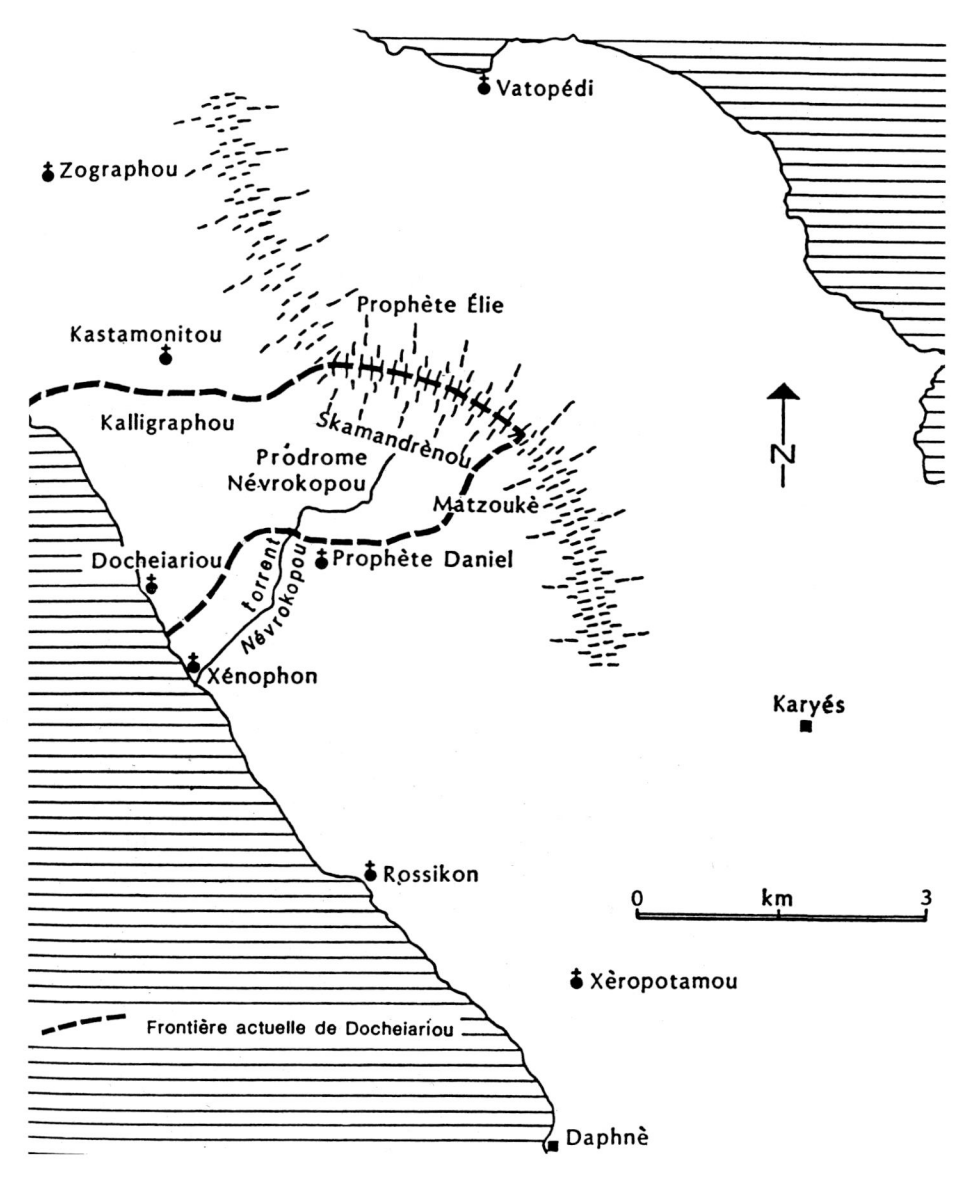

Textabb. 37. Schematische Karte des Landbesitzes des Klosters Dochiaríu im Mittelalter (Aus: *ACTES, Dochiaríu*, S. 37).

5. – Skulptierte, für das 11. und 12. Jh. charakteristische Bauglieder, nämlich die Reliefplatten der Fenster der Seitenapsiden, die aus dem *Neófytos-Katholikón* stammen, und verstreute Bauglieder im Hof.

6. – BARSKIJ, III, S. 274 und 279, erwähnt innerhalb des Klosters sowohl drei Quellen und zwei Brunnen als auch eine Wassermühle und einen gebauten Aquädukt (S. 286). Ebenda beschreibt er den geplanten Bau unterirdischer Aquädukte aus Lehmröhren vor dem *Wunder der Weihung*. Dasselbe erwähnt PROSKYNITÁRIO, *Dochiaríu*, S. 16–18.

7. – PROSKYNITÁRIO, *Komninós*, S. 76–77; BARSKIJ, III, S. 286–287 und PROSKYNITÁRIO, *Dochiaríu*, S. 10, 18, erwähnen das Wunder des *Schatzes* und der *Weihung* (siehe auch HALKIN, *Miracles Dochiariou*). SMYRNÁKIS, S. 569, führt die *Inschrift* der *Fiáli* an, die von dem Wunder erzählt: »dieses Wasser schoß empor ...« Die Inschrift stammt jedoch aus dem Jahr 1765 und übernimmt die Sage aus einer Handschrift des 16. Jahrhunderts, die sich heute im Klosterarchiv befindet; s. *ACTES*, S. 3–4, Handschrift *Dochiaríu*, Nr. 95.

   In Anbetracht der Niveaudifferenz zwischen dem heutigen Brunnenboden, wo sich der Abfluß des Brunnens befindet, und dem Boden außerhalb der nördlichen *Kórda* (= Chorda = Flügel) ist es möglich, wenn nicht sogar offensichtlich, daß es an dieser Stelle in der ursprünglichen Schicht des natürlichen Bodens einen uralten Brunnen gab. Später wurde seine Grube mehrfach nach oben erweitert, um das Niveau des jeweiligen Hofes zu erreichen, sowohl im Jahre 1300 als auch in den Jahren 1568 und 1765. Bezüglich der alten Brunnen und ihrer Notwendigkeit s. den *Begleittext* zum *Kloster Chelandári*, Anm. 18.

8. – s. o. Anm. 1 zu den beiden Patronatsfesten der *Erzengel* (Hágii Archángeli) und des *Hágios Nikólaos*. *ACTES*, S. 5: Gründung vor 1013, Verlegung an den neuen Standort zwischen 1051 und 1056. Nach PROSKYNITÁRIO, *Dochiaríu*, S. 18, wird die Gründung des Klosters für *das Jahr 1299 nach Christi oder für das Jahr 6807 nach Adam* angenommen.

9. – *ACTES*, Urkunde aus dem Jahre 1037, Nr. 1, Zeilen 9–10, und *ACTES*, S. 298: »Metóchion, Dáfni genannt, ... ein Ort mit vielen Pflanzen und Bäumen und mit wunderschönen Brunnen, deswegen hat er auch diese Benennung ...«

10. – DORÓTHEOS, Bd. 1, S. 349.

11. – SMYRNÁKIS, S. 94, 565; *ACTES, Dionysíu*, S. 16, 17; *ETBA, Simonópetra* (1991), CHRYSOCHOÍDIS, S. 264, 380. Der Autor besichtigte am 30. 9. 1968 den Ort, den ihm Mönche von *Dochiaríu* und *Dáfni* beschrieben und empfohlen hatten. Der Ort befindet sich oben auf dem Hügel, der über dem *Simópetra*-Teil von *Dáfni* liegt, links des Pfades zum *Kloster Símonos Pétras*, wo dieser nach den Serpentinen allmählich eben wird. In einem lichten Olivenhain, der sich in einer Ebene befindet, die nordöstlich von steilen Felsen begrenzt ist, fand der Verfasser Gebäuderuinen und Steinhalden vor. An derselben Stelle gab es Bienenstöcke, die die Annäherung und das Zeichnen gefährlich machten.

12. – PROSKYNITÁRIO, *Dochiaríu*, S. 6.

13. – DORÓTHEOS, Bd. 1, S. 347.

14. – MYLONÁS, *Alte Stiche*, Taf. 48: oben rechts ist der Weg nach Karyés festgehalten und als »*Karyés-Straße*« bezeichnet.

11. – KLOSTER KARAKÁLLU
(DES KARÁKALLOS = NAME DES GRÜNDERS)

PETER UND PAUL – PATRONATSFEST: 29. JUNI / 12. JULI

(HEFT II, ABB. 95–99 • HEFT IIII, TAF. 111.1)

Geographische Länge vom Meridian Athens aus (Außentorschwelle)	≅	00°35′27³⁷′′
Geographische Breite (Außentorschwelle)	≅	40°13′22⁹⁷′′
Höhe über dem Meeresspiegel (Außentorschwelle)[1]	≅	159,00 m
Fläche des gesamten Herrschaftsgebietes des Klosters	≅	410 ha
Fläche des Klosterbezirkes und des unmittelbar angrenzenden bebauten Gebietes	≅	1,5 ha
Gesamtfläche innerhalb der Außenmauern des Klosterbezirkes	≅	3.170 m²
Gesamte bebaute Fläche innerhalb der Außenmauern (Gebäude)	≅	2.154 m²
Freiflächen innerhalb der Außenmauern des Klosters (Höfe)	≅	1.016 m²
Maximale Ausdehnung in Länge und Breite (auf 5 m gerundet)	≅	70 m x 50 m

Das gesamte Herrschaftsgebiet des *Klosters Karakállu* liegt im Nordosten der Halbinsel, an den Nordhängen des zentralen Gebirges. Seine Nordwestgrenze führt am Gebiet des *Klosters Filothéu* entlang, indem sie ausgehend von dem Ort *Tría Sýnora* (Τρία Σύνορα = Drei Grenzen, 782 m) der Wasserscheide und dann dem Bach folgt, der bei den Bootsanlegestellen *Arsanadákia* (Ἀρσαναδάκια = Kleine Bootshäuser) *Hagíu Nikoláu* mündet. Die Nordostgrenze wird vom *Thrakischen Meer* gebildet. Die Südostgrenze scheidet das Gebiet von dem der *Megísti Láwra*; sie läuft entlang der Wasserscheide des Berges *Marmarás* (Μαρμαρᾶς, 629 m) östlich am *Kellíon Stawrós* (Σταυρός = Kreuz) vorbei und folgt dann dem Bach *Tsiatáli* (Τσιατάλι), der an den Bootsanlegestellen *Arsanadákia tís Prowátas* (Προβάτας) mündet[2]. Die Südgrenze zum Gebiet des *Klosters Hagíu Páwlu* folgt bis zu dem Ort *Tría Sýnora* dem weiteren Verlauf der Wasserscheide des *Marmarás* (782 m).

Das Kloster liegt auf einem ausgedehnten Plateau nördlich der Schlucht des Baches *Tsiatáli* und ist von Gärten umgeben, die intensiv genutzt werden. Durch die Bearbeitung des Bodens wurde in neuerer Zeit die Geländeformation verändert (Abb. 95–97).

Die abgebildete Zeichnung von BARSKIJ (20³ x 38³ cm) zeigt das Kloster in seinem Zustand um die Mitte des 18. Jhs. Es wird deutlich, daß seitdem verschiedene Umbauten vorgenommen wurden, welche sich anhand der auf dem topographischen Plan eingezeichneten Daten zeitlich fixieren lassen. Die wichtigsten Gebäude, der *Pýrgos* (Πύργος = Wehrturm, Markierung "E")[3] und das *Katholikón* (Καθολικόν = Hauptkirche, Markierung "A" und Abb. 98), die beide aus dem 16. Jh. stammen, stehen jedoch an ihrem ursprünglichen Platz. Zweifellos hat es vor dem 16. Jh. eine noch ältere Bauphase gegeben. Während des Besuches von BARSKIJ im Jahre 1744 war der östliche Flügel zerstört, und es gab, wie er erzählt, Indizien dafür, daß sich das Tor ehemals im östlichen Teil befand[4]. Durch Brand wurden erst 1988 ein Abschnitt des Nordflügels sowie ein schöner halbrunder Teil des Obergeschosses ("Z₂"), dessen Baustil charakteristisch für das 18. Jh.[5] war (s. Abb. 98 und MYLONÁS, *Alte Stiche,* Taf. 52), vernichtet. Diese Gebäude wurden 1993 neu errichtet.

Das Kloster wird durch eine 1878[6] gemauerte Leitung mit natürlichem Gefälle mit Wasser versorgt.

Das Wasser wird bei der *Mána tú Nerú* (Μάνα τοῦ Νεροῦ = Mutter des Wassers), am Ort der *Panagía* (Παναγία = die Allheilige Mutter Gottes) in der Gegend des alten *Monýdrion* (Μονύδριον = Kleines Kloster) der *Kímisis tís Theotóku* (Entschlafung Mariä) im Südwesten des Klosters[7], gesammelt. Neuere Einrichtungen auf den Hügeln südlich des Klosters sichern eine ausreichende Wasserversorgung. Es gibt natürlich auch den notwendigen Brunnen im Hof zwischen dem *Katholikón* und dem *Wehrturm*[8]. Das Kloster verfügt über keine *Fiáli*[9] (Φιάλη = Weihbrunnen), vermutlich wegen der Enge des Hofes, »aber im Narthex wird das Wasser jeden Monat geweiht«[10].

Der *Hafen* des Klosters, der *Arsanás* (Ἀρσανᾶς), ist hinreichend als Schiffsanlegeplatz ausgebaut und verfügt über Lagerhäuser und eine Holzdarre. Im Südteil der Hafenanlage erhebt sich oberhalb des Ufers eine schöne, halbverfallene *Festung* (s. Karte des *Arsanás*, "A.K." und Abb. 99). Durch eine Inschrift aus dem 16. Jh.[11] ist die Ummauerung eines älteren Baukerns der Anlage datiert[12].

Ein alter steingepflasterter Weg, der ehemals bis *Karyés* führte, verbindet *Karakállu* mit dem *Kloster Filothéu*. Zum *Arsanás* verläuft ein ebensolcher Weg, der auf den großen steingepflasterten Küstenweg von *Karyés* über *Iwíron* nach *Megísti Láwra* trifft. Diese Wege sind heute aufgelassen oder zerstört und wurden durch unbefestigte Autostraßen ersetzt. Zur *Megísti Láwra* gelangt man vorläufig nur durch das Gebiet *Prowáta*, solange die im Bau befindliche (1992) Autostraße entlang der Küste zwischen *Filothéu* und *Símonos Pétras* noch nicht fertiggestellt ist. Die Klöster am *Singitischen Golf* sind über *Filothéu* zu erreichen, sowohl auf dem alten Pflasterweg als auch auf der neuen unbefestigten Straße von *Filothéu* nach *Símonos Pétras*.

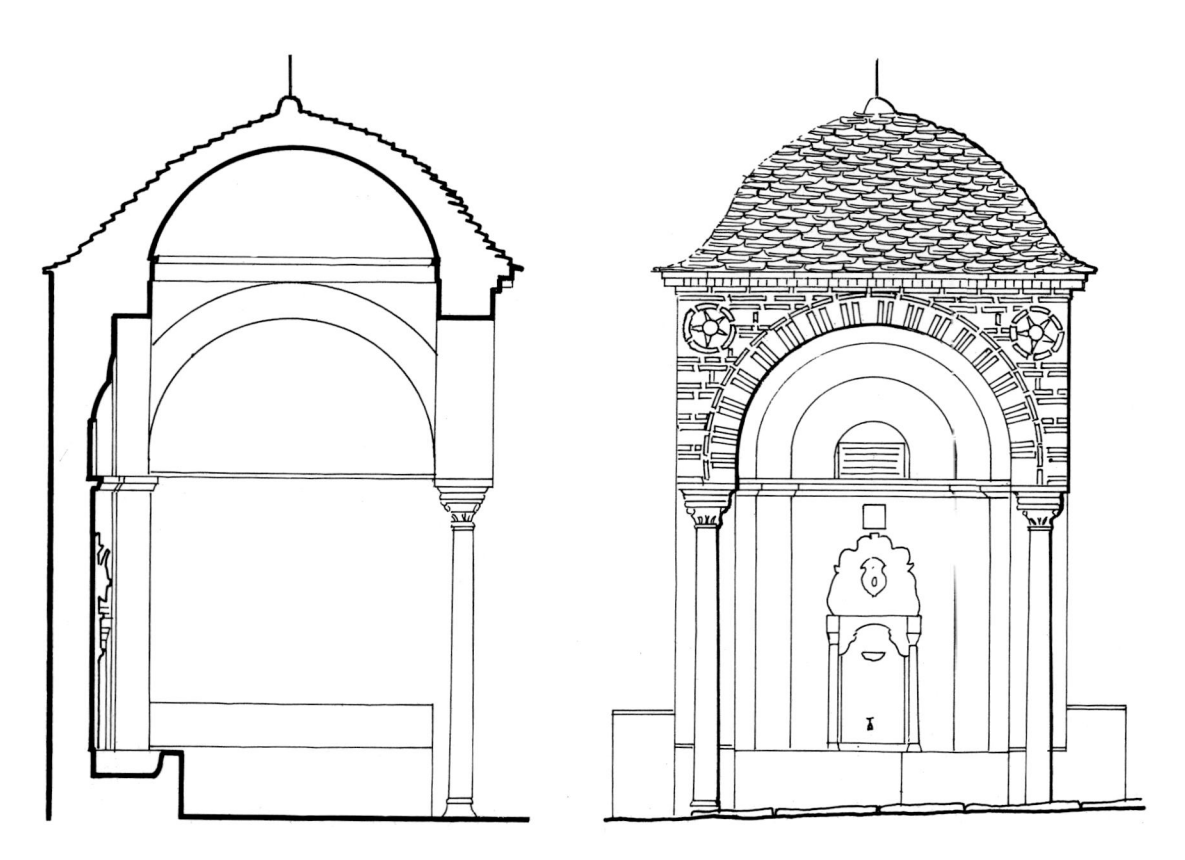

Textabb. 38. Marmorbrunnen außerhalb des Eingangs des Klosters Karakállu, Schnitt und Ansicht (*The Mylonas Archives*).

ANMERKUNGEN ZUM KLOSTER KARAKÁLLU

1. – SMYRNÁKIS, S. 578, schätzt die Höhe des Klosters »auf ungefähr 460 m« ü. M.
2. – s. die Grenzbeschreibung im *Begleittext* zur *Megísti Láwra*, Anm. 9. Nördlich der Grenzbrücke liegt die Bootsanlegestelle, die *Arsanadákia tón Trión Hierarchón* (Ἀρσαναδάκια τῶν Τριῶν Ἱεραρχῶν = Kleine Bootshäuser der drei Hierarchen). In einer Urkunde aus dem Jahre 1018 (*ACTES, Lawra*, I, Nr. 23, S. 168–170) werden die Grenzen der Klöster *Láwra, Amalfinón* und *Karakállu* festgelegt.
3. – Der *Karakállu-Wehrturm* wird von BARSKIJ, III, S. 111, folgendermaßen beschrieben: »... es gibt einen viereckigen Wehrturm, der in Breite, Höhe, Stabilität und Schönheit des Baus alle Wehrtürme der dortigen Klöster übertrifft. Auf diesem Turm befindet sich die Kapelle des heiligen Propheten Elias. Es gibt dort auch kleine Kanonen und andere Schußwaffen. Er verfügt außerdem über Schießscharten, durch die man geschützt wird und aus deren Löchern man nach unten schaut, kämpft und gegen den Feind siegt.« Es sei hier angemerkt, daß sich heutzutage im *Wehrturm* zwei Räume in Gestalt von Kapellen befinden. Die eine ist der Heiligen Anna geweiht, dort wird die Messe gelesen. In bezug auf die Bestimmung der anderen sollte die Auskunft von BARSKIJ über die Existenz einer Kapelle des *Profítis Ilías* (Προφήτης Ἠλίας) herangezogen werden.
4. – BARSKIJ, III, S. 111: »... ursprünglich befand sich das Tor des Klosters auf der östlichen Wand. Es gibt bis heute die Zeichen, obwohl sich dort ein anderer Bau befindet ...« (siehe Zeichnung von BARSKIJ, rechts). Und S. 115: »... auf der Ostseite gibt es zerstörte Zellen«. Wahrscheinlich wurde dieser Flügel abgerissen, um die heute vorhandene östliche Seite aus dem Jahre 1905 wiederaufzubauen.
5. – SMYRNÁKIS, S. 579; MILLET, *Inscriptions*, Nr. 324.
6. – MILLET, *Inscriptions*, Nr. 331.
7. – Anhand einer Urkunde aus dem Jahre 1324 (SMYRNÁKIS, S. 576–577; DÖLGER, *Schatzkammer*, S. 281–282) kann erschlossen werden, »... daß *das Zellchen des Exypolýtu* (Κελλίδριον τοῦ Ἐξυπολύτου) wegen des von dort fließenden Wassers dem *Karakállu-Kloster* zugeteilt wird.« SMYRNÁKIS, S. 576, denkt, daß das Kellíon der *Kimíseos tís Theotóku* (Κοιμήσεως τῆς Θεοτόκου = Entschlafung Mariä) mit derjenigen des *Exypolítu* (*Barfüßer-Klösterchen* nach Dölger) gleichzusetzen ist.
8. – Dieser Brunnen ist auf Taf. 111.1 mit einer Doppellinie als ein kleines Viereck zwischen *Katholikón* (Markierung "A") und *Wehrturm* (Markierung "E") eingezeichnet. Er wurde nicht eigens mit einem Großbuchstaben markiert, wie dies bei den Gebäuden der Fall ist.
9. – Andere Klöster auf dem Heiligen Berg ohne *Fiáli* (Weihbrunnen) sind das *Kloster Dionysíu, Símonos Pétras, Hagíu Páwlu, Stawronikíta, Grigoríu* und *Kastamonítu*. Es sei hinzugefügt, daß die modernen *Fiáles* der Klöster *Panteleímon* und *Pantokrátor* nicht über den bei den alten Weihbrunnen kanonischen Baldachin verfügen.
10. – BARSKIJ, III, S. 113.
11. – SMYRNÁKIS, S. 575; MILLET, *Inscriptions*, Nr. 332.
12. – Zu der Festung siehe PAPÁNGELOS & TAWLÁKIS, *Maritime Fort*, S. 80-120.

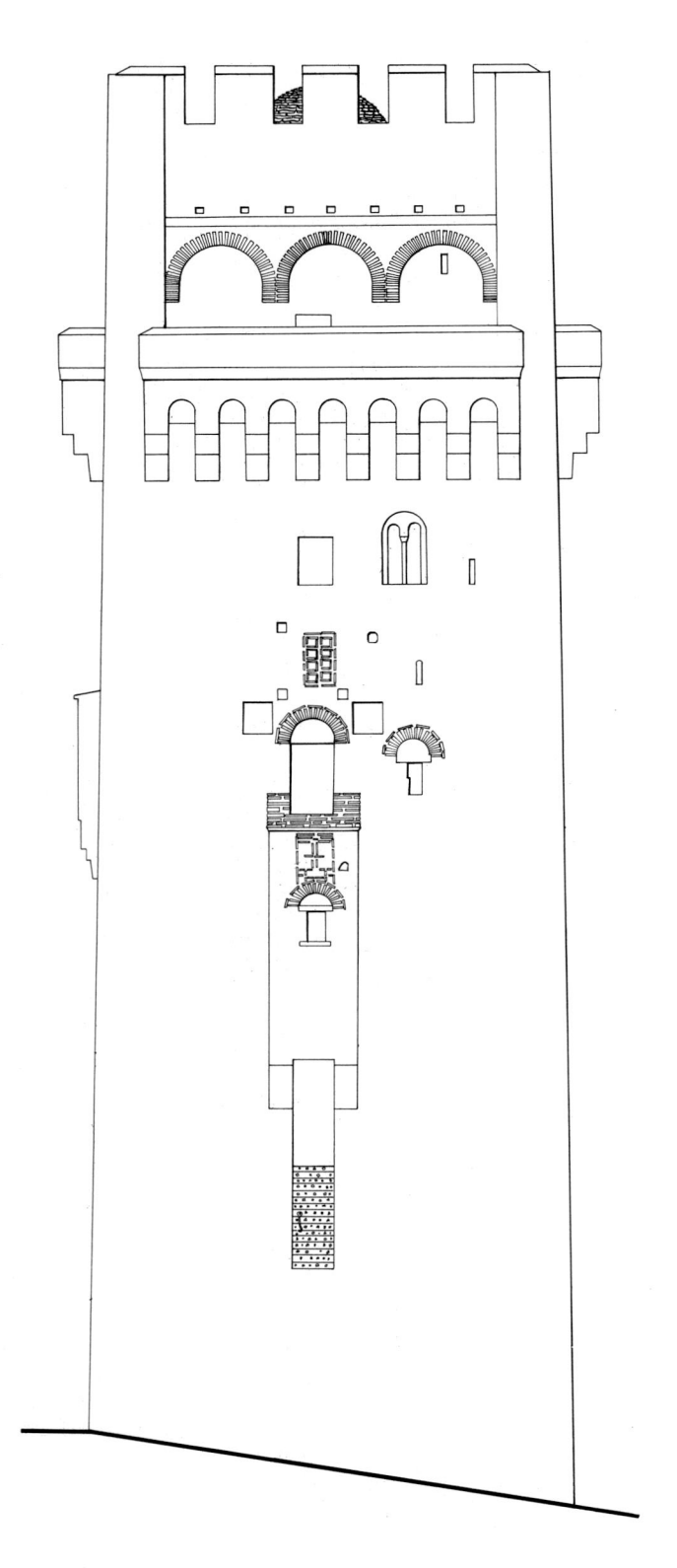

Textabb. 39. Turm des Klosters Karakállu, südlicher Aufriß (*The Mylonas Archives*).

12. – KLOSTER FILOTHÉU

(DES HÓSIOS [SELIGEN] FILÓTHEOS)

MARIÄ VERKÜNDIGUNG – PATRONATSFEST: 25. MÄRZ / 7. APRIL

(HEFT II, ABB. 100–105 • HEFT III, TAF. 112.1)

Geographische Länge vom Meridian Athens aus (Außentorschwelle)	≅	00°34′23$^{72''}$
Geographische Breite (Außentorschwelle)	≅	40°13′30$^{57''}$
Höhe über dem Meeresspiegel (Außentorschwelle)[1]	≅	315,60 m
Fläche des gesamten Herrschaftsgebietes des Klosters	≅	713 ha
Fläche des Klosterbezirkes und des unmittelbar angrenzenden bebauten Gebietes	≅	2,5 ha
Gesamtfläche innerhalb der Außenmauern des Klosterbezirkes	≅	4.700 m^2
Gesamte bebaute Fläche innerhalb der Außenmauern (Gebäude)	≅	3.070 m^2
Freiflächen innerhalb der Außenmauern des Klosters (Höfe)	≅	1.630 m^2
Maximale Ausdehnung in Länge und Breite (auf 5 m gerundet)	≅	70 m x 70 m

Das gesamte Herrschaftsgebiet des *Klosters Filothéu* liegt im Nordosten der Halbinsel, an den Nordhängen des zentralen Gebirges. Die Nordwestgrenze scheidet das Gebiet von dem des *Klosters Iwíron*; sie verläuft von dem Ort *Tría Sýnora* (Τρία Σύνορα = Drei Grenzen, zwischen Iwíron, Filothéu und Símonos Pétras, 732 m) auf der Wasserscheide des Berges *Kréwwatos* (Κρέββατος = Bett)[2] entlang bis zum Bach *Filotheítikos Lákkos* (Φιλοθεΐτικος Λάκκος = Bach von Filothéu) und dann weiter zum Südrand des Geröllbettes an der Mündung des *Mylopótamos* (Μυλοπόταμος = Mühlenfluß). Hier liegt der Weingarten *Ambelikiá* (Ἀμπελικιά = Weingarten) *Filothéu*[3]. Die Nordostgrenze wird vom *Thrakischen Meer* gebildet. Im Südosten stößt das Gebiet an die Territorien der *Klöster Karakállu* und *Hagíu Páwlu*. Die Grenze zu *Karakállu* verläuft von den *Psaróspita* (Ψαρόσπιτα = Fischhäuser) oder *Arsanadákia* (Ἀρσαναδάκια = Kleine Bootshäuser) *Hagíu Nikoláu* entlang dem Bachbett bis zur Anhöhe *Tría Sýnora* (Filothéu – Karakállu – Hagíu Páwlu, 782 m). Im Abschnitt gegenüber dem Territorium von *Hagíu Páwlu* folgt die Grenze dem *Hauptweg des Athos*, dem *Beïlídikos Drómos*[4], einem steingepflasterten Maultierweg, und passiert eine Erhebung von 841 m. Im Süden grenzt das Gebiet an das des *Klosters Grigoríu*. Die Südwestgrenze zum Gebiet des *Klosters Símonos Pétras* verläuft ebenfalls mit dem *Hauptweg* auf dem Gebirgskamm entlang.

Das Kloster liegt relativ hoch[5] in einem ausgedehnten Weidegebiet, das von Wald umsäumt ist und im Nordosten an den *Filotheítikos Lákkos* grenzt. Das unmittelbar das Kloster umgebende Gebiet wurde von jeher als Weide und Garten genutzt. Durch die Bearbeitung des Bodens wurde in neuerer Zeit die natürliche Formation des Geländes verändert.

Die abgebildete Zeichnung von BARSKIJ (20 x 31[9] cm) zeigt das Kloster in seinem Zustand um die Mitte des 18. Jhs. Seitdem wurden offensichtlich einschneidende Änderungen vorgenommen. So erscheint beispielsweise das *Katholikón* (Καθολικόν = Hauptkirche) auf der Zeichnung noch in der sehr alten Form der Langbaukirche[6]. Die das *Katholikón* auf der Zeichnung umgebenden Gebäude hingegen stammen nicht wie dieses aus dem 10. Jh. Wahrscheinlich sind sie wie die *Trápeza*

(Refektorium, Markierung "Γ")[7] und andere Bauten im 16. Jh.[8] entstanden. Das *Katholikón* (Markierung "A") erlitt 1746[9], ein Jahr nach BARSKIJs Besuch und der Anfertigung der Zeichnung, schwerste Schäden, so daß an seiner Stelle die jetzige *Hauptkirche* errichtet wurde. Außer diesem Bau ("A") und der *Trápeza* wurden alle Gebäude 1871[10] zerstört und danach durch neue ersetzt, wie man aus den im Plan eingetragenen Daten ersehen kann. Im unteren Teil des Klosterbezirkes, nordwestlich des *Haupttores,* sind noch Spuren einer früheren Umfassungsmauer zu erkennen.

Das Kloster wird aus verschiedenen Quellen reichlich mit Wasser versorgt. BARSKIJ (III, S. 119) erwähnt Brunnen innerhalb und außerhalb des Klosters sowie eine Wassermühle. Heutzutage leitet eine gemauerte Leitung entlang des *Filotheítikos Lákkos* das Wasser in ein Reservoir. Eine weitere Leitung beginnt an der *Metamórfosis* (Μεταμόρφωση = Verklärung)-*Quelle* bei *Kréwwatos*, auf der anderen Seite des Baches ungefähr im oberen Drittel des Berges, und durchquert in bleiernen Röhren den Gießbach (d. h. unter Strömungsdruck). Ein großer geschlossener Wasserbehälter wurde um das Jahr 1950 südlich des Klosters in 200–300 m Entfernung gebaut, dort, wo im Jahre 1988 der Garten umgestaltet wurde. Nordöstlich des Tores steht eine Wassermühle, aus der sich bis in die 40er Jahre des 20. Jahrhunderts hinein auch Fremde, nicht zum Kloster Gehörige, bedienen konnten.

Nördlich des Klosters, auf dem steingepflasterten Weg nach *Karyés,* ist eine aufgrund ihrer strukturellen Besonderheit hochinteressante, leichte hölzerne Hängebrücke über den *Filotheítikos Lákkos* in Benutzung. Steinpflasterwege führten auch zum *Kloster Karakállu* und zum *kleinen Hafen* des Klosters, dem *Arsanás* (Ἀρσανάς), an dem kürzlich eine Holzdarre eingerichtet wurde. Ein weiterer Weg lief ehemals über den Sattel *Tsamandára* (Τσαμαντάρα, 889 m) zum *Kloster Símonos Pétras*. Alle diese Pflasterwege sind jedoch durch den Bau von unbefestigten und daher im Winter nur schwer befahrbaren Autostraßen zerstört worden[11].

Textabb. 40. Trápeza (Refektorium) des Klosters Filothéu, Fresken in der Abtsnische (*The Mylonas Archives*).

ANMERKUNGEN ZUM KLOSTER FILOTHÉU

1. – SMYRNÁKIS, S. 583, schätzt die Höhe ü. M. auf 533 m; DORÓTHEOS, Bd. 1, S. 363, auf 310 m.
2. – Vgl. den *Begleittext* zum *Kloster Iwíron*, Anm. 4.
3. – *ACTES, Philothée*, ²1975, S. 38–39, Urkunde von 1641: Beilegung von Grenzstreitigkeiten zwischen den *Klöstern Iwíron* und *Filothéu*. Zum *Mylopotámu*-Grundstück, das der *Megísti Láwra* gehört, siehe auch den *Begleittext* zum *Kloster Iwíron*, S. 111.
4. – *Beïlídikos Drómos* (Μπεηλίδικος Δρόμος): s. den *Begleittext* zum *Kloster Watopédi*, Anm. 2.
5. – SMYRNÁKIS, S. 583–586: wie schon erwähnt, Anm. 1, geschätzte Höhe 533 m.
6. – MYLONÁS, *Ravdouchos, Prokópios*, S. 558, Abb. 12.
7. – SMYRNÁKIS, S. 585, hält eine Datierung in die Periode 1623–1683 für falsch, da er sich auf die Inschrift von 1540 stützt. GEDEÓN, *Athos*, S. 187, und PROSKYNITÁRIO, *Komninós*, S. 89, halten diese Gebäude für Werke des Jahres 1492.
8. – Stiftung des Königs Leóntios von Kachetien (Georgien) 1540. SMYRNÁKIS, S. 583; georgische Schriftsteller.
9. – SMYRNÁKIS, S. 584.
10. – SMYRNÁKIS, S. 585.
11. – Zu den Veränderungen, die die neuen Straßen auf der Halbinsel angerichtet haben, und generell zum Verschwinden *eremitischen Geistes* auf dem *Hágion Óros* s. SHERRARD, Ph., »The Paths of Athos«, *Eastern Churches Review*, IX, Nr. 1–2, 1977, S. 100–107; ibid., *Vergewaltigung des Menschen und der Natur* (Βιασμὸς τοῦ ἀνθρώπου καὶ τῆς φύσεως), Athen, 1993.

Textabb. 41. Trápeza (Refektorium) des Klosters Filothéu, Fresken auf der nördlichen Wand (*The Mylonas Archives*).

Textabb. 42. Trápeza (Refektorium) des Klosters Filothéu. Fresken auf der nördlichen Wand, mit Inschrift von 1540. (*The Mylonas Archives*).

13. – KLOSTER SÍMONOS PÉTRAS
(DES FELSEN DES SÍMON)

CHRISTI GEBURT – PATRONATSFEST: 25. DEZEMBER / 7. JANUAR

(HEFT II, ABB. 106–113 • HEFT III, TAF. 113.1)

Geographische Länge vom Meridian Athens aus (Außentorschwelle)	≅	00°32′16$^{42''}$
Geographische Breite (Außentorschwelle)	≅	40°11′22$^{74''}$
Höhe über dem Meeresspiegel (Außentorschwelle)[1]	≅	267,10 m
Fläche des gesamten Herrschaftsgebietes des Klosters	≅	1.305 ha
Fläche des Klosterbezirkes und des unmittelbar angrenzenden bebauten Gebietes	≅	4 ha
Gesamtfläche innerhalb der Außenmauern des Klosterbezirkes	≅	1.605 m^2
Gesamte bebaute Fläche innerhalb der Außenmauern (Gebäude)	≅	1.288 m^2
Freiflächen innerhalb der Außenmauern des Klosters (Höfe)	≅	317 m^2
Maximale Ausdehnung in Länge und Breite (auf 5 m gerundet)	≅	50 m x 55 m

Das gesamte Herrschaftsgebiet des *Klosters Símonos Pétras* liegt im Süden der Halbinsel, an den Südhängen des zentralen Gebirges. Seine Nordwestgrenze scheidet das Gebiet von dem des *Klosters Xiropotámu* und verläuft entlang dem Bach *Lákkos Dontá* (Λάκκος Δοντᾶ)[2], der der *Iwirítiki Tsúka* (Ἰβηρίτικη Τσούκα = Iwíron-Hügel, 738 m) entspringt und bei *Dáfni* (Δάφνη) ins Meer mündet. Die Ostgrenze zieht sich an den Gebieten der *Klöster Iwíron und Filothéu* vorbei, indem sie dem *Hauptweg des Athos*, dem *Beïlídikos Drómos* (Μπεηλίδικος Δρόμος)[3], einem steingepflasterten Maultierweg, folgt, der den Gebirgskamm entlangführt. Die Südostgrenze zum Gebiet des *Klosters Grigoríu* wird vom Bach *Megálos Lákkos* (Μεγάλος Λάκκος = Großer Bach)[4] gebildet. Im Süden und Westen grenzt das Gebiet an den *Singitischen Golf* oder *Golf des Hágion Óros*.

Das Kloster erhebt sich auf einem einzeln stehenden Felsen von circa 278 m Höhe[5] (alt- und mittelgriech. *pétra* = Fels[6], davon abgeleitet der Name des Klosters), der ursprünglich von den ringsum steil aufragenden Bergen abgeschnitten war. Er wird im Norden und Westen von einem Sturzbach und im Osten von einer kleinen, jetzt zugeschütteten Schlucht, die den isolierten Fels von der südlich gelegenen höheren Felsgruppe trennte, umgeben. Die Zuschüttung der Schlucht erfolgte im Zuge einer ersten Erweiterung des ursprünglichen *Askitírion* und ermöglichte einen Zugang zum Kloster auch von dieser Seite. Anfänglich müssen auf der Felsspitze nur eine kleine, vom *Hósios (seligen) Símon* errichtete Kirche, ein *Kyriakón* (Κυριακόν = Hauptkirche, Schnitt "A–A") und einige wenige Gebäude gestanden haben[7], die frei angeordnet und gleich den *Metéora-Klöstern* nicht ummauert waren, da die Schlucht dem Felsen ausreichenden Schutz bot. Die Gebäude der heutigen Anlage – sowohl der byzantinische Kern des 14. Jhs. als auch die Rekonstruktionen und Zusätze des 16., 17., und 19. Jhs., nach dem Brand vom 11. November 1581, sowie die gründliche Reorganisation bis zum Jahre 1902, nach dem Brand vom 21. Mai 1891 – sind der Formation des Steilfelsens angepaßt und umgeben ringförmig seine Spitze. So erscheinen sie nach außen hin vielgeschossig, während der kleine Innenhof mit dem *Katholikón* (Hauptkirche) auf der Höhe des zweitobersten Stockwerkes liegt (s. Schnitt "A–A"). Die Fassade der Seeseite hat zehn Geschosse und eine Gesamthöhe von ca. 40 m. Vom Kloster hat man eine hinreißende Aussicht über die Ägäis[8].

Neben dem Eingang erhebt sich ein großartiger, mehrere Stockwerke hoher *Aquädukt* ("B"), ursprünglich ein Werk des 14. Jhs. mit späteren Ergänzungen. Kürzlich (1993–1994) wurde im Kloster eine elektrische Anlage eingerichtet, die von einem autark arbeitenden photovoltarisch-hydroelektrischen System gespeist wird[9]. Neben den verschiedenen Zisternen und Brunnen des Klosters sollte man besonders einen heute verfallenen *Brunnen* erwähnen, der sich an der letzten Kurve des Pfades, der vom *Arsanás* zum Kloster hochführt, befindet. Dieser Brunnen ist unter dem Namen *Barskij-Brunnen* (Κρήνη τοῦ Μπάρσκη) bekannt; nicht, weil ihn der Kiewer Pilger gebaut oder verwendet hätte, sondern weil er ihn in seiner Zeichnung (36 x 24[3] cm) eingetragen hat. Auf derselben Zeichnung findet sich eine *gewölbte Brücke* mit gebauten Steinbänken, die heutzutage von einer neuen Brücke, an der Straßenkurve unterhalb der *Wassermühle,* überdeckt ist. Diese *Wassermühle* wird auf der Zeichnung ebenfalls angegeben.

Außerhalb der Klostergebäude sollte man die aufeinanderfolgenden Bau- und Erdarbeiten erwähnen, die südlich des Klosters zur Gartensicherung vorgenommen wurden und die von den Bemühungen ganzer Generationen Zeugnis ablegen.

Der *kleine Hafen* des Klosters, der *Arsanás* (Ἀρσανᾶς, Markierung ① und Abb. 111–112), liegt links der Mündung des erwähnten Baches, der im Gebiet der *Tsamandára* (889 m) nördlich des Klosters entspringt. Durch eine neue Autostraße ist das Kloster jetzt auch vom Hafenort *Dáfni* aus zu erreichen, wo es eine Amtswohnung seines Vertreters, das *Simopetrítiko Konáki* oder *Ikonomíon* (Οἰκονομεῖον), mit einem großen dreistöckigen Gebäude, zu welchem die *Hágii-Pántes* (Ἅγιοι Πάντες = Allerheiligen)-*Kapelle* (1896) und andere Hilfsgebäude, Sägemühlen, Lagerräume und eigene Hafenanlagen gehören, unterhält[10].

Nördlich des Klosters, am steingepflasterten Weg nach *Dáfni* (Δάφνη), findet sich die Grotte des *Hósios Símon* (Σπήλαιον Ὁσίου Σίμωνος = "Σ.Ο.Σ.") und oberhalb davon das neuzeitliche (1868) *Káthisma des Hósios Símon* ("✝ζ"). Dieser Weg führt auch zum *Proskynitárion tís Panagías* (Betstuhl der Muttergottes, "Πρ.Π.") hinunter und gabelt sich dort. Die Abzweigung führt zum *Arsanás* und dann weiter zum *Kloster Grigoríu* und den übrigen Klöstern im Südosten. Ein weiterer Weg windet sich am rechten Ufer des Baches hinauf und trifft auf dem Kamm der *Tsamandára* (Τσαμαντάρα) auf den langen, die gesamte Halbinsel entlanglaufenden *Hauptweg*, durch den das Kloster mit *Karyés* und den übrigen Klöstern verbunden ist. Über den Ort *Stawrós* (Kreuz), der 0,5 km westlich der *Hósios-Símon-Grotte* auf dem Weg nach *Dáfni* liegt, unterhalb eines heute zerstörten Kellíenkomplexes, der mißbräuchlich den Namen »Skíti« des *Tímios Pródromos* führte, verläuft ein ebenfalls steingepflasterter Weg zum Kamm des Zentralgebirges.

ANMERKUNGEN ZUM KLOSTER SÍMONOS PÉTRAS

1. – SMYRNÁKIS, S. 588, und DORÓTHEOS, Bd. 1, S. 369, schätzen die Höhe über dem Meeresspiegel auf 333 m bzw. 330 m.
2. – *Símonos Pétras* (s. Karte, Taf. 003) hat das Gebiet *Dontá*, das am rechten Ufer des Trockenflusses auf dem Territorium des *Xiropotámu-Klosters* liegt, von diesem letzten Kloster dank einer Stiftung des Despoten Johannes Ugleš im Jahre 1363 erworben. SMYRNÁKIS, S. 94; *ETBA*, CHRYSOCHOÍDIS, *Simonópetra*, S. 264, 380; s. auch die Einführung des vorliegenden Buches, Anm. 52 (SMYRNÁKIS, S. 93–94 usw., mit einer Notiz über die gefälschte Urkunde). KASIĆ, *Despot Ugljesa* datiert das Ereignis in das Jahr 1368.
3. – *Beïlídikos Drómos* (Μπεηλίδικος Δρόμος): s. den *Begleittext* zum *Kloster Watopédi*, Anm. 2.
4. – *ETBA*, S. 81 (Karte).
5. – SMYRNÁKIS, S. 588: geschätzte H. ü. M. 333 m.
6. – LIDDELL – SCOTT, s. Lemma πέτρα.
7. – SMYRNÁKIS, S. 588; *ETBA*, TARNANÍDIS, S. 19
8. – s. die Bemerkungen über die Sichtweite in der Einführung, Anm. 21 sowie Textabb. 2–3.
9. – s. die *Bewässerungsstudie* des Klosters in *ETBA*, NOMIKÓS, »Bewässerung, Sprengung, Wasserkraft« (Ύδρευση, άδρευση, υδροκίνηση), S. 88, 105–106, 111–112 und die Zeitschrift *Technika*, Heft 106, Juni 1995, S. 32–40.
10. – s. *ETBA, Simonópetra*, S. 85 und Skizze 32 auf Seite 357.

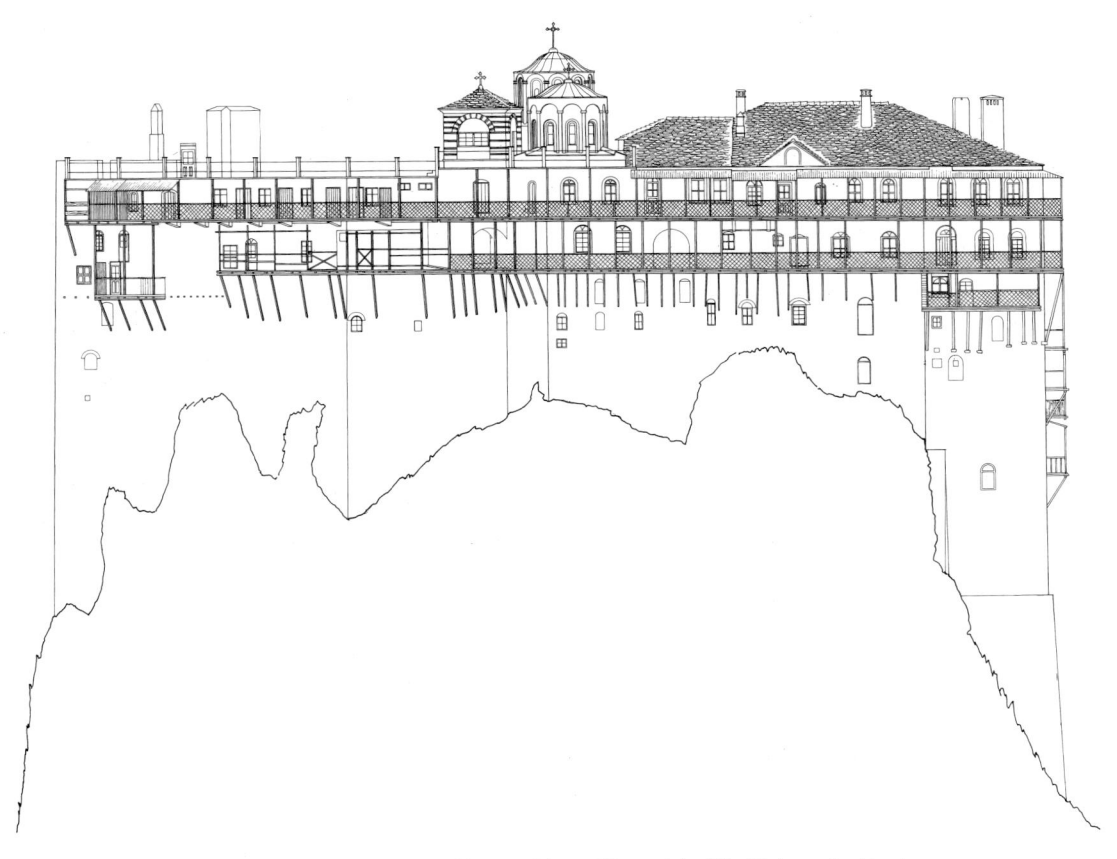

Textabb. 43. Kloster Símonos Pétras, Westansicht (*The Mylonas Archives*).

Textabb. 44. Kloster Símonos Pétras, Südansicht (*The Mylonas Archives*).

14. – KLOSTER HAGÍU PÁWLU

(DES HÓSIOS [SELIGEN] PÁWLOS [VOM ATHOS])

EINFÜHRUNG CHRISTI IN DEN TEMPEL – PATRONATSFEST: 2. / 15. FEBRUAR

(HEFT II, ABB. 114–123 • HEFT III, TAF. 114.1)

Geographische Länge vom Meridian Athens aus (Außentorschwelle)	≅	00°34′19³⁷″
Geographische Breite (Außentorschwelle)	≅	40°09′35⁸⁷″
Höhe über dem Meeresspiegel (Außentorschwelle)[1]	≅	152,70 m
Fläche des gesamten Herrschaftsgebietes des Klosters	≅	2.115 ha
Fläche des Klosterbezirkes und des unmittelbar angrenzenden bebauten Gebietes	≅	5 ha
Gesamtfläche innerhalb der Außenmauern des Klosterbezirkes	≅	4.500 m²
Gesamte bebaute Fläche innerhalb der Außenmauern (Gebäude)	≅	2.967 m²
Freiflächen innerhalb der Außenmauern des Klosters (Höfe)	≅	1.533 m²
Maximale Ausdehnung in Länge und Breite (auf 5 m gerundet)	≅	70 m x 90 m

Das gesamte Herrschaftsgebiet des *Klosters Hagíu Páwlu* liegt im Südwesten der Halbinsel, an den westlichen Steilhängen des *Athoskegels*. Die Nordwestgrenze scheidet das Gebiet von dem des *Klosters Dionysíu*. Sie führt von der Küste den Höhenrücken des *Lákkos Kalathá* (Λάκκος Καλαθᾶ)[2] hinauf, trifft auf die westlichste Biegung des Weges von *Hagíu Páwlu* nach *Karyés,* folgt diesem Weg bis zum Sattel *Pórtes* (Πόρτες = Türen, 849 m)[3] und verläuft dann in Westrichtung den *Beïlídikos Drómos* (Μπεηλίδικος Δρόμος, Hauptweg)[4] auf dem zentralen Gebirgskamm entlang bis zum Ort *Tripló Sýnoro* (Τριπλὸ Σύνορο = Dreifache Grenze, zwischen *Dionysíu*, *Grigoríu* und *Hagíu Páwlu*, 918 m). Die Westgrenze führt am Gebiet des *Klosters Grigoríu* vorbei, indem sie von *Tripló Sýnoro* bis zu einem anderen Treffpunkt dreier Grenzen (*Grigoríu – Filothéu – Hagíu Páwlu*, 818 m) dem *Beïlídikos Drómos* genannten *Hauptweg*, einem steingepflasterten Maultierweg, über den zentralen Gebirgskamm folgt. Im Nordwesten grenzt das Gebiet an das des *Klosters Filothéu*, und zwar von der letztgenannten Stelle bis zu einem weiteren »Dreigrenzpunkt«: *Tría Sýnora* (*Filothéu – Karakállu – Hagíu Páwlu*, 782 m). Die Grenze zum *Kloster Karakállu* im Nordosten erstreckt sich von diesem Punkt bis zu einem Ort im Gebiet *Marmarás* (Μαρμαράς = Marmorbruch, 629 m), an dem die Grenzen von *Karakállu, Megísti Láwra* und *Hagíu Páwlu* aufeinanderstoßen. Im Osten und Süden stößt das Gebiet an das der *Megísti Láwra*. Die Grenze verläuft vom Gebiet *Marmarás* bis zur Baumgrenze auf der Westseite des *Athoskegels* und von dort den Südwestrücken des *Athos* (Wasserscheide) entlang zur Westküste der Halbinsel hinunter, und zwar über den Ort *Sýnoro – Kamára – Chaíri* (Σύνορο – Καμάρα – Χαΐρι)[5], der sich auf dem Steinpflasterweg zwischen der *Néa Skíti* (*Hagíu Páwlu*) und der *Skíti Hagía Ánna* (*Megísti Láwra*) befindet. Die Westgrenze wird vom *Singitischen Golf* oder *Golf des Hágion Óros* gebildet.

Das Kloster liegt 1 km vom Meer entfernt auf einem kleinen Plateau (Abb. 114–115)[6] oberhalb des Zusammenflusses zweier Bäche, des großen *Xiropótamos* (Ξηροπόταμος = Trocken-Bach)[7] auf der Südseite und eines kleinen namenlosen auf der Nordseite, der dem *Antíthon* (Ἀντίθων) entspringt. Der *Xiropótamos* fließt direkt vom *Athos* herunter; er hat ein starkes Gefälle und ein ziemlich großes Abflußbecken, so daß er große Steinbrocken ins Delta hinunterspült. In diesem Gebiet scheint es eine antike Stadt gegeben zu haben[8].

Das Kloster war bis zum Beginn des 19. Jhs. sehr klein und mit einem einzigen Dach überdeckt, wie auf der Zeichnung von BARSKIJ (39^8 x 29^2 cm) zu sehen ist, die den Zustand um die Mitte des 18. Jhs. wiedergibt[9]. Anfang des 19. Jhs. wurde es nach Osten und 1890–1895 nach Süden hin erweitert (Abb. 123)[10]. Die oberen Stockwerke des südwestlichen Flügels sowie der südliche Flügel wurden nach einem Brand im Jahre 1902 neu errichtet[11].

Das Kloster wird durch eine gemauerte Leitung mit Wasser versorgt, eine qualitätvolle Anlage, die den *Xiropótamos* entlangläuft und in großen gedeckten Zisternen oberhalb des Klosters endet.

Der jetzige *kleine Hafen* des Klosters, der *Arsanás* (Ἀρσανάς), liegt links des vom *Xiropótamos* gebildeten *Deltas,* am Südrand eines Geröllfeldes (Plan ① und Abb. 122). Der ehemalige *Arsanás* mit einer *Turmruine* (Πύργος Παλαιᾶς Παραλίας = Turm des alten Meeresufers, kleine Karte, Markierung "Eα") hingegen findet sich nördlich des rechten Flußufers. Im Laufe der langen Zeit lagerten sich Anschüttungen vor diesen Hafen, besonders bei einer verheerenden Geröllflut 1821[12], so daß er jetzt landeinwärts liegt.

An dem Ort *Kakó Skalí* (Κακὸ Σκαλί = Schlechtes Brett) direkt am Delta, am Nordrand des Geröllfeldes, beginnt ein steingepflasterter Weg, der *Hagíu Páwlu* mit dem *Kloster Dionysíu* verbindet. Zur *Megísti Láwra* führt ein Weg südlich am *Athos* vorbei und über die *südwestlichen Skíten* sowie ein weiterer Weg, der über den Sattel *Pórtes*[13] (849 m) hinunter zur *Skíti Hágios Dimítrios* oder *tú Lákku* (τοῦ Λάκκου = des Flusses) und den Klöstern der Nordostküste verläuft.

Dem Kloster unterstehen weiterhin die in seinem Grenzbereich liegende *Néa Skíti* (Neue Skíti) oder *Theotókos-Skíti* oder *Skíti tú Pýrgu* (Σκήτη τοῦ Πύργου = Turm-Skíti)[14], in deren Nähe am Westfuß des *Athos* Reste einer antiken Stadt zu sehen sind[15], sowie die *Skíti Hágios Dimítrios* oder *tú Lákku* im Becken nördlich des *Athos,* wo der Fluß *Morfonú* entspringt. An der Grenze zum Gebiet der *Megísti Láwra* schließlich gibt es einen kleinen Kellíenkomplex, das *Dasonomíon* (Δασονομεῖο = Forstamt) oder die *Wulgárika* (Βουλγάρικα = die Bulgarischen Hütten)[16].

Das Kloster besitzt auch ein Gut von ungefähr 70 ha in dem Gebiet *Monoxylítis* (Μονοξυλίτης = Kapitän eines pirogenartigen Bootes) im südlichen Teil des Territoriums von *Chelandári* und am linken östlichen Ufer des *Hagiopawlítikos Lákkos* (Bach von Hagíu Páwlu). Ein dort befindliches *Kellíon* ist dem *Hágios Nikólaos* geweiht. Das Grundstück wird mit dem Meer verbunden durch einen Hafen, der sich *Arsanás Monoxylítis von Hagíu Páwlu* nennt, im Unterschied zu dem entsprechenden und benachbarten *Arsanás* des *Klosters Dionysíu*.

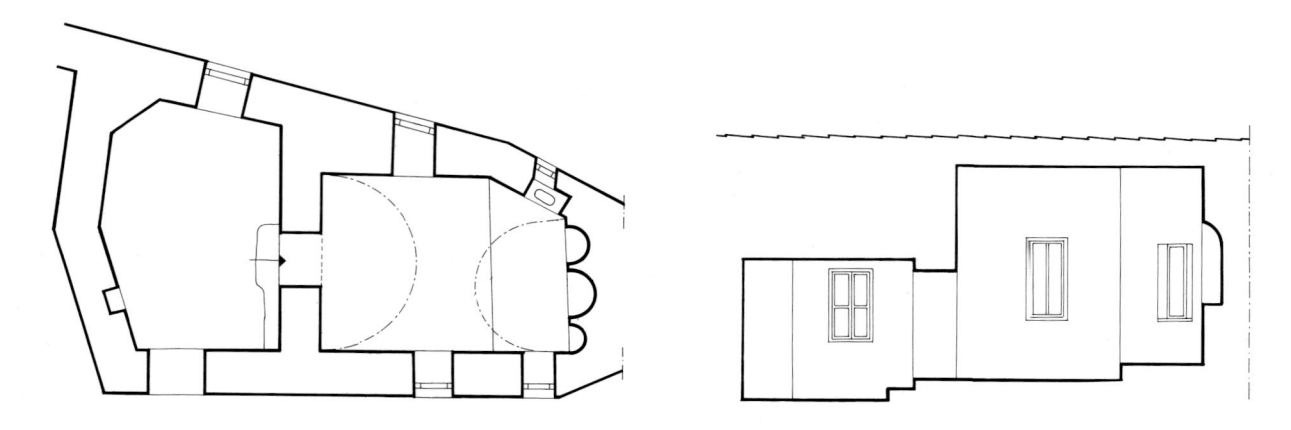

Textabb. 45. Kloster Hagíu Páwlu. Kapelle des Hágios Geórgios, Grundriß und Schnitt (*The Mylonas Archives*).

ANMERKUNGEN ZUM KLOSTER HAGÍU PÁWLU

1. – SMYRNÁKIS, S. 599, schätzt die Höhe über dem Meeresspiegel *auf beinahe* 120 m.
2. – GAWRIÍL, *Dionysíu*, S. 212; s. auch den *Begleittext* zum *Kloster Dionysíu*, Anm. 5.
3. – Von hier aus sieht man nach zwei Seiten auf das Meer, auf den *Singitischen Golf* im Südwesten und auf das *Thrakische Meer* im Nordosten.
4. – *Beïlídikos Drómos* (Μπεηλίδικος Δρόμος): s. den *Begleittext* zum *Kloster Watopédi*, Anm. 2.
5. – s. den *Begleittext* zur *Megísti Láwra*, Anm. 5.
6. – SMYRNÁKIS, S. 599: 120 m; wie schon oben erwähnt, Anm. 1.
7. – Auf den Karten wird der Bach Xiropótamos fälschlicherweise *Kalathás* (Korbflechter) genannt. SMYRNÁKIS, S. 599: *Xiropótamos*. Die heutigen Mönche (1992) nennen ihn *Réma tú Áthonos* (Ρέμα τοῦ Ἄθωνος = Strom des Athos). BARSKIJ notierte keine Namen von Hügeln und Flüssen, weder bei seinem ersten Besuch (1725-26) noch bei seinem zweiten (1744). Der *Lákkos tú Kalathá* oder *Kalátha*, wie ihn die heutigen Mönche auch nennen, mündet nördlich des großen Deltas des *Klosters Hagíu Páwlu* ins Meer und bildet die Grenze zum Gebiet des *Klosters Dionysíu*. GAWRIÍL, *Dionysíu*, S. 212; ACTES, *Dionysíou*, S. 14, Anm. 49.
8. – SMYRNÁKIS, S. 599–600.
9. – BARSKIJ, I, S. 23, beschreibt das alte Kloster charakteristisch: *Baulich unterscheidet es sich von allen früheren Klöstern. Es liegt am Fuß des Athos, auf seiner Westseite, ist bewundernswert auf einem spitzen Felsen erbaut und dem Felsen angepaßt ohne Abarbeitungen des Felsrandes (an der Spitze).* (Übersetzung der griechischen Übertragung von Dr. Hel. Stergiopúlu) Diese bemerkenswerte Beschreibung vermittelt einen Eindruck von der engräumigen mittelalterlichen Anlage des Klosters sowie von der Bauweise, die darin bestand, den Komplex durch Zubauten und vorkragende Obergeschosse zu erweitern. Das mittelalterliche Kloster *Hagíu Páwlu* war *mit einem einzigen Dach* versehen, wie alle direkt auf felsigem Untergrund errichteten Klöster des Athos (*Simópetra, Grigoríu, Dionysíu, Hagíu Páwlu*); s. auch die entsprechenden Zeichnungen von BARSKIJ. Ein heute noch existentes Beispiel für die *Anordung unter einem einzigen Dach* ist das *Kloster Rusánu* auf den Meteóren.
10. – WLÁCHOS, S. 275.
11. – WLÁCHOS, S. 275; SMYRNÁKIS, S. 705.
12. – SMYRNÁKIS, S. 607.
13. – SMYRNÁKIS, S. 608.
14. – Die Skíti verdankt ihren Namen zwei Umständen: zum einen ist sie die einzige, die einen Turm besitzt, zum anderen existierte dieser Turm schon vor der Skíti. Der *Pýrgos*, ein Gebäude des 16. Jhs., bildete einen nach Süden vorgeschobenen Wach- und Verteidigungsposten des *Klosters Hagíu Páwlu*. Südlich des *Pýrgos* siedelten sich seit der Mitte des 18. Jhs. in Hütten Einsiedler an; das *Kyriakón* wurde 1760 hinzugefügt (SMYRNÁKIS, S. 608).
15. – SMYRNÁKIS, S. 608–609.
16. – DORÓTHEOS, I, S. 384, erwähnt das *Dasonomíon* an der Grenze zum *Kloster Filothéu*. MELÉTI, IV, 5 (Α.Π. 1.35) zufolge lag das *Dasonomíon*, auch *Metóchi* von *Hagíu Páwlu* (Μετόχιον = Gut) genannt, jedoch unweit nördlich der *Skíti tú Lákku*.

Textabb. 46. Kloster Hagíu Páwlu, Südwestansicht. Zeichnung des Architekten EFYMOV, 1835 (Aus dem DAVYDOV-Atlas, St. Petersburg, 1839). 7 x 10,2 cm. (*Bibliothek der Bank von Griechenland*, Athen).

Textabb. 47. Der Hof des Klosters Hagíu Páwlu. Zeichnung des Architekten EFYMOV, 1835 (Aus dem DAVYDOV-Atlas, St. Petersburg, 1839). 9,2 x 7,8 cm. Es sind das Alte Katholikón und die alte Ansicht der Trápeza (= Refektorium) sowie die große Ausgrabung am Felsen zu sehen. Mit dem Bau des Neuen Katholikón, das am rechten Rand des Bildes nicht zu erkennen ist, wurde bereits begonnen (*Bibliothek der Bank von Griechenland*, Athen).

15. – KLOSTER STAWRONIKÍTA[1]
(DES STAWRONÍKITA = NAME DES GRÜNDERS)

HEILIGER NIKOLAUS – PATRONATSFEST: 6. / 19. DEZEMBER

(HEFT II, ABB. 124–129 • HEFT III, TAF. 115.1)

Geographische Länge vom Meridian Athens aus (Außentorschwelle)	≅	00°33´31[65"]
Geographische Breite (Außentorschwelle)	≅	40°16´02[32"]
Höhe über dem Meeresspiegel (Außentorschwelle)	≅	47,70 m
Fläche des gesamten Herrschaftsgebietes des Klosters	≅	170 ha
Fläche des Klosterbezirkes und des unmittelbar angrenzenden bebauten Gebietes	≅	7 ha
Gesamtfläche innerhalb der Außenmauern des Klosterbezirkes	≅	1.407 m²
Gesamte bebaute Fläche innerhalb der Außenmauern (Gebäude)	≅	1.165 m²
Freiflächen innerhalb der Außenmauern des Klosters (Höfe)	≅	242 m²
Maximale Ausdehnung in Länge und Breite (auf 5 m gerundet)	≅	55 m x 25 m

Das gesamte Herrschaftsgebiet des *Klosters Stawronikíta* liegt etwa in der Mitte der Halbinsel, an den Nordosthängen des zentralen Gebirges. Die Nordwestgrenze scheidet das Territorium von dem des *Klosters Pantokrátor*; sie zieht sich vom Gebiet *Burazéri* (Μπουραζέρη) den Höhenrücken hinunter, der sich östlich des Gebietes *Áno Kapsála* (Ἄνω Καψάλα = oberes versengtes Gebiet) erstreckt und nördlich des kleinen *Kellíenkomplexes Profítis Ilías* (Προφήτης Ἠλίας) an der Küste ausläuft. Die Nordostgrenze wird vom *Thrakischen Meer* gebildet. Die Grenze zum Herrschaftsbereich des *Klosters Kutlumusíu* im Süden führt vom Gebiet *Burazéri* bis zum Bach nördlich von *Nerantzóna* (Νεραντζώνα = Orangenhain)[2].

Das Kloster erhebt sich auf dem Plateau[3] eines steil nach Nordosten, zum Meer hin, abfallenden Felsvorsprungs. Im Süden des Klosters erstrecken sich Gärten, im Westen Wald und Felder. Südöstlich des Felsvorsprungs liegt der kleine *Bootshafen* des Klosters, *der Arsanás* (Ἀρσανᾶς). Dieser wurde mit einem Gebäude des 19. Jhs. neu gestaltet und kürzlich mit einer modernen Mole versehen.

Ein schöner bogenförmiger Aquädukt ("B2") leitet dem Kloster von Westen her Trinkwasser zu. Die Geländeformation um das Kloster läßt darauf schließen, daß der *Pýrgos* (Πύργος = Wehrturm, Markierung "E") auf einer gewachsenen, wahrscheinlich felsigen Erhebung errichtet wurde, während der Klosterhof auf Anschüttungen angelegt ist. Dafür spricht auch die historisch überlieferte Nachricht, daß der *Turm* ursprünglich als ein alleinstehender Wachturm des *Protáton* (Πρωτάτον) benutzt wurde, der damaligen Zentralverwaltung unter dem *Prótos* in *Karyés*. Von diesem Turm aus konnte die ganze nordöstliche Ägäis beobachtet und kontrolliert werden[4]. Das *Katholikón* (Markierung "A")[5] könnte vielleicht aus dem 11. Jh. stammen; es wurde während der Reparaturarbeiten im 16. Jh. rekonstruiert, eine *Lití* wurde im 17. Jh. hinzugefügt.

Unweit nordwestlich erhebt sich eine *Turmruine* (Markierung "Eα"). Es handelt sich dabei um den unbenannten, dreistöckigen Turm des kleinen, skítiartigen Komplexes mit Kirche und Kellíen, von dem uns BARSKIJ berichtet[6]. Man könnte hier an SMYRNÁKIS, S. 613, denken, der über ein *Monýdrion mit Turm* (Μονύδριον μετὰ πύργου) spricht. Einen ähnlichen Komplex, wenn auch ohne gemeinsame Kirche, stellt die bereits erwähnte verfallene *Kellíen-Gruppe Profítis Ilías* an der Grenze zum *Kloster Pantokrátor* dar. Einige dieser Gebäude werden jetzt instandgesetzt und wieder bewohnt.

Die abgebildete Zeichnung von BARSKIJ (19[7] x 31[8] cm) zeigt die Klosteranlage in ihrem Zustand um die Mitte des 18. Jhs. Seitdem wurden keine bedeutenden Änderungen mehr vorgenommen. Der *Aquädukt des Kantakuzinós* (Ὑδραγωγεῖον τοῦ Κανταχουζηνοῦ, Markierung "B2", 1679–1688)[7] ist deutlich wiedergegeben; die Instandsetzung nach dem Brand von 1741[8] hat anscheinend seine ursprüngliche Gestalt nicht wesentlich beeinträchtigt. Die geringen Unterschiede zu BARSKIJS Zeichnung betreffen die Verbreiterung der *Trápeza* (Τράπεζα = Refektorium, Markierung "Γ") 1770[9] sowie die Errichtung der jetzigen Friedhofskirche *Hágios Dimítrios* ("☩ζ") 1789 und des neuen *Osttraktes*, nachdem der alte 1879[10] niedergebrannt war. Dieser weiter zum Meer hin ausgedehnte Trakt ruht fest auf dem Felsen im Osten des Plateaus und auf zwei von mächtigen Pilastern gestützten Bögen aus dem Jahre 1842. Ferner sei die Rekonstruktion des *Arsanás* während der zweiten Hälfte des 19. sowie des 20. Jhs. erwähnt.

Größere Rekonstruktionen, vor allem des *Westtraktes*, wurden 1985–90 zwar unter Beachtung der stilistischen Details, aber unter Verwerfung von Baugliedern des 16. Jhs. durchgeführt[11].

Ein steingepflasterter Weg verbindet *Stawronikíta* mit dem *Kloster Pantokrátor* im Norden, ein weiterer führt in Südwestrichtung auf den befahrbaren Weg von *Karyés* nach *Iwíron* und ein dritter, ebenfalls steingepflastert, läuft die Küste entlang über die *Kaliágra* zum *Kloster Iwíron* im Südosten.

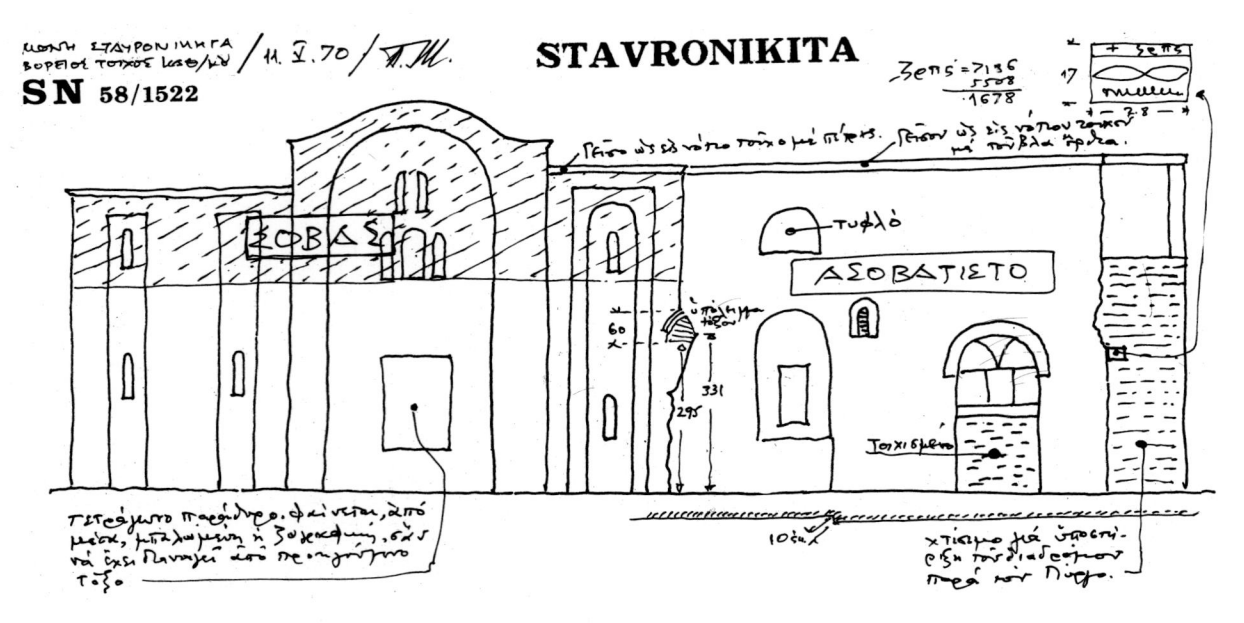

Textabb. 48. Nördliche Wand des Katholikón von Stawronikíta. Zu erkennen ist die Erweiterung nach Westen mit einer neuen Lití. Zudem findet sich dort eine Inschrift mit der Datierung 1678 (*Bauaufnahme, The Mylonas Archives*).

ANMERKUNGEN ZUM KLOSTER STAWRONIKÍTA

1. – Die ursprüngliche Benennung war *tú Strawonikíta* (Στραβονικήτα = des blinden Nikita), wie es auf Urkunden vom Anfang des 11. Jhs. bezeugt ist, z. B. auf einer Urkunde aus dem Jahr 1012 (*ACTES, Lawra*, I, Nr. 17), wo sogar Στραβωνικήτα, mit "ω", überliefert wird, oder auf derjenigen aus dem Jahr 1015 (*ACTES, Iwiron*, I, Nr. 21, Zeile 41, und auch PATRINÉLIS, u. a., S. 129, Anm. 10) oder aus dem Jahr 1016 (*ACTES, Xeropotamou*, Nr. 17) usw.

2. – In einer Urkunde zu der Versammlung des Jahres 1541 und in einer Urkunde aus dem Jahre 1586 werden die Grenzen des Klosters beim Wiederaufbau in der Mitte des 16. Jhs. festgesetzt, s. *ACTES, Kutlumus*, Nr. 56 und Nr. 69 (aus dem Jahre 1639).

3. – BARSKIJ, III, S. 177: Höhe des Plateaus 20 Klafter, also ca. 35 m. Bemerkenswerterweise beträgt die Höhe des Tores jedoch – wie oben angegeben – 47,70 m.

4. – »...den einzigen dort vorhandenen Wehrturm, der auch zur Beobachtung und Kontrolle von Karyés aus diente« (siehe Urkunde bei *Grigórios Palamás*, 4, 1920, S. 227). Für eine Analyse der Bauphasen des *Wehrturms* s. THEOCHARÍDIS, *Stawronikíta, Turm*.

5. – Das *Katholikón* wurde auf der Ostseite während der *Reparaturarbeiten* des 16. Jhs. (siehe diesbezüglich *Grigórios Palamás*, 5, 1921, S. 508–509) und auf der Westseite im 17. Jh. (siehe PATRINÉLIS, u. a., S. 37) verlängert. Das Wandgemälde des berühmten Malers Theophánis zeigt Jeremías mit der Kirche in seinen Händen. Deutlich erkennbar ist die Westfassade des alten *Katholikón*, welches bei den Reparaturarbeiten des 16. Jhs. kaum Veränderungen erfuhr und das hinsichtlich der beiden kleinen Kuppeln oberhalb des Nárthex das Vorbild der Katholiká von *Iwíron* und *Watopédi* kopiert (Siehe die Textabb. 49 mit einem Teil des Abdruckes der Wandmalereien im *Katholikón*, aus *The Mylonas Archives*).

6. – BARSKIJ, III, S. 181.

7. – PATRINÉLIS, u. a., S. 37; SMYRNÁKIS, S. 615: Datierung des Aquädukts des Kantakuzinós in das Jahr 1545.

8. – PATRINÉLIS, u. a., S. 37; WLÁCHOS, S. 286.

9. – PATRINÉLIS, u. a., S. 37.

10. – WLÁCHOS, S. 286 f.

11. – Siehe diesbezüglich KIOSSÉ, Ch., »Hinzufügung eines Geschosses auf dem Athos!« (Πανωσήκωμα στον ῎Αθω!), *To Wíma* (Το Βῆμα), 6. September 1987, S. 63.

Textabb. 49. Umzeichnung des verkleinerten Abdruckes der Wandmalerei des Theophanis von Kreta im Katholikón von Stawronikíta, auf welcher der Maler die westliche Seite dieses Denkmals in seiner ursprünglichen Form wiedergibt (*The Mylonas Archives*).

Textabb. 50. Kloster Stawronikíta, Fresken auf der östlichen Wand der Lití. Diese Wand gehört zum Alten Nárthex und ist bemalt mit Fresken des Theophánis von Kreta, 1546 (*The Mylonas Archives*).

16. – KLOSTER XENOFÓNTOS
(DES HÓSIOS [SELIGEN] XENOFÓN)

HEILIGER GEORG – PATRONATSFEST: 23. APRIL / 6. MAI

(HEFT II, ABB. 130–140 • HEFT III, TAF. 116.1)

Geographische Länge vom Meridian Athens aus (Außentorschwelle)	≅	00°27′37$^{05″}$
Geographische Breite (Außentorschwelle)	≅	40°15′26$^{26″}$
Höhe über dem Meeresspiegel (Außentorschwelle)	≅	5,40 m
Fläche des gesamten Herrschaftsgebietes des Klosters	≅	760 ha
Fläche des Klosterbezirkes und des unmittelbar angrenzenden bebauten Gebietes	≅	4,5 ha
Gesamtfläche innerhalb der Außenmauern des Klosterbezirkes	≅	9.500 m^2
Gesamte bebaute Fläche innerhalb der Außenmauern (Gebäude)	≅	5.700 m^2
Freiflächen innerhalb der Außenmauern des Klosters (Höfe)	≅	3.800 m^2
Maximale Ausdehnung in Länge und Breite (auf 5 m gerundet)	≅	90 m x 150 m

Das gesamte Herrschaftsgebiet des *Klosters Xenofóntos* liegt etwa in der Mitte der Halbinsel, an den Südwesthängen des zentralen Gebirges. Die Grenze zum Territorium des *Klosters Dochiaríu* im Nordwesten und Norden zieht sich die Wasserscheide des Berges *Chaíri* (Χαΐρι = Protektion) entlang und von dort zum Gipfel *Tsuknídi* (Τσουκνίδι = Brennessel, 648 m) hinauf. Die Grenze zum Gebiet des *Klosters Pantokrátor* im Osten folgt dem *Beïlídikos Drómos* (Μπεηλίδικος Δρόμος)[1] genannten *Hauptweg des Athos*, einem steingepflasterten Maultierweg, der am Kamm des zentralen Gebirges entlangführt. Im Südosten bildet der große Bach *Púrantas* (Πούραντας)[2] die Grenze zum Gebiet des *Klosters Panteleímon*, und zwar von den Quellen bis zur Mündung ins Meer. Im Westen grenzt das Gebiet an den *Singitischen Golf* oder *Golf des Hágion Óros*[3].

Das Kloster liegt am Meeresufer, rechts der Mündung des Baches *Lákkos Newrokópu* (Λάκκος Νευροκόπου = Bach des Newrokópos), der im zentralen Gebirge *Kreiowúni*[4] (588 m) entspringt. Die Anlage des Komplexes läßt noch seine etappenweise Ausdehnung erkennen[5]. Die abgebildete Zeichnung von BARSKIJ (19^9 x 31^8 cm) zeigt das Kloster im Zustand von 1744, vor der Erweiterung nach Norden durch die Anlage des neuen großen Hofes mit dem Neuen *Katholikón* (Hauptkirche, Markierung "Aα"), dem Glockenturm (Markierung "A1") und dem schönen Südwestflügel am Meer vom Anfang des 19. Jhs.[6] (Fassade "NΔ.O."). Die von BARSKIJ 1744 wiedergegebene Gestalt des Klosters ist wohl in verschiedenen Phasen – vielleicht 1089[7], irgendwann im 16. Jh.[8] sowie 1668[9] – entstanden. Zumindest die gewundene, ansteigende *Eingangspassage* (Διαβατικό, Markierung "Δ") und das – im Unterschied zu den übrigen Klöstern, wie BARSKIJ bemerkt[10] – in die Klosteranlage einbezogene *Bootshaus*, der *Arsanás* (Ἀρσανᾶς, Markierung "Ψ"), mit den Räumen auf der Seeseite, stellen bereits Anbauten an einen früheren, schmaleren Komplex dar. Der ursprüngliche südliche Hof, in dem sich das *Alte Katholikón* (Markierung "A") , eines der ältesten auf dem Heiligen Berg, befindet, ist stark zum Meer hin geneigt: Ein Beweis dafür, daß mit der Anpassung der Bauten an das Gelände dem Grundsatz gefolgt wurde, möglichst einfache Lösungen zu finden – ein Grundsatz, den die Byzantiner, und besonders die Mönche, immer mit großer Beharrlichkeit beibehielten.

Das Kloster mit seinen *zwei Katholiká* ist ein einmaliger Fall. Das ältere und kleinere *Katholikón* (Markierung "A") ist für die Architekturgeschichte des Heiligen Berges von besonderer Bedeutung[11].

Entgegen der üblichen Bauordnung steht im Klosterhof eine *Mühle* (Gebäude "B3"). Diese Mühle oder – wahrscheinlicher – ihr vom *Hósios* (seligen) *Xenofón* errichteter Vorgängerbau wird bereits in einer Urkunde aus dem Jahre 1089[12] erwähnt.

Das Kloster wird durch eine gemauerte Leitung mit natürlichem Gefälle, die am rechten Ufer des Baches *Púrantas* entlangläuft, mit Wasser versorgt. Die Anlage endet in einer gedeckten Zisterne auf den nördlichen Hängen oberhalb des Klosters.

An der Küste unweit westlich des Klosters entspringt eine *Xyná Nerá* (Ξυνὰ Νερά = Sauerwasser) genannte Heilquelle (Markierung "Ξ")[13].

Dem Kloster untersteht die *Skíti Ewangelismós* (Εὐαγγελισμός = Mariä Verkündigung) oder *Skíti Xenofóntos* am rechten Ufer des Baches *Púrantas*[14]. Zu den Besitzungen des Klosters gehören weiterhin 10 ha Weinfelder auf dem Territorium von *Chelandári*. Sie liegen im Gebiet *Apóstolos Fílippos*[15] zwischen den Erhebungen *Tawrokálywa* (Ταυροκάλυβα = Stierhütten, 352 m) und *Welóna* (Βελόνα = Nadel, 390 m), 2 km landeinwärts von der *Megáli* (Große) *Giowántsa* entfernt. In diesem Gebiet kann man noch die Ruinen des alten Klosters Hagíu Filíppu erkennen.

Ein alter steingepflasterter Küstenweg verbindet *Xenofóntos* mit den Nachbarklöstern *Dochiaríu* und *Panteleímon*. In Richtung *Karyés* führt ein alter Steinpflasterweg, ausgehend vom Gebiet *Kaméni Ambelikiá* (Καμμένη Ἀμπελικιά = Verbrannter Weingarten), nördlich am *Kellíon Isódia Theotóku* (Εἰσόδια Θεοτόκου = Einführung Mariä) im Gebiet *Zacharás* (Ζαχαράς = Zuckermann) vorbei zum *Hauptweg* hinauf, in den er nördlich der *Skíti Hágios Andréas* bei *Karyés* mündet. Heute (1992) sind diese Wege zerstört und werden nicht mehr benutzt, da mit Maschinen (Raupenschleppern) neue Wege angelegt wurden.

Textabb. 51. Trápeza (Refektorium) des Klosters Xenofóntos, zeichnerische Rekonstruktion der Fresken auf der Westwand. Dargestellt sind die Heiligen Konstantínos und Heléni (*The Mylonas Archives*).

ANMERKUNGEN ZUM KLOSTER XENOFÓNTOS

1. – *Beïlídikos Drómos* (Μπεηλίδικος Δρόμος): siehe den *Begleittext* zum *Kloster Watopédi*, Anm. 2.

2. – SMYRNÁKIS, S. 624 und *ACTES*, S. 26.

3. – BARSKIJ, III, S. 288, beschreibt die Ausdehnung des Klostergebietes wie folgt: »das Land, das es beherrscht, ist in zwei Stunden bergauf zu durchschreiten und in anderthalb Stunden in der Breite«.
Für eine schematische Karte des ursprünglichen Klostergebietes s. *ACTES*, S. 8, Skizze 1, wie es der Textabb. 52 zu entnehmen ist.

4. – SMYRNÁKIS schreibt Κρειοβούνι mit ει; s. den *Begleittext* zu *Watopédi*, Anm. 3.

5. – Siehe THEOCHARÍDIS, *Xenofóntos, Períwolos*.

6. – WLÁCHOS, S. 290. Der neue, parallel zur Küste liegende Zellenflügel trägt die Jahreszahl 1800.

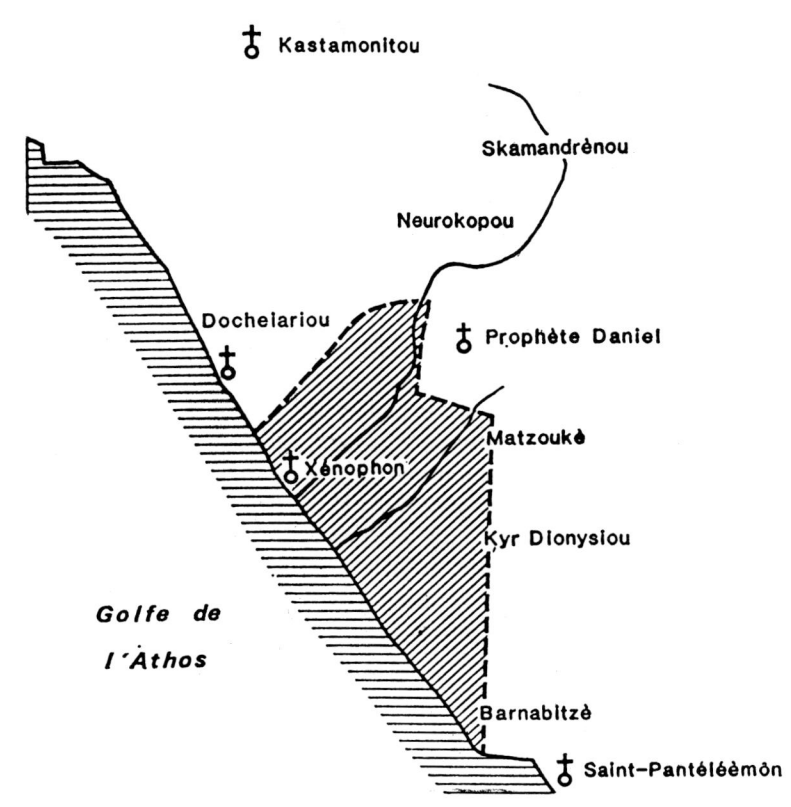

7. – WLÁCHOS, S. 291 und SMYRNÁKIS, S. 618, geben die falsche Datierung 1083, vgl. *ACTES*, S. 3 ff. sowie die ursprüngliche Urkunde Nr. 1 des Prótos Páwlos aus dem Jahre 1089, die als *Typikón* gilt (Z. 64: *In Form eines Typikón*). In Zeile 29 heißt es: ... *Das Kloster wird von Anfang an gebaut und die Kirche wird verschönert.*

Textabb. 52. Schematische Darstellung des Xenofóntos-Gebietes im Mittelalter (Aus: *ACTES, Xénophon*, Einführung, S. 8).

8. – PROSKYNITÁRIO, *Komninós*, S. 84: Datierung 1545; ebenso BARSKIJ, III, S. 295.

9. – SMYRNÁKIS, S. 621: Datierung 7176 nach Erschaffung der Welt, d. h. 1668.

10. – BARSKIJ, III, S. 288.

11. – Dieses Katholikón gehört zu der ursprünglichen Gruppe von Kirchen, die auf dem Heiligen Berg ohne *seitliche Apsiden* gebaut wurden. Siehe MYLONÁS, *Ravdouchos, Prokopios* oder THEOCHARÍDIS, *Xenofóntos, Katholikón*. Für dieses Denkmal gibt uns PROSKYNITÁRIO, *Komninós*, S. 83, eine wichtige Information, aus der erschlossen werden kann, daß die beiden eindrucksvollen Mosaikikonen der stehenden Heiligen Geórgios und Dimítrios, die im Neuen Katholikón (Markierung "Αα" und Abb. 139–140) aufbewahrt werden, aus dem Alten Katholikón stammen.

12. – BARSKIJ, III, S. 289; SMYRNÁKIS, S. 618; *ACTES*, Nr. 1, Zeile 160–161: ... *alle Ankommenden sollten bei der Mühle kostenlos mahlen können, wie es Xenophon, Herr und Besitzer, bestimmte.*

13. – SMYRNÁKIS, S. 626: chemische Analyse. Die Quelle *Xyná Nerá* ist auch in der *Charta des Rígas Feraíos* eingetragen (MYLONÁS, *Alte Stiche*, Taf. 9) und wird ausführlich von BARSKIJ, III, S. 293–295, beschrieben.

14. – SMYRNÁKIS, S. 624. Nach DORÓTHEOS, Bd. 1, S. 399, lag die *Skíti* ursprünglich rechts am Mündungsdelta des Gießbaches *Púrantas,* wo sich heute die *Gärten* und die *Mühle* des Klosters befinden.

15. – SMYRNÁKIS, S. 624; siehe PAPAZÓTOS, *Topographie,* S. 161, und Skizze 15 und Taf. 19 sowie ACTES, S. 26–28, »Le métochion de St. Philippe«.

Textabb. 53. Trápeza (Refektorium) des Klosters Xenofóntos, zeichnerische Rekonstruktion der Fresken auf der Südwand. Die Nische des Abtes mit einer Inschrift des Jahres 1477 (*The Mylonas Archives*).

17. – KLOSTER GRIGORÍU
(DES HÓSIOS [SELIGEN] GRIGÓRIOS [VOM ÁTHOS])

HEILIGER NIKOLAUS – PATRONATSFEST: 6. / 19. DEZEMBER

(HEFT II, ABB. 141–144 • HEFT III, TAF. 117.1)

Geographische Länge vom Meridian Athens aus (Außentorschwelle)	≅	00°32´16$^{42´´}$
Geographische Breite (Außentorschwelle)	≅	40°10´44$^{76´´}$
Höhe über dem Meeresspiegel (Außentorschwelle)	≅	22,70 m
Fläche des gesamten Herrschaftsgebietes des Klosters[1]	≅	664 ha
Fläche des Klosterbezirkes und des unmittelbar angrenzenden bebauten Gebietes	≅	3,5 ha
Gesamtfläche innerhalb der Außenmauern des Klosterbezirkes	≅	3.371 m^2
Gesamte bebaute Fläche innerhalb der Außenmauern (Gebäude)	≅	2.136 m^2
Freiflächen innerhalb der Außenmauern des Klosters (Höfe)	≅	1.235 m^2
Maximale Ausdehnung in Länge und Breite (auf 5 m gerundet)	≅	65 m x 75 m

Das gesamte Herrschaftsgebiet des *Klosters Grigoríu* liegt etwa in der Mitte der Halbinsel, an den Südwesthängen des zentralen Gebirges. Die Grenze zum Gebiet des *Klosters Símonos Pétras* im Nordwesten wird von dem Fluß *Réma tú Megálu Lákku* (Ρέμα τοῦ Μεγάλου Λάκκου) gebildet, der in den Gebirgen *Tsamandára* (Τσαμαντάρα, 889 m) und *Kapsáli* (Καψάλι = das Versengte, 882 m)[2] entspringt. Die Nordostgrenze zu den *Klöstern Filothéu* und *Hagíu Páwlu* folgt dem *Beïlídikos Drómos* (Μπεηλίδικος Δρόμος)[3] genannten *Hauptweg* des Athos, einem steingepflasterten Maultierweg, der den Kamm des zentralen Gebirges entlangführt. Die Südostgrenze scheidet das Gebiet von dem des *Klosters Dionysíu* und verläuft von der Stelle *Tripló Sýnoro*[4] (Τριπλὸ Σύνορο = Dreifache Grenze, zwischen *Grigoríu, Hagíu Páwlu* und *Dionysíu*, 918 m) den Höhenrücken (Wasserscheide) entlang zum *Kellíon Panagía* (Παναγία = Gottesmutter, heute verwüstet) und von dort den Bach *Draganistís* (Δραγανιστής) bis zur Mündung hinunter. Im Südwesten grenzt das Gebiet an den *Singitischen Golf* oder *Golf des Hágion Óros*.

Die Klosteranlage zieht sich die Klippen eines mächtigen Felsvorsprungs (Abb. 141)[5] hinauf, der südlich einer kleinen Bucht ins Meer hinausgreift. In dieser Bucht an der Mündung des *Chréndelis* oder *Chréndeli* (τοῦ Χρέντελη)[6] liegt die *Bootsanlegestelle* des Klosters, der *Arsanás* (Ἀρσανᾶς, Markierung "Ψ"). Im Mündungsgebiet des *Chréndelis* befanden sich früher Gärten, auf die bei der Überschwemmung von 1821[7] große, heute noch sichtbare Felsbrocken herabgestürzt sind. Nördlich des *Arsanás* stand ehemals ein Bootshaus für die Segelboote des Klosters, das im Obergeschoß einen Getreidespeicher besaß. Diese bedeutende Anlage wurde gleichfalls 1821 weggeschwemmt[8]. Heute finden sich hier Holzlager und ein modernes Sägewerk. Bedingt durch das starke Gefälle des *Chréndelis* hat sich das mit großer Gewalt herabstürzende Wasser tief in den Felsen eingeschnitten und senkrechte Uferwände[9] gebildet, so daß das Bett nur auf Brücken zu überqueren ist. Entsprechend heißt das Gelände am unteren Bach *Gefýria tú Chréndeli* (»Brücken des Chréndelis«). Im Gebiet der *Kellíen Hágios Stéfanos* und *Hágios Ioánnis Theológos*[10] stand früher am Oberlauf des Baches eine mit Wasserkraft betriebene Sägemühle. Das Kloster besaß weiterhin eine jetzt verlassene Wassermühle am linken Ufer des Baches *Megálos Lákkos* (Μεγάλος Λάκκος, Grenze zum Klostergebiet von *Símonos Pétras*)[11]. Unweit östlich des Klosters

— 167 —

liegt jene Grotte mit Höhlenbach, in welcher der spätere Gründer des *Klosters Grigoríu*, der *Hósios* (selige) *Grigórios*[12], anfänglich als Asket lebte. Oberhalb dieses Gebietes befindet sich das *Káthisma Panagía* (Κάθισμα τῆς Παναγίας)[13], das sich möglicherweise aus der damaligen gemeinsamen Kirche, dem *Kyriakón* (Κυριακόν = Haus des Herrn) der um Grigórios lebenden Einsiedler, entwickelt hat. Im Klostergarten östlich des *Katholikón* steht eine schöne alte Palme[14].

Das Kloster wurde 1892–1900 (Abb. 144)[15] um mehr als das Doppelte erweitert. Wie aus der Zeichnung von BARSKIJ (20 x 31[9] cm) hervorgeht, war das Kloster vor dem Brand von 1761[16] klein und eng und mit einem einzigen Dach überdeckt. Diese Form hatte es wahrscheinlich durch einen Wiederaufbau im Jahre 1497[17] erhalten. Die Anpassung des ursprünglichen Komplexes an die Formation des Felsbodens zeigt, in welch weiser Art mit den sparsamsten Mitteln gebaut wurde. Auch der südliche Innenhof, der durch einige Aufschüttungen nach Westen, zum Meer hin, geneigt wurde, um durch ein Gefälle den Wasserabfluß zu begünstigen, läßt dieses Prinzip erkennen. Die Gebäude aus den Jahren 1892–96 sind auf Substruktionen errichtet, während der neuere große Nordhof nach erheblichen Abarbeitungen des Felsgrundes entstand. Am Fuß des Felsens, unterhalb der südwestlichen Kellíen-Außenwand, erhebt sich die noch zinnenbewehrte Ruine einer Mauer, die vielleicht den ehemaligen *Arsanás* ("Ψ₁") befestigte.

Der *Arsanás* des Klosters (Ἀρσανᾶς = Bootshafen, Markierung "Ψ") nimmt die nordöstliche Spitze der *Bucht* von *Grigoríu* (Ὅρμος Γρηγορίου), die BARSKIJ lobend erwähnt[18], ein.

Das Kloster wird durch Brunnen und eigene Quellen, die in einem oberirdisch gemauerten Aquädukt mit natürlichem Gefälle herangeführt werden und oberhalb des Klosters in einer großen gedeckten Zisterne enden, mit Wasser versorgt.

Steingepflasterte Maultierpfade verbinden *Grigoríu* mit den übrigen Klöstern: Ein schwer begehbarer Weg läuft oben an der Felsküste entlang zu den *Klöstern Dionysíu* und *Símonos Pétras*; ein weiterer führt in steilen Windungen zum *Kellíon Theológos* und zum *Hauptweg* der Halbinsel, der alle südlichen Klöster mit *Karyés* verbindet.

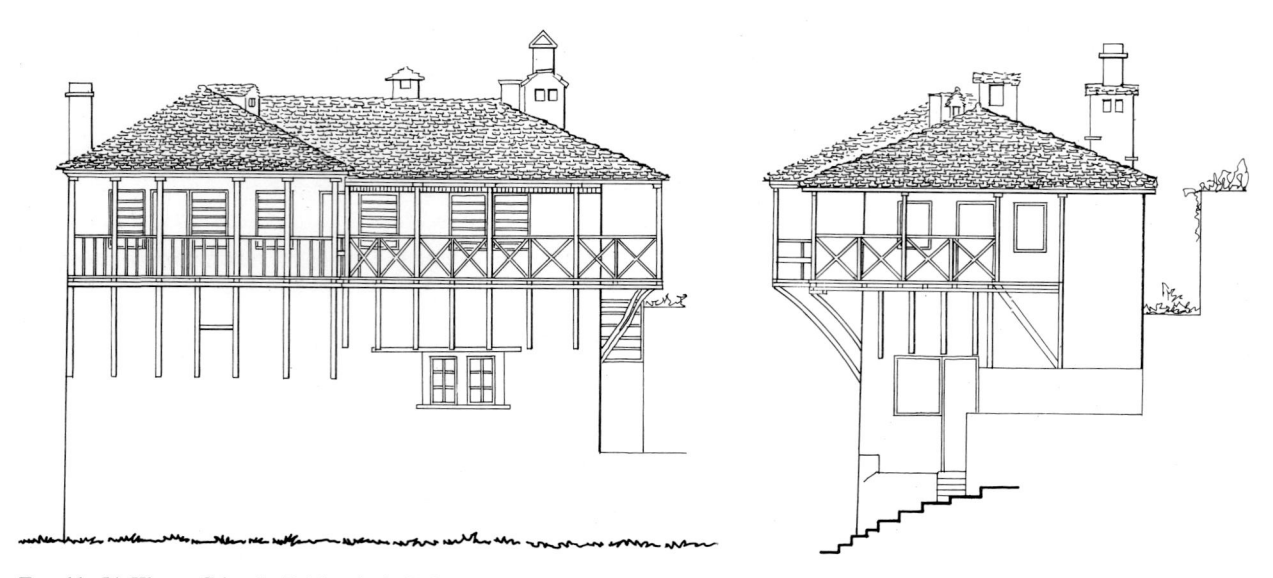

Textabb. 54. Kloster Grigoríu. Zeichnerische Rekonstruktion eines Arbeiterhauses außerhalb des Klosters aus dem Jahre 1850 (*The Mylonas Archives*).

ANMERKUNGEN ZUM KLOSTER GRIGORÍU

1. – BARSKIJ, III, S. 380, schätzt die Fläche folgendermaßen ein: Man benötigt für die Durchquerung in der Länge eineinhalb Stunden zu Fuß und genau so lange, um vom Meer zum Berg emporzusteigen.

2. – s. eine Beschreibung der Grenze zum *Kloster Símonos Pétras* auch in einer gefälschten Urkunde des Johannes Ugleš, in: SMYRNÁKIS, S. 94 und KASIĆ, *Despot Uglješa*, S. 29–63; vgl. *ACTES, Dionysiou*, S. 6; *ETBA*, 1991; CHRYSOCHOÍDIS, S. 264, 380; kurze Erwähnung im *Begleittext* zum *Kloster Watopédi*, Anm. 6.

3. – *Beïlídikos Drómos* (Μπεηλίδικος Δρόμος): siehe den *Begleittext* zum *Kloster Watopédi*, Anm. 2.

4. – GAWRIÍL, *Dionysíu*, S. 212; WARLAÁM, *Grigoríu*, S. 26–140: Urkunden aus der Zeit zwischen 1775 und 1929 beziehen sich auf den Wald des Klosters; mit einer Karte des ganzen klösterlichen Gebietes des Heiligen Berges, vgl. hier Textabb. 55.

5. – SMYRNÁKIS, S. 629: geschätzte Höhe des Felsens 8–10 m; BARSKIJ, III, S. 357, schätzt die Höhe auf 5–6 Klafter, das sind 9–11 m, und lobt die feste Fundamentierung auf dem Felsen. Die tatsächliche Höhe des Felsens muß, bevor er bei der Anlage des alten Hofes aufgeschüttet worden war, mindestens 20 m betragen haben. Die Höhe des Felsens hindert die Mönche allerdings nicht am Fischen, s. BARSKIJ, III, S. 358 und Zeichnung. Auf S. 357 gibt uns BARSKIJ folgende Information: (das Kloster) »hat eine runde Form, auf der Nordwand befindet sich ein eisernes Tor und ein Wehrturm auf derselben Wand ... es unterscheidet sich von allen anderen Klöstern auf dem heiligen Berg, es ist dunkel im Inneren, ohne Vorhof und völlig zugedeckt, wie es auf dem Heiligen Berg üblich ist, mit einem einheitlichen Steindach« (aus Schiefer). Und ANGELÁKOS, S. 49: »mit einem einzigen, hölzernen Dach« (μονόσκεπος καὶ ξυλόστεγος). Ein Beispiel für solch ein einheitliches Dach bietet heutzutage das *Kloster Rusánu* auf den *Meteóren*. Die Klosterform, die BARSKIJ beschreibt, ist wahrscheinlich jene nach der Rekonstruktion des Jahres 1497 durch *Ospodáros Aléxandros* (SMYRNÁKIS, S. 630); es ist merkwürdig, daß TSIORÁN dazu nichts Konkretes sagt. NĂSTUREL, *Roumains*, S. 269–272, führt das Ereignis ebenfalls nicht an. Er erwähnt andere Herrscher mit dem Namen Aléxandros als Förderer des Klosters, die jedoch erst nach der Mitte des 16. Jhs. gelebt haben.

6. – ANGELÁKOS, S. 6.

7. – SMYRNÁKIS, S. 629.

8. – ANGELÁKOS, S. 9.

9. – ANGELÁKOS, S. 6.

10. – SMYRNÁKIS, S. 631.

11. – SMYRNÁKIS, S. 631; s. auch *ETBA* 80–81, Karte.

12. – BARSKIJ, III, S. 357: »das Kloster ... wird Grigoríu genannt, nach dem Namen seines ersten Besitzers, dem heiligen und ehrwürdigen Vater Grigórios dem Jungen, der ursprünglich dort umherirrte ...«

13. – SMYRNÁKIS, S. 629.

14. – ANGELÁKOS, S. 12: die einzige Palme auf dem Heiligen Berg. Heute gibt es Palmen auch in *Xenofóntos, Hágios Panteleímon* u. a.

15. – SMYRNÁKIS, S. 630; THEOCHARÍDIS, *Grigoríu*, S. 257, Bild 1, Skizze der Bauphasen.

16. – SMYRNÁKIS, S. 630; ANGELÁKOS, S. 49 f.: »das ganze Kloster und die Kirche brannten ab, und die alten Reste des Klosterbaus verschwanden.«

17. – KOMNINÓS, S. 85; BARSKIJ, III, S. 326; SMYRNÁKIS, S. 630; BODOGAE, S. 280; NĂSTUREL, *Roumains*, S. 270–271.

18. – BARSKIJ, III, S. 358-359: »Dieses Kloster übertrifft mit dem Bootshafen alle Klöster auf dem Heiligen Berg, weil es über einen Golf verfügt, d. h. eine breite, tiefe und lange Meeresbucht ... Am Arsanás, wo die Schiffe an Land gezogen werden, gibt es Zellenhospize...«

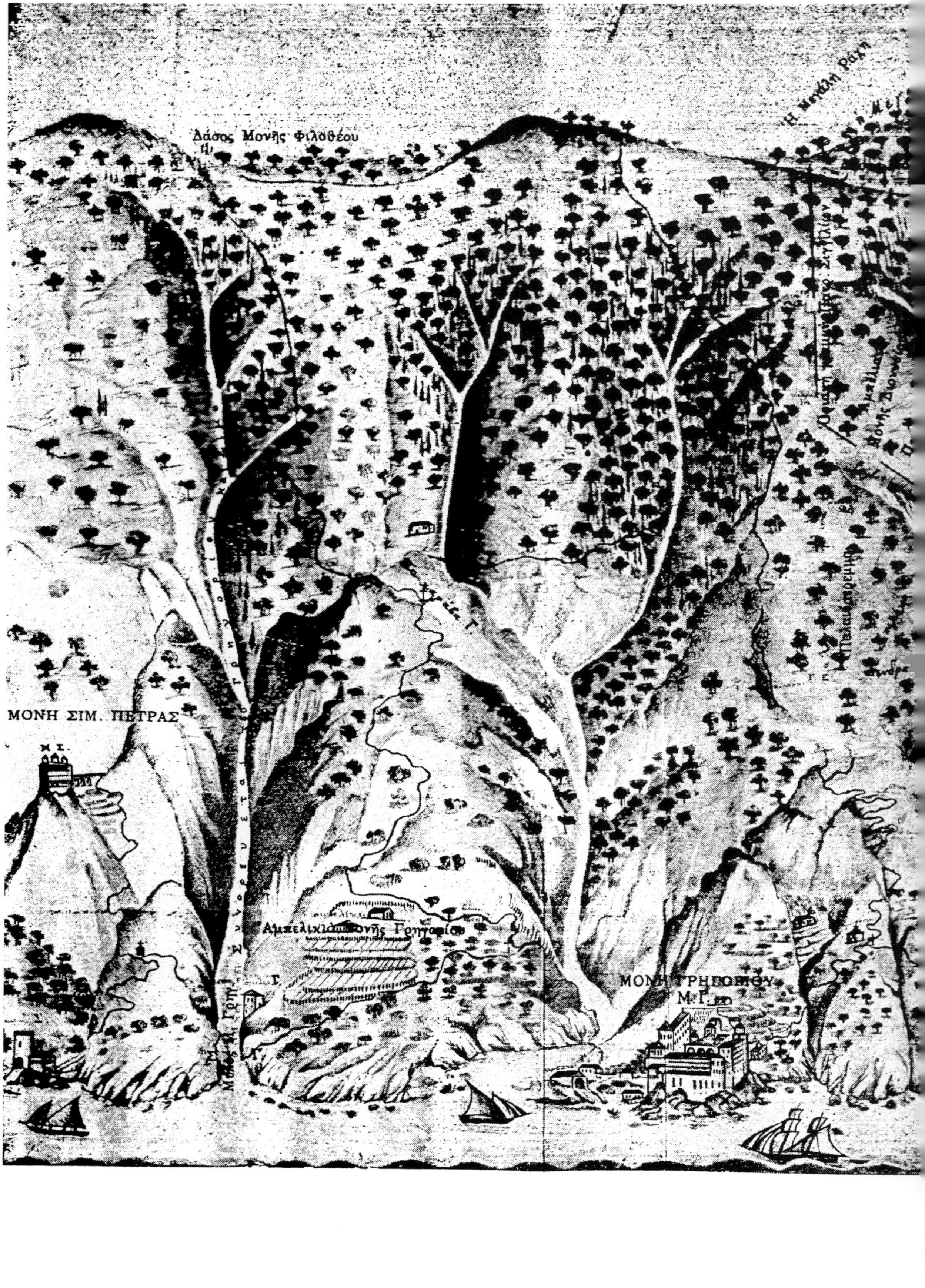
Δάσος Μονῆς Φιλοθέου
ΜΟΝΗ ΣΙΜ. ΠΕΤΡΑΣ
Ἀμπελικὰ Μονῆς Γρηγορίου
ΜΟΝΗ ΓΡΗΓΟΡΙΟΥ
Ἡ Μεγάλη Ράχη

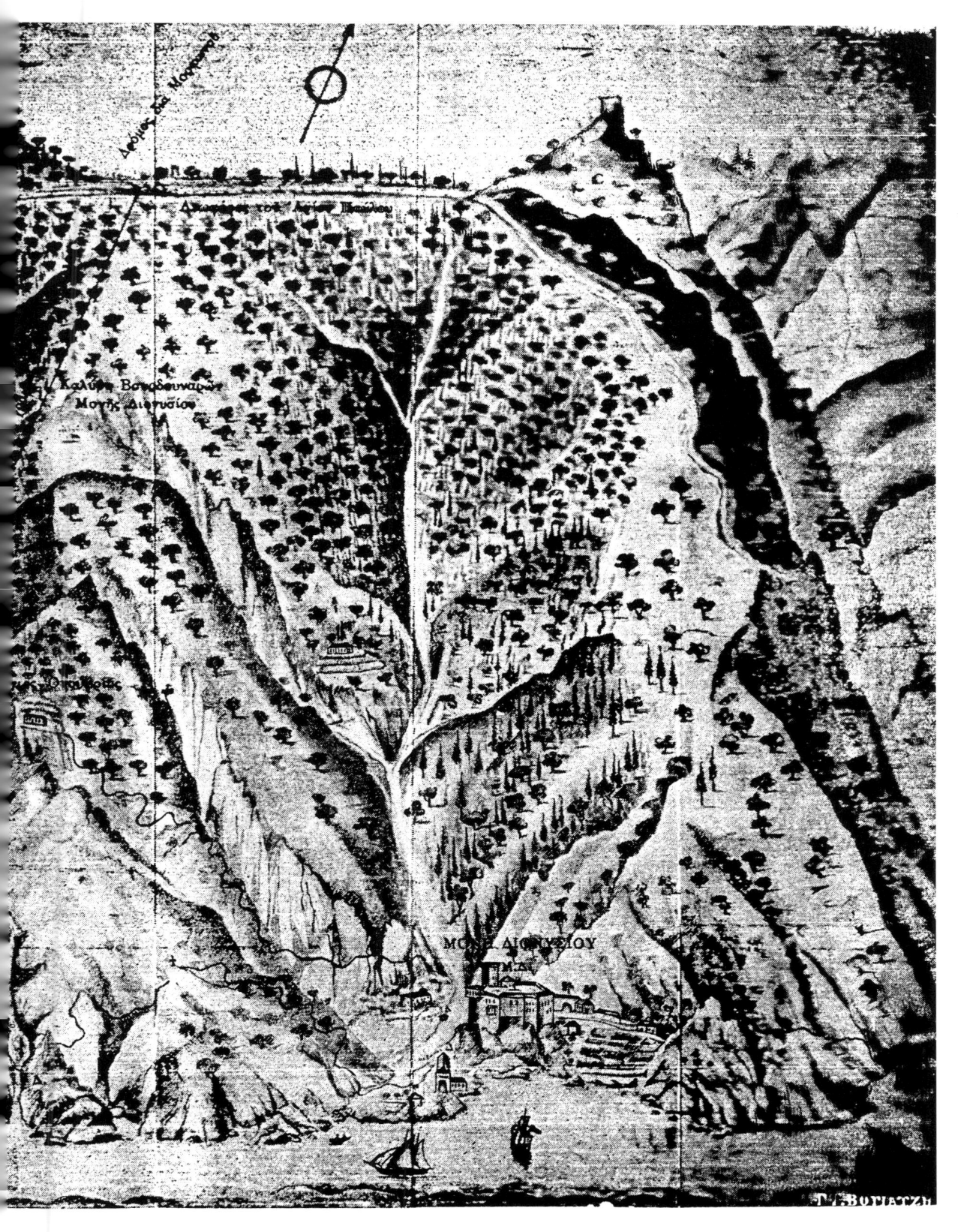

Textabb. 55. Zeichnung des russischen Athos-Mönches Gennádios aus dem Jahre 1847, die den Landbesitz des Klosters Grigoríu wiedergibt (Aus: WARLAÁM, *Grigoríu*, Frontispiz).

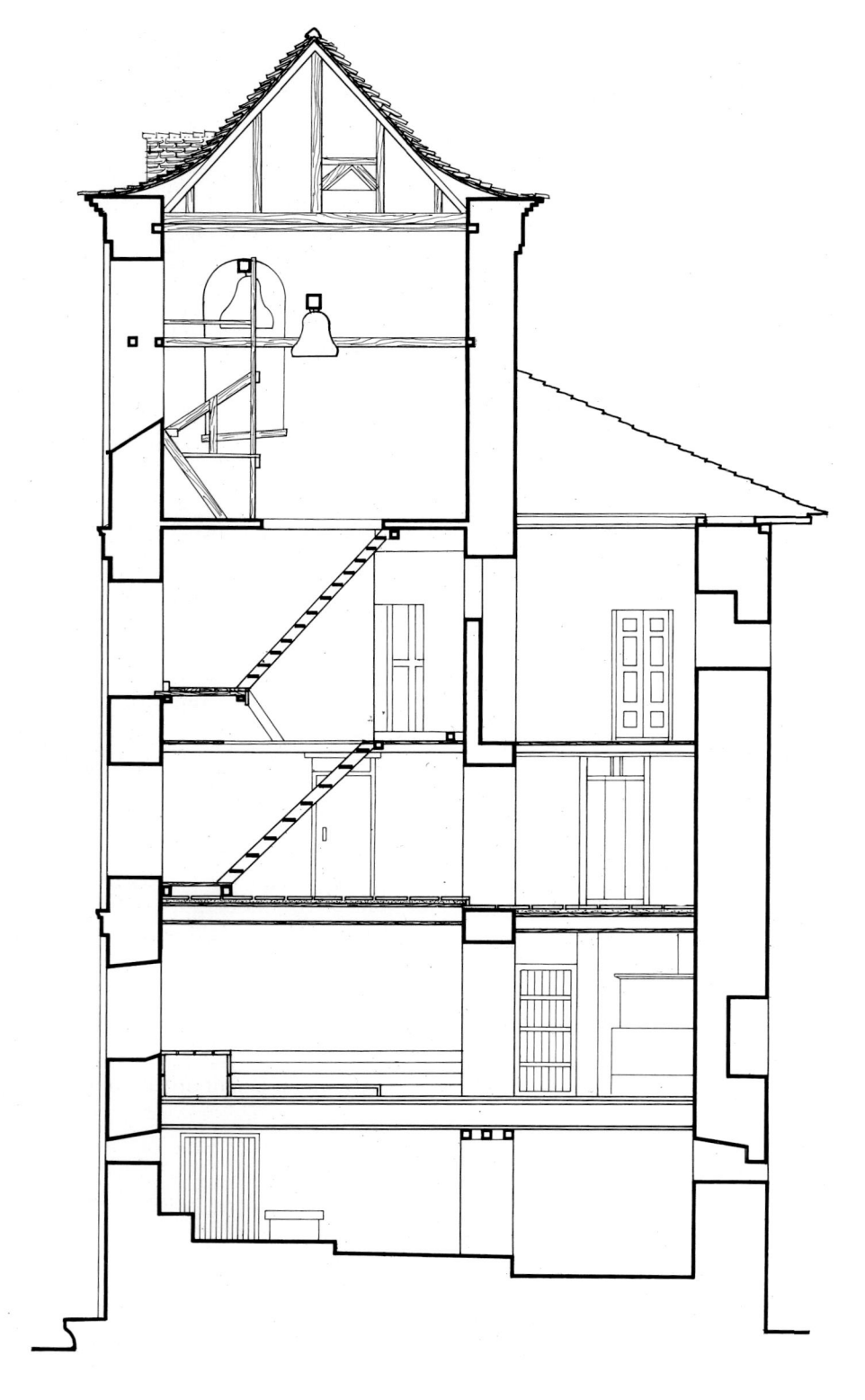

Textabb. 56. Kloster Grigoríu. Glockenturm, Schnitt (*The Mylonas Archives*).

18. – KLOSTER ESFIGMÉNU
(DES EINGEENGTEN [MÖNCHES ODER ORTES])

CHRISTI HIMMELFAHRT

(HEFT II, ABB. 145–150 • HEFT III, TAF. 118.1)

Geographische Länge vom Meridian Athens aus (Außentorschwelle)	≅	00°25´20⁴⁰˝
Geographische Breite (Außentorschwelle)	≅	40°21´21⁰⁰˝
Höhe über dem Meeresspiegel (Außentorschwelle)	≅	6,20 m
Fläche des gesamten Herrschaftsgebietes des Klosters	≅	555 ha
Fläche des Klosterbezirkes und des unmittelbar angrenzenden bebauten Gebietes	≅	5 ha
Gesamtfläche innerhalb der Außenmauern des Klosterbezirkes	≅	6.980 m²
Gesamte bebaute Fläche innerhalb der Außenmauern (Gebäude)	≅	4.480 m²
Freiflächen innerhalb der Außenmauern des Klosters (Höfe)	≅	2.500 m²
Maximale Ausdehnung in Länge und Breite (auf 5 m gerundet)	≅	110 m x 70 m

Das gesamte Herrschaftsgebiet des *Klosters Esfigménu* liegt im Nordwesten der Halbinsel, an den Nordosthängen des zentralen Gebirges. Seine Südostgrenze stößt an das Gebiet des *Klosters Watopédi*; sie zieht sich den Kamm des *Amateró* (Ἀματερό)[1] entlang und dann zur Küste hinunter, wo sie östlich der Kirche *Hágii Pántes* (Ἅγιοι Πάντες = Allerheiligen) von *Palaiochóra* (Παλαιοχώρα = Altes Land oder Alte Stadt) an der *Hýption Wrakíon* oder *Wrachíon*[2] (Ὕπτιον Βρακίον ἢ Βραχίον = auf dem Rücken liegende Hose oder Klippe) genannten Klippe endet. Die Südgrenze läuft am Territorium des *Klosters Zográfu* entlang, vom Kamm des *Amateró* (405 m) bis zum Sattel des Gebietes *Marmarénios Stawrós* (Μαρμαρένιος Σταυρός = Marmornes Kreuz). Die Grenze zum *Kloster Chelandári* im Westen folgt dem Kamm der Hügel *Gribowítsa*[3] (Γριμποβίτσα, 271 m) und *Megáli* (Große) *Samária* (Μεγάλη Σαμάρεια, 144 m); hier gab es im 18. und 19. Jh. einen Zaun, der die Gebietsgrenze markierte und damit jene Streitigkeiten um Landbesitz erkennen ließ, die zu seiner Aufstellung geführt hatten[4]. Anschließend folgt die Westgrenze dem Bach *Kakós Rýax* (Κακὸς Ῥύαξ = Schlechter Bach), wendet sich dann nach Nordosten, trennt die *Megáli* (Große) *Samária* (Esfigménu) von der *Mikrí* (Kleinen) *Samária* (Chelandári) und erreicht an der kleinen Bucht *Sarantakúpi*[5] (Σαραντακούπης = Vierzig Ruderstangen) die Küste. Die Nordgrenze wird vom *Strymonischen Golf* und dem *Thrakischen Meer* gebildet.

Die *Klosteranlage* liegt eingeengt – daher vielleicht der Name (griech. sfigménos = gedrückt) – zwischen dem Meeresufer mit schmalem Sandstrand (Abb. 148) und den Hügeln *Megáli Samária* und *Gribowítsa* sowie der Anhöhe mit dem *Káthisma Zoodóchos Pigí* (Κάθισμα Ζωοδόχος Πηγή = Lebensquell, 101 m, Abb. 145–147). Ein namenloser Bach mündet am Fuß des steilen Südosthanges der *Samária* am Nordende des Strandes. Hier befinden sich auch der ehemalige *Arsanás* (Ἀρσανάς = Bootshafen, Markierung "Ψ") des Klosters, der 1892 verschüttet wurde, sowie der *Neue Arsanás* ("Ψ₁"), der den alten bereits 1893[6], gleich nach dessen Zerstörung, ersetzte. Der Bach umspülte früher anscheinend die Südmauer des Komplexes, bis der neue Südeingang mit einer kleinen Brücke davor gebaut und das Gelände auf dieser Seite angeschüttet wurde. Hier liegt heute der Klostergarten[7]. Die Wahl dieses Standortes zwischen Strand und Bachbett erklärt sich durch den gewissen Schutz, den der Bach ehemals der Klostersüdseite bot.

Das Kloster wird aus einer 500 m weiter östlich gelegenen Quelle mit dem Namen *Mána tú Nerú* (Μάνα τοῦ Νεροῦ = Mutter des Wassers) mit Wasser versorgt. Diese Quelle entsprang infolge eines Wunders, das der Abt *Grigórios Palamás* wirkte (um 1335). Außerdem gibt es eine Zisterne auf der Anhöhe der *Zoodóchos Pigí,* die alle Räume des Komplexes mit fließendem Wasser versorgt[8]. Es sei angemerkt, daß der Brunnen vor der *Trápeza* (Refektorium) »Brunnen des Grigórios Palamás« genannt wird.

Über dem Bach in der Nähe des *Arsanás* steht eine kleine bogenförmige Brücke, die auch in der Zeichnung BARSKIJs (24[2] x 35[8] cm) deutlich zu sehen ist[9].

Östlich des Klosters erstreckt sich die halbrunde *Hagíon-Theodóron-Bucht* (Ὅρμος Ἁγίων Θεοδώρων). Sie wird im Osten von der gleichnamigen Landzunge (27 m) begrenzt, auf der eine *Kirche der Hágii Theódori* steht. In der als Fischereihafen genutzten Bucht sind *Thinniá* (Θυννιά = Stufenanlagen) als Warteposten zum Beobachten der Fischschwärme errichtet. Die Fischerei zählt zu den wichtigen körperlichen Arbeiten der Klosterinsassen[10].

Etwa 1,5 km östlich der *Hagíon-Theodóron-Bucht* findet sich die verlassene *Skíti Palaiochóra Esfigménu* mit der den Allerheiligen geweihten Kirche *Hágii Pántes* (1743). Die Skíti steht auf den Ruinen antiker Gebäude, wahrscheinlich Resten der antiken Stadt *Olófyxos* (Ὀλόφυξος). Westlich davon liegt die Ruine des alten *Klosters Theotóku tón Plakíon* (τῆς Θεοτόκου τῶν Πλακίων = Gottesmutter der Plakier)[11].

Etwa 0,5 km westlich des Klosters, in einem Tal zwischen den Hügeln *Megáli Samária* und *Gribowítsa*, ist die Ruine einer großen *Hágios-Dimítrios-Kirche* (s. Plan, Markierung "K.A.Δ.") erhalten, die als das *Kyriakón* (Κυριακόν = Haus des Herrn, Kirche einer Mönchssiedlung) einer ehemaligen Skíti angesehen wird[12].

Auf der *Megáli Samária* befinden sich die Ruinen einer weiteren Siedlung (Skíti). Heute werden hier erneut Einsiedeleien errichtet. In den Steilwänden am Ostrand der *Megáli Samária*, oberhalb der Bachmündung, liegt die Höhle des *Hágios Antónios Róssos* (des Russen) oder *Kiewospilaiótis* (Höhlenbewohner aus Kiew) oder *Petscherski* (Ἅγιος Ἀντώνιος ὁ Ρῶσσος ἢ Κιεβοσπηλαιώτης ἢ Πετσέρσκι, 56 m)[13] und etwas weiter oben eine Kirche des 19. Jhs. mit einem *Kellíon* (Plan, Markierung "ΑΑΠ"). Die Lebensweise nach der könobitischen Regel und das Eremitentum sind im Gebiet von *Esfigménu* eng miteinander verbunden.

Im 19. Jh. wurde das Kloster erweitert, wie aus den Jahreszahlen der Gebäude und aus der Zeichnung von BARSKIJ hervorgeht. BARSKIJ gibt das Kloster in seinem Zustand um die Mitte des 18. Jhs. wieder, vermutlich mit Anbauten aus der Zeit des Wiederaufbaus nach der Katastrophe von 1533[14]. Bei der großen Erweiterung von 1854–58 wurde ein beträchtlicher Teil des *Zoodóchos-Pigí-Hügels* abgetragen[15]. Man kann sagen, daß dies auf dem *Athos* die erste und einschneidendste Äußerung der 'modernen' Einstellung ist, aus praktischen Gründen die natürliche Umwelt unsinnig zu zerstören.

Ein alter steingepflasterter Weg wendet sich jenseits des *Zoodóchos-Pigí-Hügels* ostwärts zum *Kloster Watopédi* und dann weiter nach *Karyés*. Ein zweiter führt nach Süden auf den Sattel *Marmarénios Stawrós* (Μαρμαρένιος Σταυρός, 386 m) und trifft dort auf den *Hauptweg* des *Athos* nach *Karyés*. Etwa 0,5 km südlich des *Marmarénios Stawrós* zweigt von diesem zweiten Weg ein Steinpflasterweg ab, der durch die Schlucht *Wagenokamáres* (Βαγενοκαμάρες = Walzenförmige Kuppeln) zum *Kloster Zográfu* und seinem *Arsanás* am *Singitischen Golf* führt. Angesichts der Tatsache, daß der Weg zwischen *Esfigménu* und *Zográfu* eine der wenigen Verbindungen zwischen den beiden Küsten darstellt, ist zu vermuten, daß der Vorgänger des *Klosters Esfigménu* aus einer Bootsanlegestelle am Anfang des Weges zur Küste des *Singitischen Golfes*[16] bestand, zumal es an dieser Stelle einen alten Schöpfbrunnen gab und auch heute noch gibt[17].

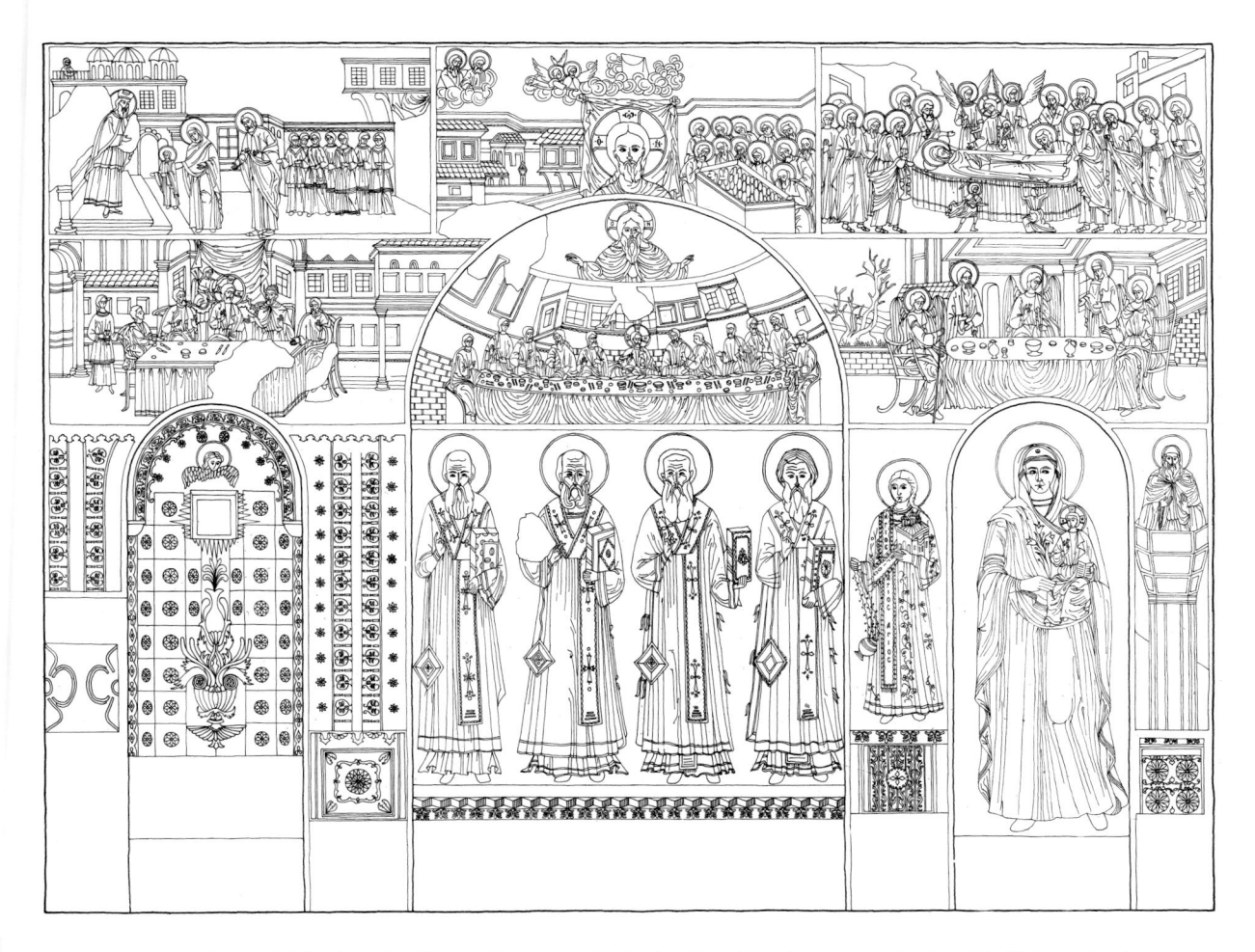

Textabb. 57. Trápeza (Refektorium) des Klosters Esfigménu. Nische des Abtes, Umzeichnung der Fresken (*The Mylonas Archives*).

ANMERKUNGEN ZUM KLOSTER ESFIGMÉNU

1. – Beschreibung der Grenze zu *Watopédi*: SMYRNÁKIS, S. 653 f.; Karte von 1845 mit den Grenzen von *Esfigménu* in: *ACTES*, S. 14.
2. – *Hýption Wrakíon*: SMYRNÁKIS, S. 635.
3. – *Gribowítsa* bei SMYRNÁKIS, S. 639; hingegen ATHANÁSIOS, *Esfigménu*, S. 11: *Gribówitsa*, mit dem Akzent auf dem "o".
4. – *ACTES*, S. 13.
5. – SMYRNÁKIS, S. 636.
6. – ATHANÁSIOS, *Esfigménu*, S. 40.
7. – ATHANÁSIOS, *Esfigménu*, S. 47.
8. – BARSKIJ, I, S. 12, berichtet, daß das Kloster »beim gesunden und süßen Wasser liegt, das von den Bergen herabfließt«. Dieser Satz kann nur bedeuten, daß das Kloster sein Wasser direkt aus dem Bach bezog. THEODÓRITOS (GEDEÓN, *Athos*, S. 314) beschreibt die Wasserversorgung des Klosters zu Anfang des 19. Jhs.
9. – Das Datum 1846, das versehentlich bei diesem Brücklein auf Tafel 118.1 vermerkt ist, bezieht sich auf die große südliche Brücke, die vor dem Haupteingang liegt.
10. – SMYRNÁKIS, S. 657.
11. – SMYRNÁKIS, S. 448, 635; ATHANÁSIOS, *Esfigménu*, S. 43; *ACTES*, Nr. 1, Z. 3, 30.
12. – *ACTES*, 13; SMYRNÁKIS, S. 639, hält sie für das *Katholikón* des mythischen ursprünglichen *Klosters der Pulchería*; ebenso GEDEÓN, *Athos*, S. 313. Vorläufige Veröffentlichung der Ruine bei USPENSKIJ (*Pervoe Putesestvie*, S. 337), der sie für das älteste christliche Baudenkmal auf dem Athos hält (*Istorija*, S. 88). Detaillierter Plan in: MELÉTI, Bd. IV; s. auch *ACTES*, S. 16–17.
13. – *ACTES*, S. 16–17: Tatsachen, die die überlieferte Beziehung von Antónios zu *Esfigménu* in Frage stellen.
14. – GEDEÓN, *Athos*, S. 192; *ACTES*, S. 27: 1534 & 1533. Im Westtrakt gibt es eine Marmortafel mit Inschrift, die fälschlich als 1111 oder 1121 (SMYRNÁKIS, S. 640; *ACTES*, S. 9) gelesen wurde. Diese Jahreszahlen können nicht zutreffen, da in dieser Epoche die Zeitrechnung nach Christi Geburt noch nicht gebräuchlich war. Der Autor hat 1988 mit Erlaubnis des Abtes die Tafel von den Kalkablagerungen befreit, sie gelesen und fotografiert: 1771, ein Datum, das mit dem Stil des Baus übereinstimmt.
15. – SMYRNÁKIS, S. 640.
16. – USPENSKIJ, *Istorija*, S. 88 (zitiert in: *ACTES*, S. 13, Anm. 2) betont die strategische Bedeutung des Standortes von Esfigménu; s. auch die Beziehungen zu *Emmanuíl Papás* (Führer und Held des Aufstandes von 1821 auf der Chalkidikí). ATHANÁSIOS, *Esfigménu*, S. 71–78; MAMALÁKIS, *Die Revolution im Jahre 1821 auf der Chalkidikí* (Ἡ ἐπανάστασις εἰς τὴν Χαλκιδικὴν τὸ 1821), Thessaloniki, 1962; WAKALÓPULOS, *E. Papás*.
17. – ATHANÁSIOS, *Esfigménu*, S. 47. Der heutige Brunnen (Markierung "B4") entspricht vielleicht einem alten Schöpfbrunnen. Er befindet sich *intra muros* und neben der Kirche. Auf der BARSKIJ-Zeichnung ist vor dem *Nordtor* ein *Brunnenpavillon* zu sehen, was auf einen Brunnen auch außerhalb des Klosters hinweist. Hinsichtlich der alten Schöpfbrunnen und ihrer Bedeutung s. den *Begleittext* zum *Kloster Chelandári*, Anm. 18.

19. – KLOSTER PANTELEÍMON
(DES HEILIGEN PANTELEÍMON [DES ALLER-WOHLTÄTIGEN])

HEILIGER PANTELEÍMON – PATRONATSFEST: 27. JULI / 9. AUGUST

(HEFT II, ABB. 151–163 • HEFT III, TAF. 119.1)

Geographische Länge vom Meridian Athens aus (Außentorschwelle)	≅	00°28´59⁰² "
Geographische Breite (Außentorschwelle)	≅	40°14´12⁵⁰ "
Höhe über dem Meeresspiegel (Außentorschwelle)	≅	19,70 m
Fläche des gesamten Herrschaftsgebietes des Klosters	≅	2.731 ha
Fläche des Klosterbezirkes und des unmittelbar angrenzenden bebauten Gebietes	≅	15 ha
Gesamtfläche innerhalb der Außenmauern des Klosterbezirkes	≅	10.545 m^2
Gesamte bebaute Fläche innerhalb der Außenmauern (Gebäude)	≅	6.872 m^2
Freiflächen innerhalb der Außenmauern des Klosters (Höfe)	≅	3.673 m^2
Maximale Ausdehnung in Länge und Breite (auf 5 m gerundet)	≅	140 m x 85 m

Das Herrschaftsgebiet des *Klosters Panteleímon*[1] liegt etwa in der Mitte der Halbinsel, an den Südwesthängen des zentralen Gebirges. Im Nordwesten verläuft die Grenze zum Territorium des *Klosters Xenofóntos* den großen Bach *Púrantas* (Πούραντας)[2] entlang. Die Nordostgrenze stößt an die Gebiete der Klöster *Pantokrátor und Kutlumusíu* und folgt dem *Hauptweg des Athos, dem Beïlídikos Drómos* (Μπεηλίδικος Δρόμος)[3], einem steingepflasterten Maultierweg, der am Gebirgskamm entlangführt. Die Südostgrenze scheidet das Territorium sowohl von dem des *Klosters Kutlumusíu*, im Gebiet *Anapapsiá* (Ἀναπαψιά), als auch von dem des *Klosters Xiropotámu*; hier folgt sie einem Bach, der anschließend westlich des *Kellíon des Hágios Athanásios von Alexándria* weiterfließt. Die Südwestgrenze wird vom *Singitischen Golf* (Singitikós) oder *Golf des Hágion Óros* gebildet.

Das Kloster liegt an einer ebenen windgeschützten Stelle direkt am Meer, am Ostufer des Baches *Púrantas* (Abb. 151–153). Die Anlage umfaßt den geschlossenen Klosterbezirk mit den Hauptgebäuden (Plan 1 : 500) sowie viele freistehende, unmittelbar angrenzende große Gebäude, so daß der Gesamtkomplex den Eindruck einer prachtvollen Stadt bietet (Gesamtplan 1 : 1.250, Abb. 151–152). Die Mehrzahl der Bauten entstand in der 2. Hälfte des 19. Jhs.; sie sind großzügig angelegt und enthalten alles Notwendige für eine fruchtbare geistige Beschäftigung des Mönches – Bibliothek, Druckerei, Photolabor, verschiedene Werkstätten, Schneidereien u. a. Der Stil der Bauten ist zwar sehr interessant, wird aber als fremd empfunden und unterscheidet sich auch tatsächlich vom übrigen Athos. Beachtung verdient unter anderem ein *Komplex von vier aneinandergereihten Mühlen*, die mit demselben Wasser betrieben werden. Sie liegen am Ostufer des *Púrantas*, in der Nähe des Klosters auf dem Weg zum *Paläomonástiro* (Παλαιομονάστηρο = Altes Kloster).

Das heutige Kloster wurde erst nach 1765[4] allmählich an seinen jetzigen Standort verlegt. Vorher standen hier am Meer das *Monýdrion* (Μονύδριον = Klösterchen) *Anastáseos* (Ἀνάσταση = Auferstehung Christi, Abb. 153) von 1677[5] sowie der *Turm tú Thessaloníkeos* (Πύργος τοῦ Θεσσαλονικέως = des Mannes aus Thessaloníki) nahe am *Bootshafen, Arsanás,* des damaligen *Klosters des Hágios Panteleímon*, dort, wo sich heute die *Kapelle der Theotókos* (Gottesmutter) befindet[6].

Das Kloster wird durch einen Brunnen, der sich auf 300 m Höhe in den nördlichen Hängen befindet und *Dobro Voda* (Russisch für »Gutes Wasser«) genannt wird, mit Wasser versorgt. Das Wasser wird durch einen gemauerten Aquädukt zu einem großen geschlossenen Behälter geleitet. Dieser Behälter ersetzt einen älteren aus dem letzten Jahrzehnt des 19. Jhs. und liegt nördlich des Nordflügels auf solch einer Höhe, daß auch die höheren Stockwerke des Klosterkomplexes mit Wasser versorgt werden können.

Das ursprüngliche Kloster lag 3 km vom Meer entfernt im jetzt *Paläomonástiro* (Altes Kloster, Abb. 160–161) genannten Gebiet, am linken Ufer des Flusses und an der Straße nach *Karyés*, in einem schönen, verborgenen Tal. Hier finden sich noch Ruinen jenes *Alten Klosters Rossikó* (Παλαιὸ Ρωσσικό) sowie eine imposante Kirche der russischen Neo-Renaissance und ein mehrmals (endgültig im Jahre 1871) erneuerter Ostflügel[7]. Das *Alte Rossikó* verfiel, als Werkstücke davon zum Bau des neuen Klosters am Meer verwendet wurden. Die Gebäude, die heute im Gebiet *Paläomonástiro* zu sehen sind, wurden erst im letzten Viertel des 19. Jhs. errichtet. Die letzte Phase des alten *Klosters Hágios Panteleímon* im 18. Jh. hat BARSKIJ in einer Zeichnung (19^5 x 31^8 cm) festgehalten.

Dem Kloster gehört auch das Gebiet der *Chrumítsa* (Χρουμίτσα) am Nordwestende der Halbinsel; dessen Name leitet sich her von dem ehemaligen Kloster *Chromatióssa* oder *tís Chromaitíssis*[8] oder besser *Chromitíssis* oder der *Archóntissa* (Edelfrau) *Chrom(itíssis)* mit »o«, wie es schon auf Urkunden aus dem Jahre 980 und aus dem 11. Jh. erwähnt wird (Abb. 162)[9]. Die *Chrumítsa* endet im Westen an dem großen Bach *Stawrólakkos* (Σταυρόλακκος = Kreuzbach) und damit an der Grenze der Mönchsrepublik. Im Norden erstreckt sie sich bis zur Gebietsgrenze des *Klosters Chelandári* auf dem Kamm der Gebirge *Megáli Wígla* (Μεγάλη Βίγλα = Große Wache, 510 m) und *Karaúli* (Καραούλι = Wache) oder *Korfúles* (Κορφούλες = Kleine Bergspitzen, 402–404 m). Im Osten wird sie vom Gebiet *Monoxylítis* (Μονοξυλίτης = Kapitän eines pirogenartigen Bootes) durch einen Bach geschieden, der von den Höhen der *Kutsupiá* (Κουτσουπιά = Judasbaum, 345–354 m) herabkommt und östlich der *Thiwaís* (Θηβαῖς) ins Meer mündet. Im Südwesten reicht die *Chrumítsa* bis an den *Singitischen Golf*.

Weitere dem Kloster unterstehende Gebiete auf der Halbinsel sind die *Néa Thiwaís* oder *Gurunoskíti* (Γουρουνοσκήτη = Schweineskíti, Abb. 163) an der südlichen Küste zwischen *Chrumítsa* und *Arsanás Zográfu* sowie die *Skíti Wogoróditsa* (Βογορόδιτσα = Gottesmutter auf Russisch), eine Enklave im Gebiet des *Klosters Pantokrátor*. Die *Skíti Wogoróditsa* ist als Nachfolgerin jenes ehemaligen *Klosters Xylurgú*[10] (τοῦ Ξυλουργοῦ = des Schreiners) anzusehen, dessen russische Insassen 1169 in das seit dem 10. Jh. griechische *Kloster Panteleímon* übersiedelten.

Zwei Wege verbinden das Kloster mit *Karyés*: Der eine geht zum *Paläomonástiro* und von dort weiter nach Nordosten, überquert den Gebirgskamm im Gebiet *Kátsari* (Κάτσαρι) und führt zur *Skíti Hágios Andréas* und nach *Karyés* hinunter. Der zweite ist der Steinpflasterweg über das *Kloster Xiropotámu*. Außerdem gelangt man auf einem steingepflasterten Küstenweg zu den *Klöstern Xenofóntos* und *Dochiaríu* im Nordwesten und weiter zum Gebiet *Chrumítsa* und schließlich nach *Uranúpolis* (Οὐρανούπολις).

ANMERKUNGEN ZUM KLOSTER PANTELEÍMON

1. – *ACTES*, S. 6: Hypothese, daß es 998 oder noch früher ein *Kloster Hágios Panteleímon* unter dem Abt *Leóntios Thessalonikaios* (mit αῖ) gegeben habe, welches Μονὴ τοῦ Θεσσαλονικέως oder, S. 7, τῶν Θεσσαλονικέων genannt wurde. Der KATASTATIKÓS CHÁRTIS HAGÍU ÓRUS, S. 32, erwähnt die offizielle Benennung des Klosters, nämlich »Hierá Moní tú Rossikú« (Ἱερὰ Μονὴ τοῦ Ῥωσσικοῦ = Heiliges Kloster der russischen [Gemeinde]).

2. – SMYRNÁKIS, S. 663.

3. – *Beïlídikos Drómos* (Μπεηλίδικος Δρόμος): s. den *Begleittext* zum *Kloster Watopédi*, Anm. 2.

4. – SMYRNÁKIS, S. 662; WLÁCHOS, S. 316: Datierung auf 1760; *ACTES*, S. 4: »à partir des années soixante du XVIIIe siècle«.

5. – WLÁCHOS, S. 316, nennt das *Monýdrion* »der Análypsis« (Christi Himmelfahrt). SMYRNÁKIS, S. 662: Auf 50 Schritte geschätzte Entfernung vom alten *Monýdrion* zu den ersten Gebäuden des neuen Klosters, von denen nur der Südwesttrakt erhalten, jedoch nach dem Brand von 1970 schlecht restauriert ist. Siehe auch MYLONÁS, P., »Unbekannte Darstellungen des unbestimmbaren ›Monýdrion der Anastásis‹ an der Küste des Rossikon-Klosters« (Ἄγνωστες ἀπεικονίσεις τοῦ ἀπροσδιόριστου »Μονυδρίου τῆς Ἀναστάσεως« στὴν παραλία τοῦ Ῥωσσικοῦ, στὸ Ἅγιον Ὄρος), in: 15. Symposion B.NB.A.K., Athen, 1995, S. 48–49.

6. – SMYRNÁKIS, S. 662, 670. Auf Smyrnákis sowie auf einen Text, der höchstwahrscheinlich von THEODÓRITOS geschrieben wurde (*ACTES, Kutlumus*, ²1988, S. 242, 244, Zeile 156), verweisen auch *ACTES*, S. 6 und Anm. 4. BARSKIJ, III, S. 304 f., berichtet: *Weit* (d. h. vom Alten Kloster) *entfernt, ungefähr eine Stunde am Strand entlang, gab es einen Arsanas* (= Bootshaus und Hafen) *und kleine Schiffe und Boote. Ebenso eine Mühle mit Garten und auch Zellen für ihre notwendigen Belange. Dort befand sich auch ein hoher und mächtiger Turm, schon in alter Zeit erbaut, mit Kanonen, so wie auch in den anderen Klöstern. Aufgrund seines hohen Alters oder von Erdbeben gab der Boden nach und er blieb zerstört zurück.*

7. – Am Südende dieses Flügels steht ein *Pýrgos* (Turm) mit einer *Pródromos*-Kapelle im obersten Stockwerk, wo der serbische Prinz *Rastko* (Radislaw), der spätere *Hágios Sáwwas* und Erneuerer des *Klosters Chelandári*, seine Tonsur erhielt (SMYRNÁKIS, S. 486). Von dieser Kapelle aus warf Sáwwas seine weltlichen Kleider den Gesandten seines Vaters entgegen, die unverrichteter Dinge abziehen mußten (DOMENTIJAN, S. 54). Am nördlichen Ende dieses Flügels entdeckte man Teile einer byzantinischen Mauer, die »vor dem 12. Jahrhundert« (PAPAZÓTOS, *Topographie*, S. 131 und Skizze 4) datiert wird. BARSKIJ, I, S. 29, beschreibt das Alte Katholikón und sagt, »... es hatte einen Marmorfußboden mit Resten von bunten Marmorstücken.« Diese Information datiert den Boden ins 11. oder 12. Jahrhundert. Weiterhin erzählt BARSKIJ, III, S. 300, daß das Katholikón »im Inneren eine Bemalung von einem alten berühmten Maler, genannt Panselinos, besaß.« Nach dieser Information kann die Bemalung ins 14. Jh. datiert werden.

8. – WLÁCHOS, S. 323; SMYRNÁKIS, S. 670.

9. – *ACTES, Zographou*, Nr. 1, Zeile 40 und *ACTES, Lavra*, I, Nr. 28, Zeile 22.

10. – *ACTES*, S. 8; SMYRNÁKIS, S. 675, zufolge liegen die Reste des ehemaligen *Klosters tú Xilurgú* (des Schreiners) unweit der jetzigen *Wogoróditsa* zwischen *Falakrú* und dem *Pantokrátor-Kloster*. Siehe auch den entsprechenden Text im *Begleittext* zum *Kloster Pantokrátor* und dort Anm. 11.

Textabb. 58. Die Fiáli (Weihbrunnen) des Klosters Hágios Panteleímon (*The Mylonas Archives*).

20. – KLOSTER KASTAMONÍTU
[DES KASTAMONÍTIS (GRÜNDER AUS KASTAMONÍ, IN PAPHLAGONIEN)]

ERZMÄRTYRER STEPHANUS – PATRONATSFEST: 27. DEZEMBER / 9. JANUAR

(HEFT II, ABB. 164–168 • HEFT III, TAF. 120.1)

Geographische Länge vom Meridian Athens aus (Außentorschwelle)	≅	00°27′23"73
Geographische Breite (Außentorschwelle)	≅	40°17′15"81
Höhe über dem Meeresspiegel (Außentorschwelle)	≅	216,25 m
Fläche des gesamten Herrschaftsgebietes des Klosters	≅	374 ha
Fläche des Klosterbezirkes und des unmittelbar angrenzenden bebauten Gebietes	≅	3 ha
Gesamtfläche innerhalb der Außenmauern des Klosterbezirkes	≅	3.384 m²
Gesamte bebaute Fläche innerhalb der Außenmauern (Gebäude)	≅	2.484 m²
Freiflächen innerhalb der Außenmauern des Klosters (Höfe)	≅	900 m²
Maximale Ausdehnung in Länge und Breite (auf 5 m gerundet)	≅	55 m x 65 m

Das gesamte Herrschaftsgebiet des *Klosters Kastamonítu*[1] liegt etwa in der Mitte der Halbinsel, an den Südwesthängen des zentralen Gebirges. Es grenzt im Nordwesten an das Territorium des *Klosters Zográfu,* entlang dem *Zografítikos Lákkos* (Ζωγραφίτικος Λάκκος) bis zu dessen Zusammenfluß mit dem Sturzbach, der weiter nördlich vom Hügel *Kastélli* (Καστέλλι, 303 m) herabkommt; danach verläuft die Grenze weiter bis zu dem Ort *Palaiópyrgos* (Παλαιόπυργος = Alter Turm)[2]. Die Grenze zum Gebiet von *Watopédi* im Nordosten verläuft auf dem Kamm des *Kreiowúni*[3] (588 m), indem sie dem *Hauptweg des Athos* folgt, dem *Beïlídikos Drómos* (Μπεηλίδικος Δρόμος)[4], einem steingepflasterten Maultierweg, der an der Gipfellinie des zentralen Gebirges entlangführt. Im Süden verläuft die Grenze zum Gebiet des *Klosters Dochiaríu* entlang dem Höhenrücken, der sich vom *Kreiowúni* zum Meer erstreckt, nördlich des heutigen *Arsanás* (Ἀρσανᾶς = Bootshaus und Hafen) von *Kastamonítu*; dieser befindet sich auf dem sog. *Pláka-Dochiaríu*-Territorium des *Klosters Dochiaríu* (Πλάκα Δοχειαρίου), das dem Nachbarkloster zur Benutzung überlassen wurde. Im Süden grenzt das Gebiet von *Kastamonítu* mit einigen hundert Metern Strand an den *Singitischen Golf* oder *Golf des Hágion Óros*. Die Grenze verläuft zwischen den Mündungen des *Zografítikos Lákkos* einerseits und des kleinen namenlosen Baches, der daneben, im Westen der *verlassenen Strandburg* (Markierung "Eα") mündet, andererseits.

Das Kloster liegt, vom Meer aus nicht zu sehen, auf einer flachen Hochebene. Diese aus Sicherheitsgründen gewählte Lage läßt auf einen mittelalterlichen Ursprung schließen (Abb. 164)[5]. Drei vom *Kreiowúni* herabkommende Bäche fließen durch die Hochebene und vereinigen sich etwa 150 m nördlich des Klosters[6]. Von dort verläuft dieser eine Bach weiter in Richtung Westen und mündet 700 m von der Küste entfernt in den *Zografítikos Lákkos,* der am *Kloster Zográfu* vorbei ins Meer fließt. Die Berge um die Hochebene sind mit Wald, vor allem mit Wildkastanien, bewachsen. Der reiche Baumbestand ist charakteristisch für den Athos. Dieses Gebiet zwischen den *Klöstern Kastamonítu* und *Zográfu* ist eines der am dichtesten bewaldeten und bietet Wildschweinen, Hasen, Füchsen, Schakalen und anderen Tieren Unterschlupf. Das Kloster erhebt sich am linken Ufer des südlichen Baches und ist etwa 1,5 km vom Gebirgskamm und ebenso weit von dem Ort *Pláka* am Meer entfernt. Bei *Pláka*, das sich am Südostende des Strandes von *Dochiaríu* befindet und zu diesem Kloster gehört, liegt der *Arsanás*, die Bootsanlegestelle von *Kastamonítu*. Ein paar hundert Meter weiter im Westen, am Strand (s. Textabb. 59, S. 183), befindet sich die imposante Ruine einer *Burg* (Markierung "Εα"), die ehemals dem *Kloster Xirokástru* (Trockene Burg) gehörte[7]. Später wurde sie vielleicht als *Arsanás* von *Kastamonítu* verwendet, wie die Ruinen eines an die Westseite der Burg grenzenden Gebäudes sowie die Reste einer im Meer befindlichen zerstörten Mauer, die auch für eine Mole gehalten werden könnte, bezeugen[8].

Das Kloster wird von den südlichen Berghängen aus durch Quellen, die südlich des Haupteingangs in eine große steinerne Zisterne münden, mit Wasser versorgt.

Den Zustand des Klosters um die Mitte des 18. Jhs. hat BARSKIJ in seiner Zeichnung wiedergegeben. Vielleicht hat das Kloster diese Gestalt durch den Wiederaufbau des *Neófytos* (um 1423–1430) sowie durch die 1483 und 1500 neu entstandenen Bauwerke erhalten[9]. Jedenfalls ist der heutige Komplex (Rekonstruktionen des 19. Jhs.) sehr wahrscheinlich auf den Fundamenten der Vorgängerbauten errichtet. Reste des alten *Klosterturmes* (Markierung "E"), der auf der Skizze von BARSKIJ (22[1] x 33[6] cm) noch klar erkennbar ist, wurden in die innere Seite der südlichen *Kórda* (Κόρδα = Flügel) eingefügt (Abb. 166).

Ein schöner, in den Jahren 1988–1990 neu angelegter Steinpflasterweg verbindet das Kloster mit dem *Arsanás*. Dieser Weg setzt sich bergan fort, läuft südlich am *Kreiowúni* vorbei und trifft kurz danach auf den *Hauptweg* des *Athos*, der entlang dem Gebirgskamm nach *Karyés* führt. Ein in Nordrichtung verlaufender Steinpflasterweg erreicht den Kamm an dem Ort *Zografítiki Chéra*[10], wo sich die Wege zu den *Klöstern Zográfu* und *Watopédi* mit dem Hauptweg kreuzen. Zum *Kloster Zográfu* führt ein Pfad nach Nordwesten über den Hügel *Kastélli*.

Reste einer antiken Stadt finden sich im Südwesten des Klosters, etwa 1 km von der Küste entfernt[11] (kleine Karte, "A"). Antike Ruinen gibt es auch auf dem weithin sichtbaren, *Kastélli* (Kastell) genannten Hügel zwischen zwei Bächen westnordwestlich des Klosters[12] (kleine Karte, "B").

Ein Kilometer nördlich des Klosters liegt das *Káthisma Hágios Antónios* an der Stelle des ehemaligen Klosters *Neakítu* (Νεακίτου; kleine Karte, "Γ")[13]. Weiter im Südosten, auf dem *Kastamonítiko Liwádi* (Κασταμονίτικο Λιβάδι = Kastamonitische Weide), soll den Mönchen zufolge die Ruine des ehemaligen *Klosters Skamandrinú* liegen[14].

ANMERKUNGEN ZUM KLOSTER KASTAMONÍTU

1. – Den ältesten Urkunden zufolge lautete der ursprüngliche Name des Klosters *Kastamonítu* mit »a« (des Gründers aus Kastamoní in Kleinasien): *ACTES*, S. 1 und 10–11. Der heutige offizielle Name ist *Kônstamonitu* mit »ω« (von Κώνστας): KATASTATIKÓS CHÁRTIS HAGÍU ÓRUS (ΚΑΤΑΣΤΑΤΙΚΟΣ ΧΑΡΤΗΣ), S. 32. Die Änderung des Namens wird auch in einer Urkunde aus dem Jahre 1471 angemerkt, s. *ACTES*, Nr. 7, S. 63: »... das heilige Kloster des *Konstamonítu* (Κωνσταμονήτου) (sic), (und die Mönche) *Konstamoníte* (Κωνσταμονεῖται) ....«

2. – An dem Ort *Palaiópyrgos* (Παλαιόπυργος = Alter Turm) befindet sich auf dem *Beilídikos Drómos* eine Burgruine, die für einen Bau des alten *Hagíu-Hypatíu-Klosters* (Μονὴ Ἁγίου Ὑπατίου) angesehen wird (s. PAPAZÓTOS, *Topographie*, S. 157 f. und SMYRNÁKIS, S. 78, 80).

3. – SMYRNÁKIS, S. 680: Κρειοβούνι mit »ει«; s. den *Begleittext* zum *Kloster Watopédi*, Anm. 3.

4. – *Beilídikos Drómos* (Μπεηλίδικος Δρόμος): s. den *Begleittext* zum *Kloster Watopédi*, Anm. 2.

5. – *ACTES*, S. 1.

6. – s. die Beschreibung der Sturzbäche in *ACTES*, S. 47, wo sie, wie angemerkt wird, ohne Unterscheidung als *Fluß*, *Bach* oder *Flußbett* bezeichnet werden.

7. – s. *ACTES*, Appendix III (aus dem Jahre 1483), S. 103, Z. 6–7: »... auch dieser *Kastamonítu-Turm* befindet sich im Gebiet des *Xirokástru-Klosters*« (Μονὴ τοῦ Ξηροκάστρου = Kloster der Trockenen Burg).

8. – BARSKIJ, III, S. 272, bestätigt, daß »... dieses Kloster immer noch einen eigenen Hafen am Meer mit einem festen Turm und Zellen in der Nähe des Hafens des Klosters Zográfu hat. An diesem Hafen gab es damals wegen ihrer (d. h. der Mönche) Armut keine großen Schiffe wie bei anderen Klöstern. Sie besaßen jedoch kleine Boote und verrichteten ihre Arbeit damit.«

9. – *ACTES*, S. 1, 5, 9.

10. – Über die *Zografítiki Chéra* s. den *Begleittext* zum *Kloster Watopédi*, Anm. 4, und Abb. 84, 85.

11. – SMYRNÁKIS, S. 680.

12. – SMYRNÁKIS, S. 680.

13. – *ACTES*, S. 11–13; *ACTES, Lavra*, I, Nr. 12, Zeilen 31–32.

14. – *ACTES*, S. 14–16.

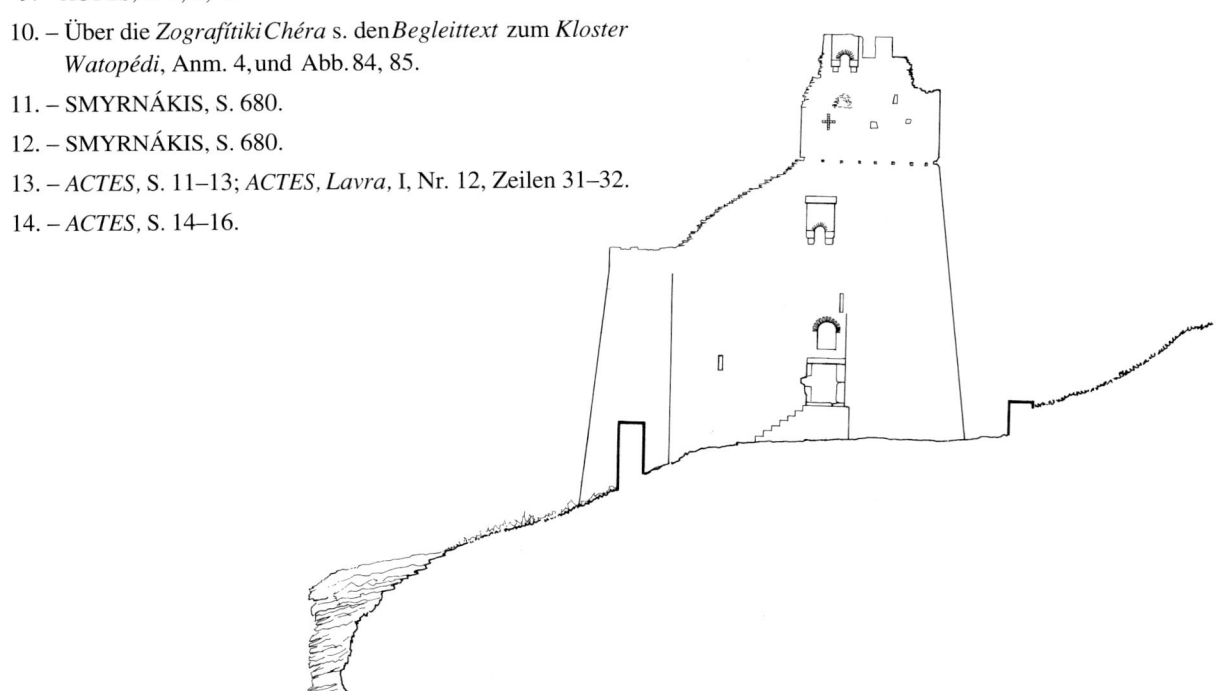

Textabb. 59. Kloster Kastamonítu, der alte Arsanás (Bootshaus und Hafen). Dieses Strandgebiet gehörte ursprünglich zum alten Kloster Xirokástru, das vor 1483 in den Besitz des Klosters Kastamonítu fiel (*The Mylonas Archives*).

INDICES

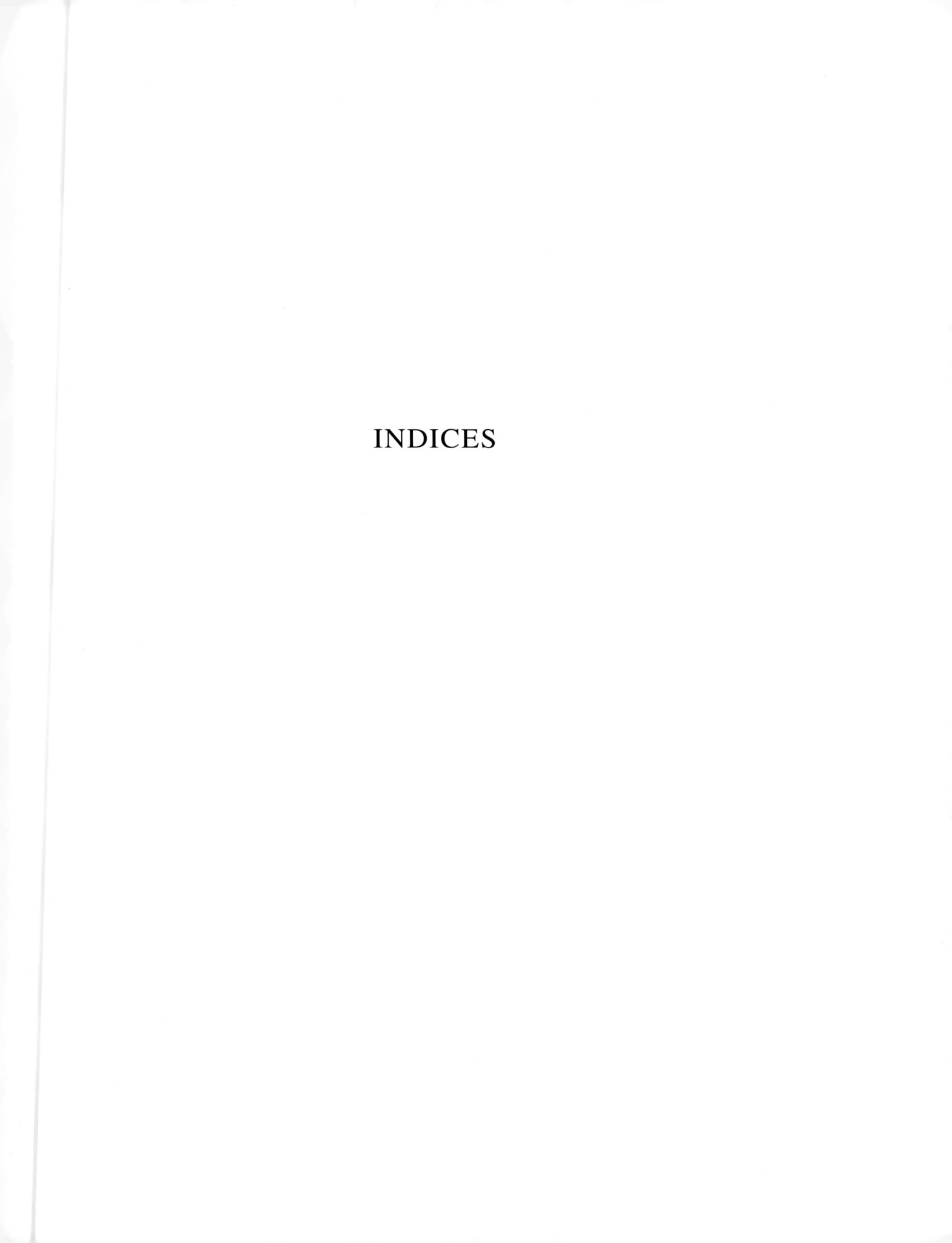

ORTSINDEX

A

Aeropótamos, Fluß, 119, 120, 121 Anm. 6
Ägäis, 47, 72 Anm. 12, 73 Anm. 16, 82, 83 Anm. 53, 84, 85, 87 Anm. 53, 88, 151
Ägypten, 82 Anm. 53
Akánthios-Golf, 72 Anm. 8, 133 Anm. 14
Akánthios Isthmós, 45, 72 Anm. 8
Ákanthos, antike Stadt, 72 Anm. 8
Akráthos, Askitíria von, Kloster Megísti Láwra, 98
Akráthos, Kap, 45
Amalfi, 99 Anm. 18
Amateró, Gebiet, Kloster Esfigménu, 105, 135, 173
Análipsis, Monýdrion, Kloster Hágios Panteleímon, 179 Anm. 5
Anapapsiá, Gebiet, Kloster Kutlumusíu, 123, 125 Anm. 2, 131, 177
Anástasis, Monỳdrion, Kloster Hágios Panteleímon, 177
Áno Kapsála, Gebiet, Kloster Hágios Panteleímon, 123, 159
Antiáthos, Antíthon oder Mikrós Athos, 119, 121 Anm. 2, 155
Apollon-Daphnephoros-Tempel, 133 Anm. 16
Apóstolos, Fílippos, Gebiet, 164
Arápis, Kap, Kloster Chelandári, 72 Anm. 7
Asómatos tú Falakrú, ehem. Kloster, Kloster Watopedí, 130 Anm. 12
Athoniás-Akademie, Kloster Watopédi, 106
Áthos, Athoís Akté, Akté, antike Namen der Áthos-Halbinsel, 45
Áthos, Gipfelpyramide, 47, 73, 98, 102 Anm. 24, 155
Áxion Estí Kellíon, Dependence des Klosters Pantokrátor, 113 Anm. 5
Áxion Estí, Fluß, 113 Anm. 5

B

Beïlídikos Drómos oder Wasilikí Hodós, 105, 108 Anm. 2, 111, 115, 119, 123, 127, 131, 139, 147, 151, 155, 163, 167, 177, 181, 183 Anm. 4
Bótsaris, s. Wromonérgia
Burazéri, Kellíon von Chelandári im Gebiet von Karyés, 123, 127, 129 Anm. 4, 159

C

Chaïri, Bach, 99 Anm. 5, s. auch Sýnoro
Chaïri, Berg, Kloster Dochiaríu, 139, 140, 163
Chalkéos, ehem. Kloster, 109 Anm. 15
Chalkidikí, 45, 72 Anm. 15, 83, 94 Anm. 54, 108 Anm. 2, 176 Anm. 16
Charádria, antike Stadt, 133 Anm. 7
Cháradros, Bach, 131, 133 Anm. 7
Chelandári Kloster, 51, 52, 75 Anm. 27, 89 Anm. 53, 106, 108 Anm. 4, **115–118**, 120, 129 Anm. 4, 135, 136, 156, 164, 173, 178, 179 Anm. 7
Chimárru, Name des Klosters Xiropotámu, 133 Anm. 8
Chréndeli oder Chréndelis, Bach, 167
Chrumítsa, Skíti, Kloster Hágios Panteleímon, ehem. Kloster Chromitíssis oder Chromatióssis oder Chromaitíssis oder Archodíssis, 45, 75 Anm. 27, 115, 118 Anm. 19, 120, 136, 178
Chryseía oder Chrysí, antike Stadt, 116, 117 Anm. 11
Chrysorrári, s. Wromonérgia
Chrysorrári, Großer und Kleiner, ehem. Klöster, Kloster Pantorkrátor, 129 Anm. 7

D

Dáfni, 131, 132, 133 Anm. 10. 16, 134 Anm. 16. 17, 140, 142 Anm. 9. 11, 151, 152
Dafnodochiári, s. Dochiaríu Dáfni
Dasonomíon oder Wulgárika, Kellíenkomplex, 156, 157 Anm. 16
Dawatzídika, Ortsname außerhalb des Áthos, 47, 75 Anm. 26
Dimitríu Wrýsi, Quelle, 115, 135, 136
Dionysíu Kloster, 52, 108 Anm. 2, 115, **119–122**, 145 Anm. 9, 155, 156, 157 Anm. 7. 9, 167, 168
Dírfys, Berg auf Euböa, 74 Anm. 21
Dochiaríu Dáfni, Gebiet, 140
Dochiaríu Kloster, 52, 105, 133 Anm. 16, **139–142**, 163, 164, 178, 181, 182
Dontá, Kellíon, Kloster Símonos Pétras, 133 Anm. 6, 153 Anm. 2
Dontá Lákkos, 131, 132, 151
Draganistís oder Druwanistís oder Drywanístas oder Traganistís oder Grawanistís, Bach, 119, 121 Anm. 2, 167

E

Eleftheras, Kap, 72 Anm. 7
Ermitage, St. Petersburg 94 Anm. 53
Esfigménu Kloster, 105, 106, 108 Anm. 4, 115, 116, 135, **173–176**
Ewangelismú Skíti oder Skíti Xenofóntos, 164
Exypolýtu Kellíon oder Kímisis tís Theotóku, Kloster Karakállu, 144, 145 Anm. 7

F

Falakrú, 128, 130 Anm. 12, 179 Anm. 10
Filotheítikos Lákkos, 147, 148
Filothéu Kloster, 75 Anm. 27, 98, 111, 124, 130 Anm. 12, 143, 144, **147–150**, 151, 155, 157 Anm. 16, 167
Frangókastro, 45, 108 Anm. 2, 118 Anm. 19, 136

G

Galaágra, s. Kaliágra
Genésion tís Theotóku, Kapelle beim Monoxylítis Arsanás, Kloster Dionysíu, 120
Genitsarás, Ortsname außerhalb Áthos, 47, 75 Anm. 26
Gerakofoliá, Gebiet, Kloster Zográfu, 136
Gerakofoliás Lákkos, Bach, 115, 116
Grawanistís, s. Draganistís
Gribowítsa oder Gribówitsa, Hügel, 115, 173, 174, 176 Anm. 3
Grigoríu Kloster, 119, 120, 145 Anm. 9, 147, 151, 152, 155, 157 Anm. 9, **167–172**
Gürtelweihung Mariä, Ikone, Kloster Watopédi, 106
Gyftádika, Gebiet, Kloster Watopédi, 106, 109 Anm. 17

H

Hagía Ánna Skíti, Dependence des Klosters Megísti Láwra, 45, 97, 98, 99 Anm. 4, 121 Anm. 6, 155
Hagía Triáda, Skíti, Kloster Chelandári, 116
Hagía Triáda Skíti oder Kafsokalýwia, 98, 99 Anm. 4, 102 Anm. 21
Hagía Pulcheria, ehem. Kloster, 176 Anm. 12
Hagías Pulcherías Pýrgos, s. Hagíu Andréu Pýrgos
Hagíasma tón Archangélon oder Fiáli, Brunnen, Kloster Dochiaríu, 139, 142 Anm. 7
Hágii Anárgyri, ehem. Kloster, 120

Hágii Archángeli, Arsanás bei Prowáta, Kloster Megísti Láwra, 99 Anm. 9
Hágii Archángeli, Festtag des Klosters Dochiaríu, 141 Anm. 1, 142 Anm. 8
Hágii Pántes, Kapelle, bei Simonopetríki Dáfni, 152
Hágii Pántes, Kirche, Palaiochóra Esfigménu, 173, 174
Hágii Theódori, Bucht, Kloster Esfigménu, 174
Hagiopawlítikos Lákkos, Bach, 156
Hágios Andréas Skíti oder Serágion oder Serái, Dependence des Klosters Watopédi, 76 Anm. 37, 106, 109 Anm. 16, 113 Anm. 5, 124, 126 Anm. 11, 164, 178
Hágios Antónios Káthisma, Kloster Kastamonítu, 182
Hágios Antónios Petscherski oder Kiewospilaiótis, Höhle und Kirche, Kloster Esfigménu, 174, 176 Anm. 13
Hágios Artémios, Arsanás, Kloster Megísti Láwra, 99 Anm. 9
Hágios Athanásios von Alexándria, Kellíon des, Kloster Xiropotámu, 131, 177
Hágios Dimítrios oder tú Lákku Skíti, Kloster Hagíu Páwlu, 97, 119, 120, 156, 157 Anm. 16
Hágios Dimítrios, Arsanás bei Prowáta, Kloster Megísti Láwra, 99 Anm. 9
Hágios Dimítrios, Kap, 72 Anm. 7
Hágios Dimítrios, Kirche, Ruinen der, beim Kloster Esfigménu, 174
Hágios Dimítrios, Ikone im Neuen Kyriakón des Klosters Xenofóntos, 165 Anm. 11
Hágios Dimítrios oder Skylopodári oder Kynópodos, Skíti des Klosters Watopédi, am Ort des alten Klosters Chalkéos, 106, 109 Anm. 15
Hágios Dimítrios, Gipfel, 111, 123
Hágios Elefthérios Káthisma, Kloster Megísti Láwra, 121 Anm. 6
Hágios Geórgios, Arsanás des Klosters Chelandári, 115
Hágios Geórgios, Halbinsel, 99 Anm. 3
Hágios Geórgios, Kapelle, Kloster Hagíu Páwlu, 156
Hágios Geórgios, Kapelle, Kloster Pantokrátor, 129 Anm. 8
Hágios Geórgios, Ikone im Neuen Kyriakón des Klosters Xenofóntos, 165 Anm. 11
Hágios Geórgios Káthisma, Kloster Zográfu, 136, 137 Anm. 8
Hágios Ioánnis Theológos, Kellíon, Kloster Grigoríu, 167, 168
Hágios Módestos Kellíon, Kloster Dochiaríu, 140
Hágios Nikólaos, Friedhofskirche, Kloster Kutlumusíu, 124
Hágios Nikólaos tú Melissurgíu, ehem. Kloster, 117 Anm. 14. 19
Hágios Nikólaos Kloster, alter Name des Klosters Dochiaríu, 140
Hágios Nikólaos Plakíon, heute Burazéri, Kellíon des Klosters Chelandári, 129 Anm. 4
Hágios Nílos, Kellíon, Kloster Megísti Láwra, 98
Hágios Panteleímon Kloster oder Rossikó, 51, 52, 54, 75 Anm. 27, 76 Anm. 37, 123, 127, 128, 131, 133 Anm. 3. 16, 145 Anm. 9, 163, 164, 169 Anm. 14, **177–180**
Hágios Panteleímon Skíti oder Kutlumusianí Skíti, 124
Hágios Pétros der Athonit, Karawostásios des, Ortsname, 102 Anm. 21
Hágios Pétros, Kellíen, Kloster Megísti Láwra, 98
Hágios Sáwwas, Ortsname, Kloster Chelandári, 116
Hágios Spyrídon, Bach, 116, 135
Hágios Stéfanos, Kellíon, Kloster Grigoríu, 167
Hágios Symeón, Kyriakón des ehem. Klosters Woroskópu, 117 Anm. 19
Hágios Wasílios, Kellíenkomplex, Kloster Megísti Láwra, 98
Hágios Wasílios oder Chrusítza, Monýdrion des Klosters Chelandári, 115, 116, 117 Anm. 3. 11
Hagíu Andréu oder Kontéssas oder Hagías Pulcherías Pýrgos, 132, 133 Anm. 14. 15

Hagíu Filíppu, ehem. Kloster, 164
Hagíu Hypatíu, ehem. Kloster, 183 Anm. 2
Hagíu Nikoláu, Arsanadákia, Kloster Karakállu, 143, 147
Hagíu Páwlu Kloster, 53, 75 Anm. 27, 97, 108 Anm. 2, 116, 119, 120, 143, 145 Anm. 9, 147, **155–158**, 167
Hellinikó Skolió, s. Próti Athoniáda
Hierissós, Stadt, 72 Anm. 8
Hierissós, Golf von, 45, 72 Anm. 7, s. auch Akánthios-Golf
Higúmenos, Ortsname, Kloster Watopédi, 106, 109 Anm. 18
Higuménu Skamní, Gebiet, Kloster Watopédi, 105, 106, 127
Homologitú, ehem. Kloster, 116
Hósios Antónios, Kellíon des alten Klosters Xýstu, heute Skíti Hagíu Andréu, 109 Anm. 16
Hósios Símon, Höhle des, 151, 152
Hósios Símon, Káthisma des, 152
Hyperagía Theotókos tú Xylurgú Kloster, s. Wogoróditsa
Hýption Wrakíon oder Wrachíon, Ortsname, Kloster Watopédi, 173, 175 Anm. 2

I

Isódia Theotóku Kellíon, Kloster Xenofóntos, 164
Isthmus, 45, 46, 47, 72 Anm. 8, 75 Anm. 26, 116
Iwirítiki Tsúka, Gipfel, 111, 113 Anm. 2. 131, 151
Iwirítikos Lákkos, Bach, 111, 112
Iwíron Kloster, 51, 52, 75 Anm. 27, 89 Anm. 53, 98, **111–114**, 117 Anm. 18, 123, 124, 125 Anm. 7, 131, 144, 147, 149 Anm. 3, 151, 160, 161 Anm. 5
Iwíron Skíti oder Tímios Pródromos, 112

K

Kafsokalýwia Skíti, s. Hagía Triáda Skíti
Kakó Skalí, Ortsname, Kloster Hágios Páwlu, 156
Kakós Rýax, Bach, 173
Kalamítsi, Gebiet, Kloster Watopédi, 109 Anm. 18
Kalamitsíon, ehem. Kloster, Kloster Watopédi, 109 Anm. 18
Kalathá Lákkos, Bach, 119, 121 Anm. 5, 155, 157 Anm. 7
Kalétzi, ehem. Kloster, 108 Anm. 5
Kaliágra oder Kalí Ágra oder Kallí Ágra oder Kalliára oder Kalliágra oder Galaágra, Kloster Kutlumusíu, 111, 123, 124, 125 Anm. 6. 7, 160
Kalítsa, Ortsname, Kloster Chelandári, 117 Anm. 19
Kalýkas, ehem. Kloster, Kloster Chelandári, 116, 117 Anm. 19
Kamára, s. Sýnoro
Kaméni Ambelikiá, Kloster Filothéu, 164
Kantakuzinós, Aquädukt des, Kloster Stawronikíta, 160, 161 Anm. 7
Kantakuzinós, Kórda des, Kloster Watopédi, 107
Kapsáli, Gipfel, Kloster Grigoríu, 167
Karakállu Kloster, 97, 98, **143–146**, 147, 148, 155
Karaúli oder Korfúles, Berg an der Grenze von Chrumítsa und Chelandári, 178
Karaúli, Grenze des Hágion Óros, 47, 72 Anm. 15, 108 Anm. 2, 116
Karúlia, Kellíenkomplex, Kloster Megísti Láwra, 98, 102 Anm. 19
Karyés oder Mési oder Megáli Mési oder Koinón oder Protáton oder Proteíon oder Láwra tón Kareón oder Káthisma tón Kareón, 49, 75 Anm. 35, 98, 106, 108 Anm. 4, 112, 116, 120, 123, 124, 125 Anm. 10, 126, 128, 129 Anm. 4, 131, 132, 134 Anm. 16, 140, 142 Anm. 14, 144, 148, 152, 155, 159, 160, 161 Anm. 4, 164, 168, 174, 178, 182
Kastamonítu Kloster, 105, 135, 139, 145 Anm. 9, **181–183**
Kastélli, Hügel, Kloster Kastamonítu, 135, 181, 182
Káthisma tón Kareón, s. Karyés

Katunákia, Kellíenkomplex, Kloster Megísti Láwra, 98, 102 Anm. 20
Kátsaris, Gebiet, Kloster Kutlumusíu, 123, 178
Kawallári Pýrgos, s. Milutín Pýrgos
Kerasiá, Kellíenkomplex, Kloster Megísti Láwra, 98
Kiew, 52, 76 Anm. 46. 48, 79 Anm. 48, 115, 174
Kimíseos Theotóku Kellíon, s. Exypolýtu Kellíon
Kimíseos Theotóku Skíti, s. Wogoróditsa Skíti
Klímis Kloster, 112, 113 Anm. 7
Koinón, s. Karyés
Kolitsú, Kellíenkomplex, Kloster Watopédi, 106, 108 Anm. 5
Kolitsú-Bucht, 105, 127
Kontéssas, Kólpos tís, 45, 72 Anm. 7, 133 Anm. 14
Kontéssas Pýrgos, s. Hagíu Andréu Pýrgos
Kráwatos oder Kráwattos oder Kréwwatos, Berg, 111, 113 Anm. 4, 147, 148
Kreiowúni oder Kryowúni, Berg, 105, 108 Anm. 3, 139, 140, 141 Anm. 2, 163, 165 Anm. 4, 181, 182, 183 Anm. 3
Kriní tú Mylléru, Kloster Watopédi, 106
Kryológos, Quelle, beim Kloster Watopédi, 106, 117 Anm. 18
Kryowúni, s. Kreiowúni
Kúkos, s. Tsiakmáki
Kukuzélissa, Kirche, Kloster Megísti Láwra, 52
Kumítsa, Besitz des Klosters Chelandári, 47
Kutlumusianí Skíti, s. Hágios Panteleímon Skíti
Kutlumusíu Kloster, 111, **123–126**, 127, 131, 159, 177
Kynópodos Skíti, s. Hágios Dimítrios Skíti

L

Lákku Skíti, s. Hágios Dimitríos Skíti
Láwra tón Kareón, s. Karyés
Leningrad, 76 Anm. 48, 94 Anm. 53
Lenin-Bibliothek, Moskau, 89 Anm. 53
Liwádion tú Plakári, 125 Anm. 3
Liwadogénis, Bach, 123, 125 Anm. 4, 127, 129 Anm. 5

M

Magulá, ehem. Skíti, Kloster Iwíron, 111
Mandráki, Arsanás des Klosters Megísti Láwra, 98, 99 Anm. 16
Marmarás, Ortsname, Kloster Megísti Láwra, 97, 143, 155
Marmarénios Stawrós, Kloster Esfigménu, 115, 135, 136, 173, 174
Megáli Giowántsa, Kloster Chelandári, 164
Megáli Samária, Hügel, Kloster Esfigménu, 115, 173, 174
Megáli Wígla, 45, 47, 71 Anm. 1, 72 Anm. 13, 108 Anm. 2, 178
Megálos Lákkos, Bach, 151, 167
Megísti Láwra Kloster, 45, 51, 52, 72 Anm. 7, 75 Anm. 23. 27. 31, 76 Anm. 37. 45, 79 Anm. 49, 89 Anm. 53, **97–103**, 111, 115, 117 Anm. 18, 125 Anm. 10, 143, 144, 145 Anm. 2, 149 Anm. 3, 155, 156
Melaná, 97, 99 Anm. 10
Melissurgíu, ehem. Kloster, 116
Mési, s. Karyés
Metamórfosis, Quelle, Kloster Karakállu, 148
Metamórfosi tú Sotíros, Kapelle auf dem Gipfel des Áthos, Kloster Megísti Láwra, 98
Metéora-Klöster in Thessalien, 151, 157 Anm. 9
Mikrí Hagía Ánna, Kellíenkomplex, Kloster Megísti Láwra, 98
Mikrí Samária, Dependence des Klosters Chelandári, 115, 116, 173
Milutín Pýrgos oder Kawallári, Kloster Chelandarí, 116, 117 Anm. 9
Molfinú, s. Morfonú
Monoxylítis, Metóchion des Klosters Dionysíu, 115, 120, 178
Monoxylítis, Metóchion des Klosters Hagíu Páwlu, 75 Anm. 27, 116, 156
Morfonú oder Molfinú oder Amalfinú, Kloster Megísti Láwra, 98, 99 Anm. 18, 108 Anm. 2, 156
Müllers Brunnen, Kloster Watopédi, s. Kriní tú Mylléru
Mylopotámu Káthisma, Besitz des Klosters Megísti Láwra, 49, 75 Anm. 27, 98, 111, 149 Anm. 3
Mýrina, auf Límnos, 47

N

Nationalbibliothek, Paris, 84 Anm. 53
Néa Skíti oder Skíti tú Pýrgu oder Skíti Theotóku, Kloster Hagíu Páwlu, 97, 99 Anm. 4, 155, 156
Néa Thiwaís oder Gurunoskíti, Kloster Hágios Panteleímon, 178
Neakítu, ehem. Kloster, Kloster Kastamonítu, 182
Nerantzóna, Kloster Kutlumusíu, 123, 159
Newrokópu Lákkos, Kloster Xenofóntos, 163
Nitría, Skíti, 50
Nýmfaion-Kap oder Nýmfaion Ákron, 97, 99 Anm. 3

O

Olympos (Bithynien), 71 Anm. 2

P

Palaiochóra Esfigménu, 105, 173, 174
Palaiókastro, Ortsname, Kloster Chelandári, 116
Palaiomonástiro, Kloster Hágios Panteleímon, 177, 178
Palaiópyrgos, Gebiet, Kloster Kastamonítu, 135, 181, 183 Anm. 2
Palaiós Pródromos, Gebiet, Kloster Dionysíu, 121 Anm. 6
Palióstawros, 45
Panagía, Ortsname, Kloster Karakállu, 144
Panagía Kellíon, Kloster Dionysíu, 119, 167
Panagía Portaítissa, Ikone, Kloster Iwíron, 112
Panagías Proskynitário, Kloster Símonos Pétras, 152
Pánormos, Golf, 72 Anm. 8
Pantokrátor Kloster, 75 Anm. 29, 76 Anm. 37, 105, 106, 109 Anm. 17, 113 Anm. 5, 123, **127–130**, 145 Anm. 9, 159, 160, 163, 177, 178, 179 Anm. 10
Pezúla, Gebiet, Kloster Watopédi, 105
Plakariá, Gebiet, Kloster Pantokrátor, 106, 123
Platanára, Bach, Kloster Watopédi, 105, 106
Portaítissa Hagíasma, Kloster Iwíron, 112
Portaítissa Káthisma, Kloster Iwíron, 112
Pórtes, Ortsname, Kloster Hagíu Páwlu, 108 Anm. 2, 119, 120, 155, 156
Pródromos, Brunnen im Kloster Iwíron, 112, 117 Anm. 18
Pródromos, ehem. Kloster, Kloster Iwíron, 112
Pródromos, Kirche im Kloster Iwíron, 112, 113 Anm. 7
Pródromos tú Mikroathonítu, ehem. Kloster, Kloster Dionysíu, 121 Anm. 6
Profítis Ilías, Kellíenkomplex, Kloster Stawronikíta, 127, 129 Anm. 3, 159, 160
Profítis Ilías, Kapelle, Kloster Karakállu, 145 Anm. 3
Profítis Ilías Skíti, Dependence des Klosters Pantokrátor, 76 Anm. 37, 106, 128
Prokopíu Kellíon, Kloster Watopedí, 106, 109 Anm. 19
Prosfórion, Gebiet des Klosters Watopédi in Uranúpolis, 47
Protáton, s. Karyés
Protáton, Kirche, 49, 79 Anm. 49, 113 Anm. 5, 126 Anm. 10
Proteíon, s. Karyés
Próti Athoniáda oder Hellinikó Skolió, Kloster Zográfu, 136

Próto Neró, Ortsname, Kloster Chelandári, 136
Prowáta, Kellíenkomplex, Kloster Megísti Láwra, 97, 98, 99 Anm. 8, 144
Prowáta, Arsanadákia von, Kloster Megísti Láwra, 97, 99 Anm. 9, 143
Púrantas, Bach, 163, 164, 166 Anm. 14, 177

R

Réma tú Áthonos, s. Xiropótamos
Rossikó, s. Hágios Panteleímon Kloster
Rusánu-Kloster in Metéora, 157 Anm. 9, 169 Anm. 5

S

Santa Maria degli Amalfitani, Kloster, 99 Anm. 18
Sarantakúpi, Bucht, 173
Serágion oder Serái Skiti Hagíu Andréu, Kloster Watopédi, s. Hágios Andréas Skíti
Sidirús Stawrós, Kloster Hagíu Páwlu, 120
Símonos Pétras oder Simonópetra oder Simópetra Kloster, 52, 74 Anm. 21, 81 Anm. 52, 111, 117 Anm. 18, 131, 132, 133 Anm. 6. 16, 134 Anm. 16, 140, 142 Anm. 11, 144, 145 Anm. 9, 147, 148, **151–154**, 157 Anm. 9, 167, 168, 169 Anm. 2
Simopetrítiko Konáki oder Ikonomíon, in Dáfni, 140, 152
Singitischer Golf oder Golf des Hágion Óros, 45, 97, 98, 115, 119, 121 Anm. 4, 131, 135, 139, 144, 151, 155, 157 Anm. 3, 163, 167, 174, 177, 178, 181
Skamandrinú, ehem. Kloster, 182
Skopós, Grenzgebiet, 116
Skorpíu, ehem. Kloster, 116
Skylopodári Skíti, s. Hágios Dimítrios Skíti
Smérna, Felseninsel nahe Kap Akráthos, 102 Anm. 21
Sotíra Lykodímu (Russische Kirche), in Athen, 89 Anm. 53
Sowjetische Akademie der Wissenschaften, 76 Anm. 48
Spásova Vóda, Gebiet, Kloster Chelandári, 116
Stawrólakkos, Bach, Áthos-Grenze, 45, 178
Stawronikíta Kloster, 123, 125 Anm. 4, 127, 128, 145 Anm. 9, **159–162**
Stawrós, Kellíon des Klosters Karakállu, 143
Stawrós, Ortsname, Kloster Símonos Pétras, 152
Stratoníki, Halbinsel, 72 Anm. 7
Strowilaías, ehem. Kloster, Kloster Chelandári, 116
Strymón-Golf, 45, 72 Anm. 7, 115, 173
Strymón, Fluß, 72 Anm. 7
Sýnoro oder Kamára oder Chaïri, Bach, 97, 155

T

Tawrokálywa, Kloster Chelandári, 115, 164
Theotókos, Kapelle, Kloster Hágios Panteleímon, 177
Theotókos tón Plakíon, ehem. Kloster, Kloster Esfigménu, 174
Thessalonikéos oder tón Thessalonikéon, ehem. Kloster, Kloster Hágios Panteleímon, 177, 179 Anm. 1
Thrakisches Meer, 72 Anm. 7, 97, 105, 111, 121 Anm. 4, 123, 127, 143, 147, 157 Anm. 3, 159
Tímios Pródromos oder Iwíron Skíti, Kloster Iwíron, 112
Tímios Prodrómos »Skíti«, ehem. Kellíenkomplex, Kloster Símonos Pétras, 152
Traganistís, s. Draganistís
Tría Sýnora, zwischen den Klöstern Filothéu, Karakállu und Hagíu Páwlu, 143, 155
Tría Sýnora, zwischen den Klöstern Iwíron, Símonos Pétras und Xiropotámu, 111, 147

Trióla, s. Tsiflík
Trión Hierarchón Arsanadákia, Kloster Karakállu, 145 Anm. 2
Tripló Sýnoro, zwischen den Klöstern Dionysíu, Hagíu Páwlu und Grigoríu, 119, 155, 167
Tsamandára, Gebiet, Kloster Símonos Pétras und Filothéu, 148, 152, 167
Tsaúsi Déndro, Gebiet, Kloster Dochiaríu, 139
Tsiakmáki oder Kúkos, Gipfel, Kloster Megísti Láwra, 97, 99 Anm. 11
Tsiatáli, Bach, Kloster Karakállu, 97, 143
Tsiflík oder Trióla, Ortsname, Kloster Megísti Láwra, 97, 99 Anm. 7
Tsuknídi, Gipfel, 105, 127, 139, 163

U

Ulm, 83 Anm. 53
Uranúpolis, 136, 178

V

Wagenokamáres, Schlucht, Kloster Chelandári, 135, 137 Anm. 5, 172
Watopédi Kloster, 45, 47, 51, 52, 54, 76 Anm. 37. 45, 82 Anm. 53, **105–110**, 117 Anm. 18, 118 Anm. 19, 124, 127, 128, 135, 137 Anm. 8, 139, 161 Anm. 5, 173, 174, 176 Anm. 1, 181, 182
Welóna, Hügel, Kloster Chelandári, 164
Wérku Lákkos, Bach, Áthos-Grenze, 45, 116
Wogoróditsa Skíti oder Skíti Xylurgú oder Kimíseos Theotóku, 76 Anm. 37, 106, 128, 130 Anm. 12, 178, 179 Anm. 10
Woroskópos, ehem. Kloster, Kloster Chelandári, 117 Anm. 19
Wuleftíria, Gebiet, 121 Anm. 6
Wulgárika, s. Dasonomíon
Wromonérgia oder Bótsaris oder Chrysorrári, Bach, 127

X

Xenofóntos Kloster, 53, 127, 139, **163–166**, 169 Anm. 14, 177, 178
Xirokástru, ehem. Kloster, 182, 183 Anm. 7
Xiropotaminós Stawrós, 111, 123, 131
Xiropótamos oder Réma tú Áthonos, Kloster Hagíu Páwlu, 155, 157 Anm. 7
Xiropótamos oder Chímarros, Kloster Xiropotámu, 131, 132, 133 Anm. 8
Xiropotámu Kloster, 111, 123, 125 Anm. 2, **131–134**, 151, 153 Anm. 2, 177, 178
Xylurgú, ehem. Kloster, s. Wogoroditsa Skíti
Xyná Nerá, 164, 165 Anm. 13
Xýstu, ehem. Kloster, 109 Anm. 16

Z

Zacharás, Gebiet, Kloster Xenofóntos, 164
Zografítiki Chéra, 105, 106, 108 Anm. 4, 135, 137 Anm. 3, 182, 183 Anm. 10
Zografítikos Lákkos, 135, 136, 181
Zográfu Kloster, 45, 105, 106, 108 Anm. 4, 115, 116, **135–138**, 173, 174, 181, 182, 183 Anm. 8
Zoodóchos Pigí Káthisma, Kloster Esfigménu, 173, 174
Zygú, ehem. Kloster, 116

NAMENSINDEX

A
Aischylos, 71 Anm. 3
Alexander der Große, 47
Aléxandros Ospodáros, 169 Anm. 5
Aléxios III. Komninós, 121 Anm. 6
Amantos, K., 108 Anm. 2
Anaximander von Milet, 82 Anm. 53
Andriótis, N. P., 72 Anm. 13. 15, 75 Anm. 26. 30, 99 Anm. 5. 7, 102 Anm. 19, 109 Anm. 16
Angelákos, B., 169 Anm. 5
Angelídi, Ch., 99 Anm. 17
Angelópulos, A., 71 Anm. 1
Angélu, A., 109 Anm. 14
Anthimos, Prohistámenos von Láwra, 108 Anm. 2
Antoninos Kapustin, Archimandrit, 89 Anm. 53
Antónios, Maler d. 16 Jhs., 109 Anm. 19, 174 Anm. 13
Antonópulos, N., 71 Anm. 1
Apollonios Rhodios, 73 Anm. 17
Arwanitópulos, 73 Anm. 16
Athanásios, Prohigúmenos des Esfigménu-Kl., 176 Anm. 3

B
Bank, Alisia, 94 Anm. 53
Barskij, Wassilij Grigorowitsch, russ. Mönch, 52, 75 Anm. 26, 76 Anm. 46. 48, 85 Anm. 53, 87, 97, 102 Anm. 25, 103, 103, 112, 113 Anm. 6. 11. 17, 115, 119, 124, 125 Anm. 10, 133, 134, 127, 128, 131, 133 Anm. 10, 134, Anm. 16, 135 Anm. 1. 2. 7. 8, 137, 142 Anm. 6. 7, 143, 145 Anm. 3. 4. 10, 147, 148, 152, 156, 157 Anm. 7. 9, 160, 161 Anm. 3. 6, 163, 165 Anm. 3. 8. 10. 12. 13, 168, 169 Anm. 1. 5. 12. 17. 18, 174, 176 Anm. 8. 17, 178, 179 Anm. 6. 7, 182, 183 Anm. 8
Barsukow, N., 85 Anm. 53, 87, Textabb. 11
Basileios I., byz. Kaiser, 125 Anm. 10
Berger, A., 82 Anm. 53
Binon, S., 133 Anm. 11. 12
Blagowechenskij, Nikolas, 112
Bogdanović, D., 117 Anm. 10
Bojkof, A., 137 Anm. 10
Britische Admiralität, 85 Anm. 53, Textabb. 9, 102 Anm. 24
Brockhaus, H., 86 Anm. 53
Busch-Zantner, R., 76 Anm. 38

C
Campbell, T., 83 Anm. 53
Chatzidákis, M., 109 Anm. 19
Cheirokrates, 73 Anm. 18
Choiseul-Gouffier, 46
Chrysochoídis, 81 Anm. 52, 153 Anm. 2, 169 Anm. 2
Coronelli, 72 Anm. 7, 133 Anm. 14

D
Dapóntes, Kaisários, 133 Anm. 12
Daremberg et Saglio, 108 Anm. 2
Davydov, V. P., 107, 114, 140, 158

Deinokrates, 47, 73 Anm. 18
Delatte, A., 84 Anm. 53
Didron, 89 Anm. 53
Dimarás, K. Th., 109 Anm. 14
Domentijan, F., 179 Anm. 7
Dorótheos, Mönch, 71 Anm. 1, 102 Anm. 25, 109 Anm. 14. 16. 17, 113 Anm. 5, 117 Anm. 15, 142 Anm. 10. 13, 149 Anm. 1, 153 Anm. 1, 157 Anm. 16, 166 Anm. 14

E
Ewdókimos Xiropotamínos, 133 Anm. 1–3. 7–9. 11. 16
Ewlógios Kurílas Lawriótis, 121 Anm. 6
Efymov, 107, 114, 140, 158
Eratosthenes von Kyrene, 82 Anm. 53

F
Feraíos, Rígas, charta des, 72 Anm. 7, 87 Anm. 53, 133 Anm. 14, 165 Anm. 13
Fichtner, F., 86 Anm. 53
Fischer von Erlach, B., 47

G
Gaia oder Gi, Mutter Erde, antike Göttin, 108 Anm. 3, 133 Anm. 16
Gawriíl, Archimandrit, Kathigúmenos des Dionysíu-Kl., 121 Anm. 1. 2. 5. 9. 10. 12. 15, 157 Anm. 2. 7, 169 Anm. 4
Gedeón, M., 75 Anm. 31. 36, 99 Anm. 8, 102 Anm. 30, 109 Anm. 15. 16, 113 Anm. 9. 15, 114 Anm. 18, 117 Anm. 15, 121 Anm. 11, 133 Anm. 16, 149 Anm. 7, 176 Anm. 8. 14
Gelzer, H., 86 Anm. 53
Genésios, 71 Anm. 2
Gennádios, russ. Mönch, Hagiorítis, 171
Geórgios Chelandáris, 116
Gerásimos Iwiroskitiótes, 102 Anm. 27
Gerolymátos, P. I., 109 Anm. 8, 113 Anm. 9
Gigantenschlacht, 45
Gúdas, M., 108 Anm. 6
Gregorianischer Kalender, 54
Grigorás, Nikifóros, 73 Anm. 20
Grigórios Palamás, Higúmenos des Esfigménu-Kl., 174

H
Hágios Antónios Petscherski, 174
Hágios Eustáthios Megalomártys, 98
Hágios Grigórios Néos, 169 Anm. 12
Hágios Máximos Kafsokalýwis, 99 Anm. 17, 121 Anm. 6
Hágios Sáwwas, Erneuerer des Chelandári-Kl., 117 Anm. 16, 179 Anm. 7
Halkin, F., 99 Anm. 17, 121 Anm. 6, 142 Anm. 7
Hartog, J., 87 Anm. 53
Hellinikí Hetairía, 76 Anm. 42
Herodot, 71 Anm. 3, 72 Anm. 9, 102 Anm. 21
Hierá Kinótis: Heilige Gemeinde, 49, 125 Anm. 10
Hl. Antónios, 50
Hl. Basílios, 50
Hl. Pachómios, 50

Holl, K., 76 Anm. 39
Homer, 71 Anm. 3
Hósios Athanásios, Diatýposis des, 99 Anm. 10
Hósios Athanásios, Typikón oder Kanonikón, 71 Anm. 1, 72 Anm. 11, 102 Anm. 23. 29
Hósios Athanásios Athonítis, 50, 71 Anm. 1, 72 Anm. 11, 75 Anm. 23. 24, 98, 103, 117 Anm. 18
Hósios Dionýsios, 121 Anm. 6
Hósios Símon, 151
Hósios Xenofón, 164

J

Jeremías, Patriarch von Konstantinopel, 161 Anm. 5
Joakím III., Patriarch von Konstantinopel, 102 Anm. 25
Johannes Ugleš, s. Ugleš

K

Kaisários Dapóntes, s. Dapóntes, Kaisários
Kapustin, Antonin, s. Antoninos Kapustin
Kasić, D., 153 Anm. 2, 169 Anm. 2
Katastatikós Chártis Hagíu Órus, 71 Anm. 1, 75 Anm. 28, 179 Anm. 1, 183 Anm. 1
Kitromilídis, P. M., 109 Anm. 14
Komninós, I., 125 Anm. 6, 134 Anm. 16, 142 Anm. 7, 149 Anm. 7, 165 Anm. 8. 11, 169 Anm. 17
Kondakov, 89 Anm. 53
Konstamoníte, Name der Mönche des Kastamonítu-Kl., 183 Anm. 1
Kurílas, E., 81 Anm. 52
Κρεῖος oder Κρίος (Kreíos), Titan, 108 Anm. 3
Kretschmer, K., 83 Anm. 53
Kriarás, E., 72 Anm. 13, 102 Anm. 20, 125 Anm. 6
Krónos, 108 Anm. 3
Ktenás, Ch., 75 Anm. 28, 125 Anm. 10
Kyr Xenophón, 165 Anm. 12
Kýrillos I., Patriarch von Konstantinopel, 81 Anm. 52

L

Lake, K., 76 Anm. 40
Langlois, V., 82 Anm. 53, 85 Anm. 53, 86 Anm. 53
Laúrdas, 121 Anm. 6
Leake, W. M., 85 Anm. 53, 99 Anm. 3
Lemerle, P., 99 Anm. 18
Leóntios Thessalonikaíos, 179 Anm. 1
Leóntios, König von Kachetien, 149 Anm. 8
Liddell and Scott, 71 Anm. 5, 114 Anm. 18, 153 Anm. 6
Luze, E. de, 79 Anm. 50
Lykúdis, S. E., 99 Anm. 3, 108 Anm. 3

M

Mamalákis, L., 176 Anm. 16
Mamalúkos, S., 109 Anm. 17
Manuel Pansélinos, Maler, 126 Anm. 10, 177 Anm. 7
Maria, Prinzessin von Rußland, 89 Anm. 53
Mathéy, Georg-Alexander, Maler, 120, Textabb. 24
Metaxákis, M., 75 Anm. 28
Meyer, Ph., 71 Anm. 1, 72 Anm. 11, 75 Anm. 23. 24, 76 Anm. 40, 99 Anm. 10, 102 Anm. 23. 29
Migne, 73 Anm. 20

Millet, G., 52, 79 Anm. 49, 89 Anm. 53, 109 Anm. 8–10. 12, 113 Anm. 15, 126 Anm. 10, 145 Anm. 5. 6. 11
Monomáchos, Typikón, 71 Anm. 1, 108 Anm. 5, 121 Anm. 13, 130 Anm. 12
Moses, Prohigúmenos des Chelandaríu-Kl., 117 Anm. 19
Mylonás, P., 50, 72 Anm. 7. 10, 73 Anm. 19, 76 Anm. 41–43. 47, 79 Anm. 49, 85, Textabb. 9, 87 Anm. 53, 99 Anm. 13. 15, 109 Anm. 7. 15. 16. 19, 113 Anm. 7, 117 Anm. 5. 7–9. 12. 19, 121 Anm. 7, 125 Anm. 10, 126 Anm. 10, 130 Anm. 10. 12, 133 Anm. 14, 142 Anm. 14, 145, 149 Anm. 6, 165 Anm. 13, 179 Anm. 5

N

Nastase, D., 99 Anm. 18
Năsturel, P., 169 Anm. 5. 17
Neágoe Bassaráb, Woiwod, 119
Nenadović, S., 117 Anm. 3. 19
Neófytos, 142 Anm. 5, 182
Neumeyr, M., 86 Anm. 53
Nikandros von Kolophon, 71 Anm. 6
Nomikós, S., 153 Anm. 9
Nordenskiöld, A. E., 82, Textabb. 6, 84, Textabb. 8

O

Oikonomides, N., 121 Anm. 1
Ökumenischer Patriarchat, 71 Anm. 1
Ospodáros Aléxandros, 169 Anm. 5

P

Paläológos, Andrónikos, 108 Anm. 6
Pansélinos, Manuíl, Maler, s. Manuel Pansélinos
Papachryssánthu, D., 71 Anm. 1. 2, 72 Arm. 17, 75 Anm. 31, 76 Anm. 40, 99 Anm. 17, 102 Anm. 21, 115 Anm. 17, 125 Anm. 10
Papadópulos, D. A., 94 Anm. 54
Papángelos, J., 72 Anm. 15, 118 Anm. 19, 123 Anm. 6, 145 Anm. 12
Papás, Emmanuíl, Führer des Aufstandes von 1821, 176 Anm. 16
Papazótos, A., 108 Anm. 5, 164 Anm. 15, 179 Anm. 7, 183 Anm. 2
Paputsánis, T., 87 Anm. 53
Pargoire, J., 79 Anm. 49
Patrinélis, Ch., 161 Anm. 1
Páwlos, Prótos Hag. Órus, 165 Anm. 7
Peeters, P., 113 Anm. 7
Petit, L., 79 Anm. 49
Petrakákos, 71 Anm.1
Plinius, 71 Anm. 3
Plutarch, 73 Anm. 18
Polítis, L., 53, 79 Anm. 50, 80 Anm. 51
Polywíu, M., 53, 133 Anm. 13
Pomialovskij, J., 102 Anm. 26
Portolane, 83 Anm. 53, 84, Textabb. 8
Prowatás-Familie, 99 Anm. 8
Ptolemäus (Claudius Ptolemaios), 72 Anm. 8, 82 Anm. 53, 83 Anm. 53, 99 Anm. 3
Pythagoras, 82 Anm. 53

R

Rastko, Prinz von Serbien, 179 Anm. 7
Regel, W., 108 Anm. 6
Revolution von 1917, 94 Anm. 53

S

Sarazenen, 140
Sewastianow, Peter Ivanowitsch, 79 Anm. 48, 82 Anm. 53, 89 Anm. 53, 94 Anm. 53
Sherrard, Ph., 149 Anm. 11
Skylax von Karyanda, 71 Anm. 3
Smyrnákis, G., 53, §7, 72 Anm. 7. 8, 81 Anm. 52, 89 Anm. 53, 92, 97, 99 Anm. 1. 2. 5. 6. 8. 11. 12. 14. 16. 18, 102 Anm. 19. 21. 24. 25, 106 Anm. 1. 3–5, 107 Anm. 10. 15–18, 111 Anm. 2. 6. 9. 10. 17, 115 Anm. 4. 9. 11. 13, 118, 119 Anm. 2, 123 Anm. 3. 4, 126, 129 Anm. 1. 7, 130 Anm. 11, 133 Anm. 16, 134 Anm. 16, 137 Anm. 4. 8–11, 141 Anm. 1. 2, 142 Anm. 7. 11, 145 Anm. 1. 5. 7. 11, 149 Anm. 1. 5. 7–10, 153 Anm. 1. 2. 5. 7, 157 Anm. 1. 6–8. 11–15, 159, 161 Anm. 7, 165 Anm. 2. 4. 7. 9. 12–15. 13, 166 Anm. 14. 15, 169 Anm. 2. 5. 7. 10. 11. 13. 15–17, 176 Anm. 1–3. 5. 10–12. 14. 15, 179 Anm. 2. 4–8. 10, 183 Anm. 2. 3. 11. 12
Sophokles, 47, 71 Anm. 3, 73 Anm. 17
Stasikrates oder Deinokrates, 73 Anm. 18
Stephanos von Byzanz, 45, 71 Anm. 4
Strabon, 71 Anm. 3. 6, 72 Anm. 7, 74 Anm. 22, 82 Anm. 53, 99 Anm. 3
Struck, A., 72 Anm. 9
Syrku, P. A., 86 Anm. 53

T

Tarnanídis, 153 Anm. 7
Tawlákis, J., 145 Anm. 12
Theocharídis, 113 Anm. 7. 10, 121 Anm. 10, 141 Anm. 4, 161 Anm. 4, 165 Anm. 5. 11, 169 Anm. 15
Theodóritos, Higoúmenos, 133 Anm. 16, 174 Anm. 8
Theodósios, Diígisis des, 113 Anm. 15, 112 Anm. 18
Theophánis von Kreta, Maler, 161 Anm. 5, 162
Theophrastos, 71 Anm. 3
Theunissen, W. P., 87 Anm. 53
Thukydides, 71 Anm. 3
Tólias, G., 87 Anm. 53
Tsiorán, G., 169 Anm. 5

U

Ugleš, Despot Johannes, 134 Anm. 16, 153 Anm. 2, 169, Textabb. 50. Anm. 2
Uniaten, 109 Anm. 18, 135 Anm. 4
Uranós, 108 Anm. 3
Uspenskij, Porphyrij, 86 Anm. 53, 112, 176 Anm. 12

V

Vesconte, Petrus, 83, Textabb. 7
Vesnin, S. A., 86 Anm. 53
Vitruvius, 73 Anm. 18
Vivielle, J., 86 Anm. 53

W

Wakalópulos, A., 174 Anm. 16
Warlaám, G., 169 Anm. 4, 171
Wassilij Grigorowitch Barskij, s. Barskij
Wizir, N. P., 79 Anm. 48
Wláchos, K., 53, 73 Anm. 20, 75 Anm. 35, 76 Anm. 37, 89 Anm. 53, 113 Anm. 14. 17, 117 Anm. 1, 133 Anm. 16, 157 Anm. 10. 11, 161 Anm. 8, 10, 165 Anm. 6. 7, 179 Anm. 4. 5. 8
Wurdópulos, N., 84 Anm. 53

X

Xerxes, pers. König, 45, 46
Xyngópulos, A., 126 Anm. 10

Z

Zachariä, F., 85 Anm. 53, 86 Anm. 53
Zacharías Chrístu, Maler, 125 Anm. 10
Živojinović, M., 117 Anm. 3. 17. 19
Zudianos, N., 71 Anm. 1, 75 Anm. 28